한국 선사시대 사회와 문화의 이해

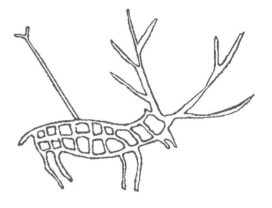

● 집필인

공동집필자(목차순)

유용욱 _ 충남대학교

성춘택 _ 경희대학교

임상택 _ 부산대학교

이기성 _ 한신대학교 박물관

이준정 _ 서울대학교

배진성 _ 부산대학교

김범철 _ 충북대학교

김종일 _ 서울대학교

중앙문화재연구원학술총서2

한국 선사시대 사회와 문화의 이해

초판인쇄일	2011년 10월 18일
초판발행일	2011년 10월 20일
집 필 인	중앙문화재연구원
발 행 인	김선경
책 임 편 집	김윤희, 김소라
발 행 처	도서출판 서경문화사
	주소 : 서울 종로구 동숭동 199 - 15(105호)
	전화 : 743 - 8203, 8205 / 팩스 : 743 - 8210
	메일 : sk8203@chollian.net
인 쇄	바른글인쇄
제 책	반도제책사
등 록 번 호	제 1 - 1664호

ISBN 978-89-6062-080-3   94900

정가 16,000원

한국 선사시대 사회와 문화의 이해

중앙문화재연구원   편

서 경 문 화 사

책을 펴내며

우리 연구원은 2009년부터 충북대학교와 학술연구교류협정을 체결하여 연구원들의 조사연구 능력 향상 및 연구 활동을 심화시키고자 연구 교육 프로그램을 진행하고 있습니다.

이 책은 2010년 3월부터 2010년 9월까지 "한국 선사시대 사회와 문화의 이해 : 이론 및 방법론적 대안의 모색"이란 주제로 선사시대 석기연구와 도구 제작 기술의 진화, 한국 구석기 / 청동기문화 이해의 다양한 방식의 소주제로 8회에 걸쳐 실시한 강의 내용을 토대로 『한국 선사시대 사회와 문화의 이해』라는 제목으로 "중앙문화재연구원 학술총서 2"로 간행하게 되었습니다.

이 학술총서에는 「파쇄역학 및 삭감과정을 통해서 살펴 본 구석기 도구의 생성과정」, 「수렵채집민 연구의 동향과 후기 구석기 사냥기술의 변화」, 「수렵·채집 경제에서 농경·목축 경제로의 轉移과정에 대한 이론적·방법론적 고찰」, 「한반도 청동기시대 개시기의 이해」, 「청동기시대 사회조직의 역동성」, 「경관고고학의 이해」 등 8편의 논고를 담았습니다.

중앙문화재연구원에서는 앞으로도 다양한 주제를 선정하여 연구원들에 대한 교육프로그램을 지속적으로 운용하고, 강의 내용을 토대로 학술총서를 발간함으로써 고고학계의 발전에 보탬이 되고자 합니다.

끝으로 이 학술총서가 간행될 수 있도록 어려운 여건에도 훌륭한 강의와 원고를 집필하여 주신 여러 선생님들께 감사드리고, 또한 총서가 간행되는데 노력을 기울인 직원 여러분께도 감사드립니다. 또한 이 학술총서의 간행을 맡아주신 서경문화사 김선경 사장님을 비롯한 관계자 여러분들께 감사드립니다.

2011년 10월

중앙문화재연구원장 **조 상 기**

차례

파쇄역학 및 삭감과정을 통해서 살펴 본 구석기 도구의 생성 과정

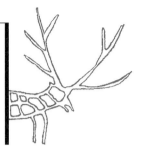

유 용 욱 충남대학교

1. 서론

　구석기 유물은 다른 종류의 유물과 달리 자연적으로 깨진 석재와의 구분이 용이하지 않다. 하지만 몇 가지 특징적인 요소들이 존재할 경우 뚜렷하게 인공의 흔적이 남겨지게 되며 이러한 특징을 통해서 석기와 비석기의 구분이 가능하게 된다. 여기에 결부되는 개념으로서 석기만이 가지는 물질적, 기술적 특징인 파쇄역학(fracture mechanics)과 삭감과정(reduction sequence)이라는 특성을 지적할 수 있다.

　파쇄역학은 광물로 구성된 암석을 직접적으로 다루는 고인류가 석기를 제작하고 사용하는 과정에서 결부되는 물리학적 원리를 의미한다. 여기에는 석재마다 각기 다른 성질 및 이러한 석재를 석기로 제작하는데 있어서 가장 기본적인 동작인 깨뜨리는 인위적 행위가 개입하게 되며, 이러한 인위적 행위가 최종 산물인 석기에 어떠한 형태적 특성을 남기는지에 대한 원칙이 포함된다. 한편 삭감과정은 이러한 파쇄역학의 원칙하에 제작되는 석기가 최종적으로 고고학자에게 발견되기까지 실제 고고학적 맥락에서 어떠한 변천 과정을 겪게 되는지를 의미한다. 석기를 생물체에 비유하자면 파쇄역학은 바로 물질대사(metabolism)이며 삭감과정은 이러한 석기의 개체 발생 과정(ontogenesis)이라고 볼 수 있다.

　본고는 이러한 두 가지 개념을 통해서 구석기 도구가 고인류에 의해 어떻게 제작, 사용, 폐기되었는지에 대한 일반론적 접근을 소개하고자 한다. 따라서 구석기 도구를 제작하는데 결부되는 최초의 과정인 석재 단계부터 발견되기 직전 단계인 폐기 단계까지의 과정에 대한 개괄적인 맥락을 도시한다. 그리고 이와 관련된 각종 용어에 대한 엄밀한 정의를 시도하고자 한다. 마지막으로는 이러한 배경 지식을 통해서 한반도에서 흔히 발견되는 구석기 유적의 해석과 관련된 몇 가지 유의점들을 작업 연쇄(chaîne opératoire)라는 개념을 통해서 검토해 보고자 한다.

2. 석재의 선택

일반적으로 도구로서의 타제석기를 제작하는데 우선하는 작업은 석재(raw material ; 돌감) 의 선택이다. 석재는 일반적인 의미에서 '돌' 과 다를 바 없지만 구석기와 같이 목적이 확실한 유물의 제작에 있어서는 흔히 접하는 돌과는 다른 물리적 성질을 보유해야 한다. 여기서 언급되는 물리적 성질은 바로 특정한 방식으로 깨지는 성질을 말하고, 이러한 깨지는 성질에서 중요시되는 점은 바로 석재에 가해진 힘을 직접적으로 반영하는 성질을 의미한다. 대부분의 암석은 자체 성인 과정에 따라 고유한 깨지는 성질을 보유하는데, 여기에는 결정 구조의 형태 및 구성 입자의 크기, 그리고 경도와 탄성도가 중요한 역할을 차지한다.

결정 구조의 형태는 석재를 구성하는 광물들이 어떠한 방향으로 배열되어 있느냐를 의미한다. 타격이 가해질 경우 한쪽 혹은 특정 방향으로만 쉽게 파쇄되는 석기는 제작자가 의도하는 모양으로 성형 작업이 수월하지 않기 때문에 활발한 선택이 이루어지지 않는다. 가장 효율적인 석재는 어떤 방향으로든지 가격을 해도 동일한 수준의 파쇄흔이 남는 경우가 대부분이며, 이러한 석재는 거의 예외 없이 결정 구조가 등방성(isotrophy)을 가지게 된다. 등방성은 또한 타격력의 크기에 좌우되지 않는 동일한 형태의 파쇄흔을 남기는 특징이 있는데, 예를 들면 큰 돌을 던져서 깰 때 남겨지는 파쇄흔이나 작은 망치로 얇게 때려 낸 파쇄흔이나 기본적인 형태는 같다는 것을 전제로 한다. 이렇게 등방성을 보유한 석재의 경우는 일반적으로 암석의 구성 입자가 상당히 작고 또 유리와 같이 결정 구조가 거의 없는 수준에 달할 정도로 치밀한 조직을 유지하는 미세 결정 구조 (microcrystaline structure)를 보유하는 것이 보편적이다.

미세결정 구조는 암석을 구성하는 입자가 현저하게 작기 때문에 타격 시에 남겨지는 파쇄흔이 깨끗하며 또한 타격을 통해 산출되는 석재의 변형된 형태의 외곽선이 뚜렷하게 유지되는 특성이 있다. 일반적으로 모래 크기의 입자로 구성된 사암이나 커다란 조립질 입자로 구성된 역암의 경우는 타격 시에 이탈하는 박편(flake ; 격지)의 형태가 일관되지 않고, 또한 상대적으로 거친 입자로 구성되어 있는 특성 상 박편의 주변부는 거치면서 충격에 약해지게 된다. 이런 석재의 경우는 일반적으로 마제석기가 보편화되기 전까지는 석재로 쉽게 채택되지 않는다.

상기한 등방성과 미세결정 구조라는 특성 외에 석재를 특징짓는 또 다른 특성은 바로 경도와 탄성이다. 일반적으로 경도(hardness)는 강도(toughness)와는 다른 특성을 의미하는데, 경도가 물질의 단단한 수준을 의미한다면 강도는 외부 압력에 자신의 고유 성질을 어느 정도만큼 보유할 수 있냐로 측정될 수 있다. 우수한 석재의 경도는 너무 높지도 않고 너무 낮지도 않다. 높은 경도를 가진 석재의 경우 물리적인 파쇄가 어렵기 때문에 석기를 제작하는데 있어서 채택되기 힘들다. 보통 모스 경도 7 이상이 되는 경우 사람의 힘으로는 파쇄하기가 거의 불가능한 수준이 되며, 또한 억지로 파쇄하더라도 석기의 목적에 부응하는 수준의 전반적인 조정이 힘들다.

탄성은 외적 압력에 대응하는 석재 자체의 반발력을 의미한다. 기본적인 박편을 떼어 내는 상황에서 탄성이 존재하지 않을 경우 외부에 가해진 압력은 관성 작용의 여파로 시종일관 석재의 내부를 관통하게 된다. 이럴 경우 박편이 모암에서 이탈하는 과정은 예측할 수 없게 된다. 하지만 적절한 탄성을 보유한 석재의 경우 자체적인 반발력으로 인하여 외부에서 가해진 충격에 비례해서 박편을 이탈시키는 반작용을 보유하게 된다. 그리고 이러한 반발력이 일정 수준 이상이면 적은 힘으로도 손쉽게 박편을 떼어낼 수 있는 이점이 있다. 일반적으로 경도가 높은 석재일수록 탄성은 낮은 성격이 있으며, 압축 강도가 높은 석재일수록 탄성은 높은 성격을 보유한다. 따라서 단지 딱딱하기만 한 석재의 경우는 타제석기를 제작하는데 있어서 낮은 효율성을 가지게 마련이다.

상기한 네 가지 성격은 석재의 물리적 성격을 대변한다. 하지만 고인류가 석재를 선택하는데 있어서 개입하는 특성은 이러한 물리적 성격 이외에도 상황적, 혹은 맥락적 성격이 있다. 비록 우수한 석재라도 지극히 제한된 양만 존재하거나 혹은 석재 산지가 고인류의 본거지에서 멀리 떨어져 있을 경우는 석재가 자체 보유한 물리적 특성을 상쇄하거나 초월하는 비교우위를 점할 수 있다. 예를 들면 한반도 구석기 시대에서 흔히 보이는 석재인 석영 및 규암과 같은 석재의 경우 자체적인 물리적 성격은 비교적 낮은 수준에 해당하지만 주변에서 흔히 구할 수 있다는 접근성과 한반도 전체 지질상에서 풍부하게 존재한다는 양적 우월성으로 인하여 후기 구석기 단계에 들어서기 이전에 보편적으로 활용되어 왔다는 점을 알 수 있다. 즉 석재가 가지고 있는 본질적 특성은 물리적, 기계적 특성 이외에 주변에서 어느 정도로 접근성이 용이하냐에 따른 효용성(feasibility)으로 특징지워질 수 있다.

이런 의미에서 볼 때, 한반도의 구석기 석재가 유럽이나 다른 지역의 우수한 석재와 비교할 때 물리적으로 열등하지만 종류 면에서 덜 다양한 획일함을 보여주는 건 바로 질적인 불리함을 압도하는 양적인 효용성을 함의한다고 볼 수 있다. 이것은 의도하는 석기를 제작하는데 있어서 석재의 질적 열악함은 감수할 수 있지만 우수한 석재를 채취하기 위해서 먼 거리를 이동하고 운반하는 수고를 감수하지는 않는 방식의 선택 전략이 이루어진 것으로 볼 수 있을 것이다. 따라서 한반도에서 그다지 우수한 석재에 해당하지 않는 석영과 규암이 보편적으로 등장하는 것은 이런 맥락에서 이해할 수 있다.

3. 박리작업의 이해

일반적으로 자연적으로 깨어진 돌들과 석기를 구별하는 것은 구석기 전공자에게 일임하는 경우가 대부분이다. 하지만 많은 지표 조사 및 발굴 작업 시 구석기 유물은 의외로 흔히 발견되게 마련이다. 구석기 하면 일반적으로 타제석기를 말하며 이러한 타제석기는 통상의 깨진 돌과는 달리 일정한 정형성을 가지고 깨어지게 마련이다. 여기에 대한 기본적인 물리적 원리가 바로 파쇄역학이다. 그리고 이러한 원리에 의해 연속적으로 의도한 석기를 제작하는 개념이 바로 삭감과정이고 그 중에서도 박편의 형성 과정만을 언급하는 경우는 박편 형성 과정이라고 제시할 수 있다. 구석기의 제작은 한마디로 요약하면 바로 이러한 박편 형성 과정의 연속이라고 볼 수 있으며, 어떠한 도구를 제작하던지 간에 크던 작던 박편(혹은 격지)이 생성되게 마련이다.

석재를 채취하면 즉석에서 운반에 적절한 수준의 크기로 모암을 다듬던가 아니면 특정 장소로 이동해서 의도하는 석기의 제작이 이루어진다. 이 단계에서 우수한 석재와 열악한 석재에 공통적으로 적용되는 과정이 바로 박리작업(detachment)이다. 일반적으로 박편의 경우 원래의 모암에서 이탈한 돌조각을 말하는데, 이러한 박편이 이탈하기 이전의 단계에는 석핵(몸돌 ; core)에 부착되어 있다. 따라서 인공적으로 박편을 석핵에

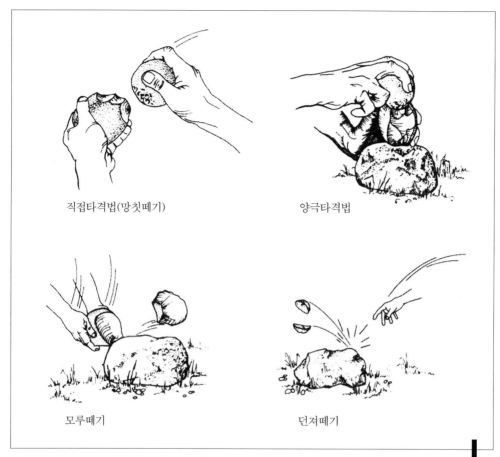

직접타격법(망칫떼기)　　　　　　양극타격법

모루떼기　　　　　　　　　　　던져떼기

충격을 이용한 박리작업의 종류(서오선 · 장용준 2005)　**01**

서 이탈시키는 작업을 박리작업이라고 볼 수 있으며, 이렇게 인위적인 작업이 가해져서 이탈한 박편은 자연적으로 파쇄되는 돌조각과는 뚜렷하게 구분되는 특징이 있다.

　박리작업은 일반적으로 힘의 전달(stress)을 전제로 이루어진다. 힘의 전달은 전달되는 소요 시간에 따라 충격(impact)과 압력(pressure)으로 나눌 수 있다. 충격의 경우 대상에 직접적으로 힘을 전달하는 직접 타격(direct percussion)과 간접적으로 전달하는 간접 타격(indirect percussion)으로 구분할 수 있는데, 망칫돌을 사용해서 모암에 직접적인 타격을 가할 경우 직접 타격이고 정이나 펀치를 사용해서 일정 부위에만 한정적으로 타격을 전달할 경우 간접 타격에 해당한다(그림 01). 압력은 특정 부위에 지속적이고 연속적으로 힘을 가해서 석재의 탄성 계수 임계치에 도달하면 박편이 이탈하는 것을 의미한다. 이럴 경우 석재의 인장 강도에 비례하는 힘의 크기가 이탈 부위에 집중

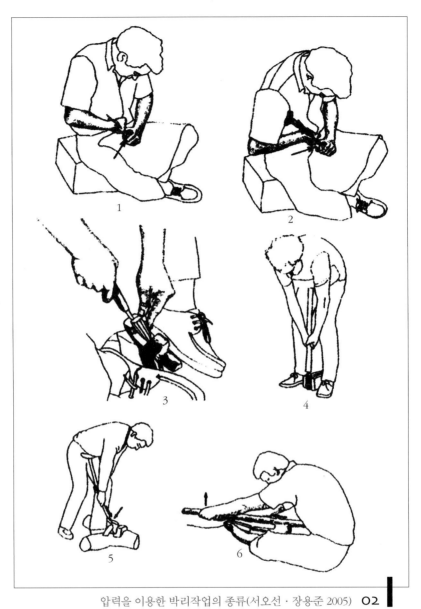

압력을 이용한 박리작업의 종류(서오선 · 장용준 2005) **02**

(1. 직접 가압법 2. 누르개를 이용한 가압법 3. 지지대를 이용한 가압법 4. 가슴 누르개를 이
용한 가압법 5. 지지대를 사용한 입식 지렛대 6. 가슴 누르개를 사용한 좌식 지렛대)

해야 한다. 타격에 비해 압력은 지속적으로 제한된 곳에 힘을 전달하기 때문에 의도하
는 박리작업이 보다 더 정교하게 이루어질 수 있으며, 후기 구석기 단계에서 보편적으
로 나타난다(그림 02).

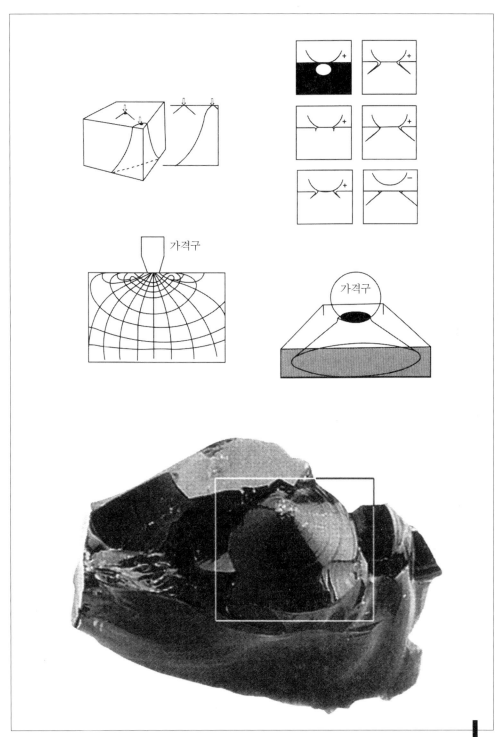

헤르츠의 원추 생성 원리와 흑요석에 남겨진 헤르츠의 원추 흔적(서오선 · 장용준 2005)   O3

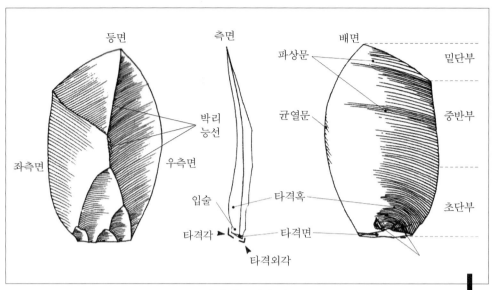

박편 각 부위의 명칭(Debenath and Dibble 1994) **04**

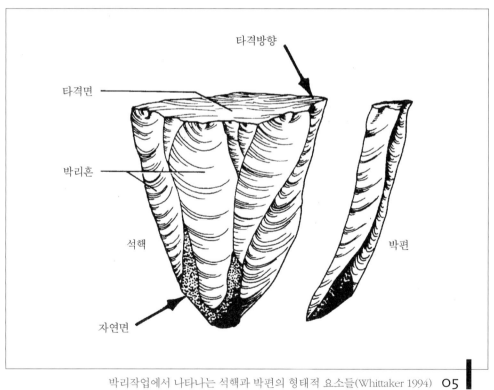

박리작업에서 나타나는 석핵과 박편의 형태적 요소들(Whittaker 1994) **05**

충격과 압력의 두 가지 종류로 일정 이상의 힘이 전달되면 박편이 모암에서 떨어져 나가게 되는데, 공통적으로 몇 가지 양상을 남기게 된다. 힘은 충격파라는 파장이 모암이라는 매질에 전달되는 방식으로 전달되게 된다. 이럴 때 특정 부위에 가해진 충격파는 회절 현상을 일으켜 충격 부위에서 동심원 상의 파동으로 매질 내부를 전진하게 되며, 매질 외부에 도달하게 되면 매질 자체의 반작용과 간섭 작용을 일으키면서 이탈하게 된다. 충격이 가해진 매질 바로 아래에는 최초의 파장이 가해진 흔적이 원뿔 모양으로 남게 되는데, 이것을 헤르츠의 원추 (Herzian Cone)라고 한다. 1896년 헤르츠의 파동 연구에 의해 만들어진 이 용어는 힘의 전달에 의한 충격파의 형성 및 이를 통한 박리 작업의 확인에 가장 핵심적인 부분에 해당한다(그림 03).

　　형태상에서 볼 때 박편을 구성하는 가장 중요한 요소는 바로 타격면(strking platform)과 타격혹 (bulb of percussion) 이다. 이러한 두 가지 요소는 암석의 재질 및 타격 방식에 따라 각기 다른 형태를 보여주기는 하지만 기본적으로 박편 제작에 결부된 기계적 메커니즘은 동일하기 때문에 어떤 방식으로 타격을 받던지 간에 이 두 가지 요소는 박편 상에 진존하게 되며, 인위적인 타격이 아닌 자연적인 타격으로 형성된 파편은 이러한 두 가지 요소를 뚜렷하게 남기기가 쉽지 않다. 따라서 이 두가지 요소를 가지고 석기와 비석기의 기본적인 구별이 가능하다(그림 04). 한편 이렇게 가장 기본적인 두 가지 요소를 가진 박편의 모체에 해당하는 석핵에는 박편이 이탈한 후 뚜렷한 흔적을 음영으로 남기게 된다. 가장 기본적인 박편 이탈 단위를 박리흔(flake scar) 으로 부르는데, 여기에 남겨진 박리흔이 상호 중첩되고 또 교차하면서 다양한 형태의 석핵을 남기게 된다. 일반적으로 박편과 석핵을 구분하는 통상적인 방법은 타격혹으로 인하여 볼록한 흔적이 몸체에 남아 있는 경우는 박편에 해당하고 반대로 오목하게 음영의 형태가 남아 있으면 석핵으로 칭한다. 박편은 볼록하고 석핵은 오목한 흔적을 남기는 기본적인 이유는 바로 파지(把持)하는 부위가 어디냐에 따라 결정된다. 석핵은 기본적으로 손으로 잡힌 부위에 해당하기 때문에 타격에 의한 충격파가 돌 몸체 전체로 확산되지 않으며 최초의 충격파는 헤르츠의 원추로 인하여 타격부위 직하에 남겨지기 때문에 박편과 석핵을 일차적으로 분리하는데 있어서 볼록한 부위와 오목한 부위라는 상반된 흔적을 남기게 된다(그림 05).

　　엄밀한 의미에서 이러한 박편을 어떤 방식으로 획득하고 또 어떤 크기와 어떤 형태의 박편을 박리하느냐에 따라서 전혀 다른 방식의 석기 제작 기술이 결부되게 된다. 예를 들면 거대한 강돌을 던져 깨트러서 길이 10cm 이상의 대형 박편을 획득한 후 이 박편을 다시 다듬어서 길이 2~3cm정도의 중형 박편을 제거하면서 성형하면 기본적인 도구가 된다. 마지막으로 가장자리 부위에서 길이 약 0.5~1cm의 소형 박편을 박리하면서 집중적인 잔손질을 베풀면 작업날 형성 과정이 된다. 최종 산물인 석기를 제작하는데 있어서 결국 어떠한 크기와 어떠한 형태의 박편을 형성했는가라는 과정만이 결부되게 마련이다. 이런 의미에서 볼 때 구석기를 유기체에 비유할 경우 박편은 하나의 세포라

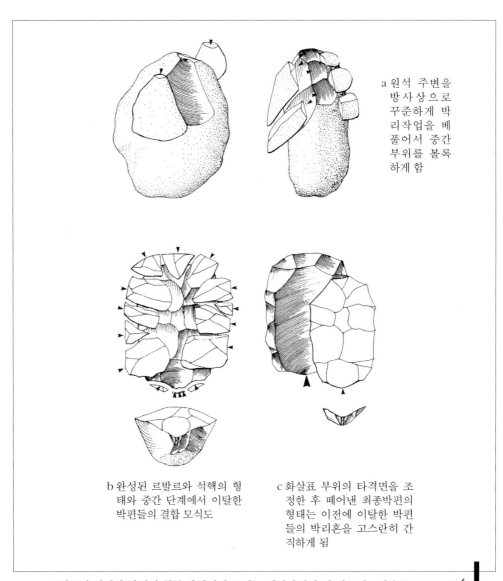

a 원석 주변을 방사상으로 꾸준하게 박리작업을 베풀어서 중간 부위를 볼록하게 함

b 완성된 르발르와 석핵의 형태와 중간 단계에서 이탈한 박편들의 결합 모식도

c 화살표 부위의 타격면을 조정한 후 떼어낸 최종박편의 형태는 이전에 이탈한 박편들의 박리흔을 고스란히 간직하게 됨

르발르와 석핵과 박편의 획득 과정에서 보이는 예비작업의 예(서오선·장용준 2005) 06

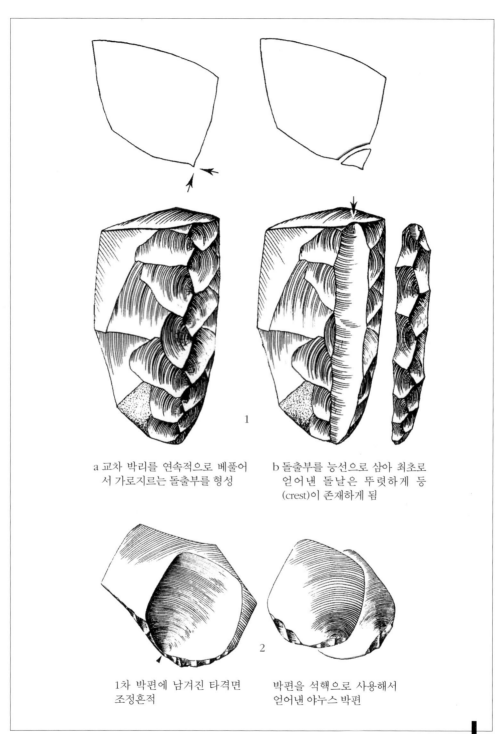

a 교차 박리를 연속적으로 베풀어
　서 가로지르는 돌출부를 형성

b 돌출부를 능선으로 삼아 최초로
　얻어낸 돌날은 뚜렷하게 등
　(crest)이 존재하게 됨

1

1차 박편에 남겨진 타격면
조정흔적

박편을 석핵으로 사용해서
얻어낸 야누스 박편

2

등선 돌날(crested blade)과 북아프리카 지역에서 특징적으로 보이는 야누스 박편의 예비작업　**07**

(Inizan et al, 1992)

고 볼 수 있으며, 이러한 세포가 어떻게 분포하고 또 얼마만큼 표면에 남아 있느냐에 따라서 석기의 형태가 결정되게 마련이다.

4. 도구 석기의 형성

박리작업이 구석기 도구를 형성하는데 기본적인 절차에 해당하기는 하지만 실제 사용 목적을 가진 도구 석기를 제작하는데 있어서는 좀 더 부가적인 작업이 수행된다. 상기한 박편의 경우 일반적으로 측면과 말단부에 날카로운 날이 형성되어 있기 때문에 그대로 도구로 사용할 수 있다. 하지만 여기에 추가적으로 복잡한 작업 단계가 결부되면서 제작자의 의도에 적절하게 부합하는 도구 석기로 변환하게 된다. 여기서 중요한 개념이 바로 가공작업(modification)이다.

가공작업은 전반적인 형태를 다듬는 성형작업(shaping)과 날 부분을 형성하고 가공하는 잔손질작업(retouching)으로 구분할 수 있다. 성형작업은 석기가 목적에 부합하도록 크기를 조정하고 양 방향의 대칭 수준을 높이던가 아니면 특수한 부분을 가다듬어 장착이나 기타 다른 용도로 활용될 수 있도록 전반적인 형태를 조정하는 작업이다. 여기서 가장 중요한 개념이 바로 원석(소재 ; blank)이다. 원석은 일반적으로 도구 석기로 가공되기 이전 상태의 미가공된 상태를 말하는데, 만약 박편을 가공해서 도구 석기로 제작하게 되면 여기서는 박편이 바로 원석이 된다. 반면에 전혀 다듬지 않은 자갈돌을 성형해서 도구 석기로 제작하게 되면 자갈돌 자체가 원석이 된다. 여기서 중요한 것으로서, 원석은 그 자체가 석기로서 존재하지 않고 어디까지나 상대적인 개념이라는 것이다. 만약 사용하던 도구를 추가로 가공해서 전혀 다른 형식의 석기를 제작하면, 이럴 경우는 기존 도구 석기가 바로 원석이 되는 셈이다.

따라서 도구 석기를 제작하는데 있어서 기본적인 출발점은 바로 적절한 원석을 확보하는데 있다. 원석을 선택하는데 있어서 가장 중요한 점은 일단 의도하는 도구 석기의 크기를 어느 정도 반영하냐의 기준이다. 미세한 도구 석기를 제작하는데 거대한 자갈돌을 원석으로 채택하면 엄청난 수준의 박리작업 단계를 거쳐야 하기 때문에, 이럴 경우 적절한 수준에서 자갈돌의 크기를 미리 축소하는 예비 작업을 거치게 된다. 또한 돌날과도 같이 특정한 작업 단계를 거치는 경우는 적절한 수준의 타격면을 보유한 원석을 필요로 하게 된다. 일본 후기 구석기 단계에서 다양하게 등장하는 여러 가지 박리 작업 기법들은 바로 효율적으로 의도하는 석기를 연속적으로 제작하기 위해서 적절한 타격면을 인위적으로 생성하는 과정이라고 해도 과언이 아니다.

적절한 크기와 추가적으로 효율적인 박리작업이 가능한 타격면을 보유한 원석이 확보되면 본격적으로 도구석기를 제작하기 위한 성형작업이 이루어지게 된다. 성형작업은 전술한 박리작업을 적절하게 연속적으로 베풀어서 의도하는 형태에 도달하는 과정이다. 다만 석재가 부실하거나 제작자의 숙련도가 미비할 경우 종종 의도와는 상관없는 박리작업이 이루어져서 실제 형태와 의도하는 형태 사이에는 타협할 수 없는 수준의 격차가 발생하게 마련이다. 이러한 점을 최소화하기 위해서 바로 예비작업 (preparation)이 이루어지게 된다.

예비작업은 크게 두 가지로 나눌 수 있는데, 우선 석재의 질을 향상시키기 위해서 열처리를 가하는 방법이 있고 두 번째로는 의도한 박리작업을 보다 용이하게 하기 위해 타격면의 각도와 편평도를 조정하는 방법이 있다. 자연 상태의 석재는 종종 석재 내부의 파열흔(suture)과 불순물로 인하여 의도하는 방식의 박리작업을 방해하는 요소가 존재한다. 이럴 경우 적절한 수준의 열처리 과정을 거치면 보다 높은 탄력과 등방성을 가진 석재로 변형되게 된다. 플린트 석재의 경우 의도적인 열처리 과정을 거칠 경우 눌러 떼기 작업이 훨씬 수월하게 진행된다는 실험 보고가 있기도 하다.

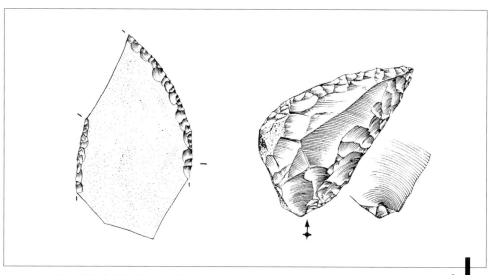

무스테리안 찌르개(point)와 빗겨난 긁개(dejete scraper)에서 보이는 잔손질 기법　o8
(Inizan et al, 1992)

타격면 조정은 열처리 과정에 비해 비교적 손쉽게 이루어지는 예비작업이다. 일반
적으로 생성되는 박편의 크기와 형태는 타격외각(그림 04)과 타격면에 가해진 힘의 크
기에 의해 결정된다. 따라서 타격외각이 적정 수준보다 크거나 작을 경우 모를 죽이거
나 살리는 방식으로 타격면의 각도를 새롭게 조정하면 의도하는 박편의 크기와 형태를
어느 정도 경험적으로 예측할 수 있게 된다. 르발르와 석핵이나 프리즘 돌날 석핵 및 북
아프리카 일대에 흔한 야누스 박편과 같이 기술적으로 규격화된 석기 제작 방법의 경우
는 바로 이렇게 타격면의 각도를 조정하고 동시에 새롭게 능선을 형성시켜서 차후 박리
작업을 거쳐서 만들어지게 될 석기의 형태를 연속적으로 조정한 예에 해당한다(그림 06
과 07).

성형작업이 완료되면 이제 직접적인 사용 부위에 해당하는 날의 형성이 이루어지게
된다. 날의 형성은 르발르와 박편과도 같이 날카로운 자연날을 그대로 이용할 경우 거
의 이루어지지 않지만 성형작업을 거쳐서 어느 정도 목적에 부합하는 수준의 형태가
이루어진 경우에는 최종 작업 단계로서 사용 부위를 형성하는 과정에 해당한다. 특히

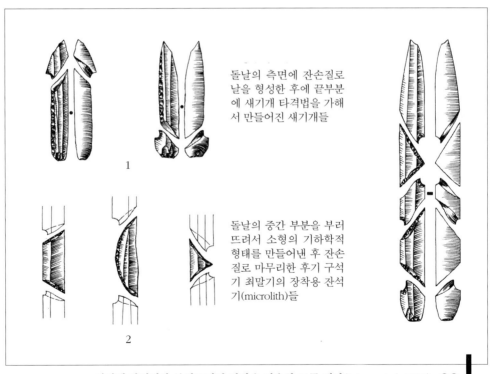

돌날의 측면에 잔손질로
날을 형성한 후에 끝부분
에 새기개 타격법을 가해
서 만들어진 새기개들

1

돌날의 중간 부분을 부러
뜨려서 소형의 기하학적
형태를 만들어낸 후 잔손
질로 마무리한 후기 구석
기 최말기의 장착용 잔석
기(microlith)들

2

새기개 타격법과 부러뜨리기 기법을 이용한 도구 제작(Inizan et al. 1992) **O9**

원석의 일부를 뾰족하게 만들은 첨두 부위나, 장착에 사용된 슴베 부위 및 오목하게 파들어가서 홈을 파는 경우는 잔손질작업이 필수적이다. 또한 날을 형성하는 것과는 정반대로 직접 손으로 파지하고 사용하는 석기의 경우 사용자의 신체적 안전을 위하여 의도적으로 석기의 날을 죽이는 작업(backing)이 이루어지는 단계이기도 하다.

날을 형성하는데 있어서는 미세한 박편을 연속적으로 원석의 주변부에 베푸는 것이 보편적인 잔손질작업이다. 이러한 잔손질작업은 직접 망칫돌이나 뿔과 같은 연질 망치를 사용하기도 하지만 가장 효율적인 방법은 역시 눌러 떼기가 해당한다. 눌러 떼기 기법을 사용하면 미세하면서도 길다란 미세 박편을 연속적으로 신속하게 떼어낼 수 있는 잇점이 있다. 특히 사용하던 도구를 추가 잔손질작업을 통해 날을 재가공(rejuvenation) 할 경우 이전의 무뎌진 날보다 훨씬 더 날카롭게 만들 수 있는 장점이 있으며, 직접 타격법으로는 도저히 형성하기가 불가능한 오목한 부위의 날을 정교하게 가공할 수 있기도 하다.

날의 형성과 관련해서 잔손질작업 중에 새기개 타격 기법(burin blow technique)과 부러뜨리기 기법(snapping)이 있다. 이 기법들은 미세한 박편을 연속적으로 박리하는 과정이 아니라 필요한 석기의 사용 부위를 형성하는데 있어서 단 한번의 가격만으로 효과적인 성형과 잔손질작업을 동시에 얻어 내는 기법이다. 새기개 타격 기법은 주로 새기개와 같은 후기 구석기 도구에서 보편적으로 나타나는 특징이며, 돌날의 끝부분에 강한 타격을 가해서 새기개 날을 단번에 형성하는 기법이다. 이러한 타격 기법을 통해서 얻어진 석기는 끝 부분이 날카롭게 가공된 양면수렴(dihedral)형태를 이루게 마련이다. 부러뜨리기 기법은 주로 후기 구석기 최말기에 장착용으로 제작되는 잔석기들의 사다리꼴이나 평행사변형 및 삼각형과 같은 기하학적 형태를 얻어내기 위해 의도적으로 원석으로 사용된 돌날을 부러뜨리는 기법이다.

5. 석기의 사용과 재가공 및 폐기의 과정

지금까지는 석기가 구체적으로 어떠한 과정을 거쳐서 제작되었는지에 대한 고찰이었다면 이제부터는 석기가 어떻게 사용되고 또한 어떤 방식으로 폐기되는지 알아보고자 한다. 석기가 사용되는 맥락은 전반적으로 생업에 필요한 작업을 포함한다. 후기 구석기 단계에 등장하는 예술품의 제작에 석기가 사용되기도 하지만 보편적인 석기의 쓰임새는 역시 수렵, 채집 및 어로와 관련된 행위가 가장 일반적이다. 하지만 구체적으로 석기가 어떠한 작업에 사용되었는지에 대한 판단은 다분히 유추에 근거한 추론에 불과하며, 여기에는 민족지 조사를 통해 축적된 현생 수렵 채집인의 행위 및 석기가 자체적으로 보유하고 있는 형태적 특징에 근거한 도구로서의 기능에 대한 예측만이 가능하다.

석기가 실제 고고학 유적에서 발견되는 경우는 그 사용 맥락이 거의 남아있지 않는 경우가 대부분이다. 통상적으로 쓰이는 석기의 형식분류 명칭인 찍개, 긁개, 주먹도끼와 같은 단어는 다분히 형식분류를 위한 도구로서 언어의 자의성을 강조한 것일 뿐이지 실제로 찍는데 사용하고 긁는데만 사용하거나 주먹에 쥐고 쓴 도끼와 같은 직접적인 사용 동작 및 쓰임새를 의미하는 것은 아니다. 그렇기 때문에 찍개는 동물을 사냥하는데 사용되었고 긁개는 동물 사체를 조리하는데 사용하였다는 주장은 액면 그대로 받아들이는데 무리가 있다. 단지 석기의 형태가 찍는데 적절한 수준으로 날이 형성되어 있다 뿐이지 그 석기가 과연 찍는 동작을 적극적으로 반영하는 전문 도구인지는 고고학적 발견 상황에서 도저히 알 수 없는게 현실이다.

물론 석기에 남겨진 사용흔(microware)을 통해서 석기가 구체적으로 어떤 물질과 접촉하고 마찰을 했는지 직접적으로 판단할 수 있는 근거는 있다. 다만 이러한 미세흔이 과연 오랜 기간 동안 뚜렷한 행위적 증거를 보전하였다는 전제가 있어야만 한다. 실제로 성공적으로 이루어진 사용흔 분석 연구 사례를 통해서 볼 때, 대부분의 석기는 어떤 특정한 작업을 전문적으로 수행하기 보다는 다양한 작업을 복합적으로 필요에 따라 수행한 것이라는 결과가 나오기도 하였다. 그런 의미에서 볼 때 석기의 구체적인 기능은 해당 석기의 형식과 일대일로 대응하는게 아니라 제작 및 사용이 통합적으로 이루어지는 전체적인 체계의 맥락에서 이해할 필요가 있을 것이다.

석기의 사용에 대한 직접적인 증거는 희박하지만 재가공의 흔적을 통해서 석기의 사용 수준을 판단할 수는 있다. 유적지에서 발견되는 석기는 보통 제작 및 사용 도중에 폐기된 것들이 해당하는데, 이러한 석기들 중 몇몇 개체는 뚜렷한 재가공의 흔적이 남아 있는 경우가 있다. 이들은 통상적으로 다른 석기에 비해 현저하게 작은 석기에 해당하며 또한 직접적인 사용 부위에 해당하는 날 부위가 집중적으로 추가 가공된 흔적이 보이기도 한다. 날 부위가 추가 가공되었다는 것은 곧 반복적인 사용으로 인하여 무뎌진 날을 다시 재생시켰다는 것을 의미한다. 이럴 경우 최종 단계의 석기는 원래의 석기와는 형태 및 크기 면에서 전혀 다른 석기로 변환되게 된다. 이러한 과정을 최초로 확인한 미국 고고학자 G. Frison의 이름을 따서 프리즌 효과(Frison Effect)라는 이름이 붙여

진 재가공 과정은 이후 H. Dibble과 S. McPherron 등의 유럽 구석기 형식 분류의 문제 제기에서 부각되기도 하였다.

따라서 석기를 사용하면서 재가공하게 되는 반복적인 일상은 궁극적으로 석기의 크기를 지속적으로 감소시키게 되며, 이것은 전술한 삭감과정이 가장 급속도로 이루어지는 단계에 해당하기도 한다. 하지만 실제 유적지가 사용 및 재가공을 직접적으로 반영하는 맥락이 아닌 경우 이러한 과정을 유기적으로 판단하기는 거의 불가능한 실정이다. 대부분의 구석기 유적지는 공간 이용에 있어서 석기의 제작과 보전 및 사용과 폐기가 동시다발적으로 이루어지며, 이러한 과정이 마치 특정 위치에 누적되면서 남겨져서 유적으로 발전하는 경우가 일반적이다. 그렇기 때문에 구석기 유적에서 발견된 석기 유물의 구체적인 삭감과정을 이해하기 위해서는 해당 유적지 내의 모든 석기들을 일관되게 나타낼 수 있는 용어 체계가 필요하다. 여기서 필요한 개념이 바로 작업 연쇄(chaîne opératoire)이다.

6. 작업 연쇄를 통한 구석기 유적의 형성 과정 이해

작업연쇄라는 개념은 프랑스 고고학자인 A. Leroi-Gourhan에 의해 최초로 제기되었다. 그는 구석기를 포함한 모든 도구 체계가 상호 반복적인 동작이 누적되어서 형성된 물적 대상이라는 것에 착안하여 "개인의 기술적 역량 및 신체 활동이 권력, 사회, 상징적 사회적 메시지를 담고 있으며, 사물을 제작하는 방식이야 말로 언어를 통한 의사소통보다 더 의미심장한 수준으로 의사를 전달한다"는 대전제를 발전시켰으며, 이를 통하여 유물에 매개하는 모든 기술 체계는 연쇄적인 작업이 각기 다른 수준에서 반영된 것이라는 주장을 하였다. 좁은 의미에 있어서의 작업연쇄, 특히 구석기 연구에 있어서의 작업 체계는 바로 다른 유물과 달리 지속적으로 크기가 감소하는 삭감과정과 부분적으로 일치하며, 여기에는 유물을 제작하고 사용한 고인류의 모든 행위가 선택적으로 개입하였다는 것을 전제로 한다.

작업연쇄에서 중요한 개념은 바로 연속성이다. 연속성은 다시 전후관계와 인과관계로 분리해서 생각할 수 있다. 전후관계는 특정 유물이 작용하는 체계는 각기 다른 동작들이 시간적으로 일정하게 구분된다는 것을 의미하며 인과관계는 이렇게 구분된 동작

이 상호 간에 원인과 결과로 각기 다르게 기능한다는 것을 의미한다. 중요한 것으로서, 이러한 전후관계와 인과관계는 고정되어 있지 않으며 상호 위치를 바꾸거나 관계를 바꾸어서 상대적으로 작용할 수 있다는 것이다. 예를 들면, 특정인에 의해 폐기된 석재는 바로 타인에게 석재의 획득으로 작용할 수 있으며 이러한 과정은 해당 체계 내의 모든 석재가 더 이상 인위적인 동작을 수용할 수 없는 수준에 도달할 때까지 연속적이고 유기적으로 이루어 질 수 있다는 것이다(그림 11).

작업연쇄라는 개념을 염두에 둔다면 구석기 유적에서 발견되는 전체 석기군과 관련된 정보를 보다 유기적이고 맥락적으로 이해할 필요가 있다. 일반적으로 유적 내에서 발견된 석기는 상기한 작업들의 반복적인 발생에 의한 산물들이 누적된 상황이기 때문에 특정 석기 형식이 집중적으로 제작된다는 것은 문화적으로 그 석기 형식의 효용성이 현저하다는 것을 의미한다. 하지만 이렇게 문화적으로 현저한 상황이 거의 희박한

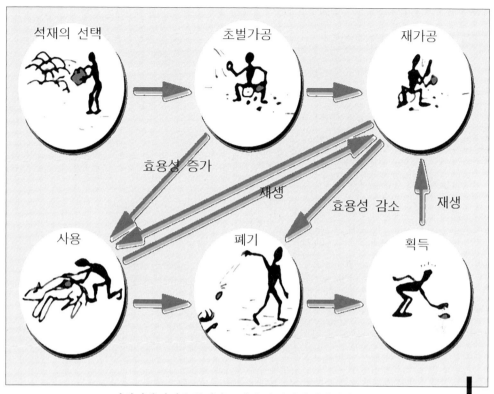

구석기 시대의 경우 유적지에서 반복적으로 발생하는 특정 석기는 결국 기술적인 맥락, 즉 전체 석기를 제작, 사용하는 과정에서 수렴한 해당 작업 행위의 결과로 보는 것이 타당할 것이다.

전술한대로 석기가 사용되는 맥락을 구체적으로 파악하는 것은 거의 불가능하기 때문에 작업연쇄를 모식화 하는 과정에서 표현할 수 있는 수준은 바로 제작 단계까지가 해당한다. 이럴 경우 석재의 선택 과정에서 가장 우선적으로 고려되는 특성은 바로 모암의 크기에 해당하며, 그 크기가 대형이냐 소형이냐에 따라서 최종 산물은 대형 도구 (예 : 주먹도끼와 찍개류) 와 소형 도구 (예 : 긁개 및 오목날 석기류)로 자리 매김하게 된다. 특히 르발르와 기법이나 타격면을 효율적으로 조정한 흔적이 거의 없는 한반도 후기 구석기 이전의 단계에서는 이러한 작업연쇄는 비교적 단순한 선택 과정을 거치게 되며, 대신 자갈돌을 전혀 가공 없이 사용해서 미약한 사용흔만 존재하는 사용편

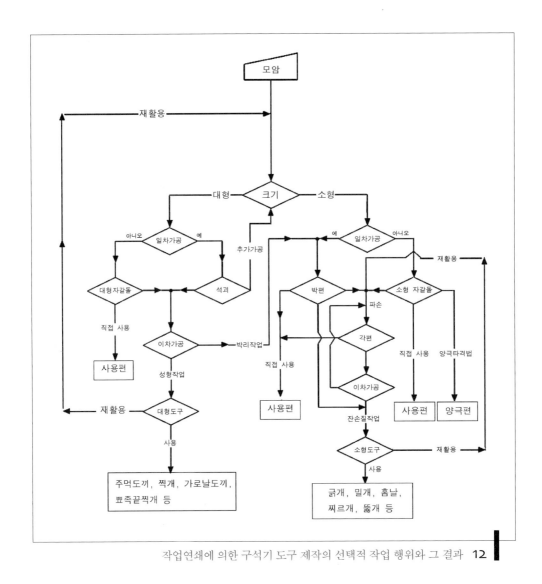

(utilized piece)이나 자갈돌을 모룻돌에 대고 둘로 쪼개서 만들어 낸 양극편(bipolar piece)과 같은 석기들은 오히려 발생 빈도가 비교적 높은 축에 해당할 것이다. 만약 석재의 채취와 석기가 제작되는 장소가 완벽하게 일치한다면 상기한 도구석기들 이외에 각종 부산물(debitage)이나 부스러기(debris) 들도 해당 유적에서 발견될 것이다.

7. 결론

지금까지 파쇄역학과 삭감과정이라는 두가지 개념을 통해서 구석기 도구의 제작 및 사용에 대한 일반적인 지식들을 정리해 보았다. 구석기 유물이 다른 유물과 다른 점은 삭감과정이라는 독특한 과정이 결부되어 있기 때문에 전반적으로 크기가 감소하는 변화상을 가진다는 점과, 석재를 직접적으로 활용하기 때문에 파쇄역학이라는 물리적 성질에 근본적으로 제한을 받는 변화를 거친다는 것이다. 또한 인류 역사상 가장 단순하면서도 초보적인 단계에 해당하는 구석기 시대라는 특성상 이러한 변화상이 뚜렷하게 유형화 되어서 나타나기 힘들다는 본질적 한계가 있다. 그리고 한계점을 인식하는데 있어서 효율적인 개념이 바로 작업연쇄에 해당한다는 점도 살펴보았다.

상기한 구석기 유물의 본질적인 특성을 이해한다면 유적지에서 발견되는 석기군 전체의 형성 과정에 대한 일반화를 시도할 수 있을 것이다. 하지만 이러한 일반화가 실제 고고학적 상황에서 과연 어느 정도 의미가 있을지는 발굴 조사의 정밀도 및 해당 연구자의 숙련도, 그리고 무엇보다도 유적의 보존 수준에 따라 크게 좌우될 수 밖에 없을 것이다. 시기적으로 가장 오랫동안 변형 없이 잔존하였고 가장 단순한 사회상을 반영할 수 밖에 없는 구석기 유물이 가장 복잡하면서도 다양한 방식으로 변화 과정을 거쳤다는 것은 아이러니라고 할 수 있을 것이다. 그런 의미에서 볼 때 오히려 다른 지역의 구석기에 비해 훨씬 더 단순하면서도 외견상 조잡하게 보이는 한반도의 구석기 유물은 그 해석에 있어서 더욱 신중함을 요구한다고 볼 수 있다.

• 중요 구석기 용어 일람(영한대조) •

1. Rock

    1.1 Rock Type

        Igneous Rock(화성암)

        Sedimentary Rock(퇴적암)

        Metamorphic Rock(변성암)

    1.2 Raw Material(석재)

        Cryptocrystalinity(미결정성)

        Isotrophy(등방성)

        Elasticity(탄성)

        Hardness(경도)

        Toughness(강도)

2. Lithic

    2.1 Tool

        Blank(원석)

    2.2 Debitage(부산물)

        Core(석핵)

        Flake(박편)

        Blade(돌날)

        Shatter(각편)

        Bipolar piece(양극편)

        Debris(부스러기)

3. Technique

3.1 Percussion(타격)

Throwing/Hurling percussion(던져떼기)

Anvil percussion(모루떼기)

Hard/Soft Hammer percussion(경질/연질 망치 타격법)

Indirect percussion(간접 타격법)

Pressure percussion(눌러 떼기)

3.2 Modification(가공)

Shaping(성형)

Thinning(삭박작업)

Edging(날세우기)

Backing(등대기)

Preparation(타격면 조정)

Truncation(날죽이기)

4. Flake Morphology

4.1 Elements(박편 요소)

Platform(타격면)

Bulb of Percussion(타격혹)

Fissure(타격열)

Ripple(파상문)

(Flake) Scar(박리흔)

Ridge(능선)

4.2 Dimensions(박편 계측)

Exterior/Interior platform angle(타격외/내각)

Proximal/Distal end(초단부/말단부)

Dorsal/Ventral surface(등면/배면)

Lateral margin(edge)(측면부)

5. Technological Terms

5.1 Reduction Sequence(삭감과정)

5.2 Chaîne opératoire(작업연쇄)

5.3 Procurement(석재 확보)

參考文獻

참고문헌

김정완, 이경수, 2008, 『인류의 여명-동아시아의 주먹도끼』, 국립대구박물관.

서오선, 장용준, 2005, 『머나먼 진화의 여정 - 사람과 돌』, 국립대구박물관.

연세대학교 박물관, 2001, 『한국의 구석기』, 연세대학교 출판부.

Andrefsky, W. Jr, 1998. *Lithics - Macroscopic Approaches to Analysis*. Cambridge University Press, Cambridge.

Cotterell, B. and J. Kamminga, 1992. *Mechanics of Pre-industrial Technology*. Cambridge University Press, Cambridge.

Debenath, A. and H. Dibble, 1994. *Handbook of Paleolithic Typology*, University Museum of University of Pennsylvania, Philadelphia.

Delagnes and L. Meignen, 2005. Diversity of lithic production systems during the Middle Paleolithic in France. In *Transitions before the Transition*, edited by E. Hovers and S. L. Kuhn, pp. 85 - 107, Springer Press, New York.

Goodman, M. E, 1944. The Physical properties of Stone Tools materials. *American Antiquity* 9 : 415 - 33.

Inizan, M. -L., H. Roche, J. Tixier, 1992. *Technology of Knapped Stone*, CREP, Meudon.

Kooyman, B, 2000. *Understanding Stone Tools and Archaeological Sites*. University of New Mexico Press, Albuquerque.

Luedtke, B, 1992. *An Archaeologist's Guide to Chert and Flint*. University of California Press, Los Angeles.

McPherron, S. P, 2000. Handaxes as a measure of the mental capabilities of early hominids. *Journal of Archaeological Science* 27 : 655 - 63.

Whittaker, J. C, 1994. *Flintknapping- Making and Understanding Stone Tools*. University of Texas Press, Austin .

수렵채집민 연구의 동향과
후기 구석기 사냥 기술의 변화

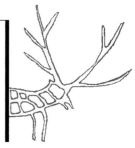

성 춘 택 경희대학교

1. 서론

최근 학계에서 많은 관심을 받고 있는 진화심리학의 시각에 따르면 인간의 행위와
사회에서 나타나는 유사성은 공통의 진화적 과정에 따른 것이라고 한다. 인류 진화사
에서 농경이 시작되어 마을을 이루어 살게 된 것은 기껏 10,000년 전 이후의 일로, 이는
많아야 500세대의 시간 밖에 되지 못한다. 농경 마을 생활에 따라 인간의 마음과 행동
의 패턴이 진화하기에는 너무 짧은 시간인 것이다. 인간의 인지 능력과 행위의 패턴을
연구하기 위해서는 지난 수십 만 년, 그러니까 구석기시대 동안 수렵과 채집을 하던 인
류 조상을 이해함으로써만 가능한 일이다.

구석기시대의 모든 인류 집단은 수렵과 채집을 하는 집단이었다. 수렵채집민이라
함은 순화된 식물과 동물(개는 제외함)을 가지고 있지 않고 생계의 대부분을 수렵과 채
집, 어로에 의지하는 사회의 사람들을 말한다. 수렵채집 사회의 특징으로는 ①평등
(egalitarianism, 물적 재화의 공유), ②낮은 인구밀도(소규모 무리사회), ③느슨한 영역
성(territoriality)과 높은 이동성, ④낮은 식량 저장, ⑤대부분 성(性)에 따른 노동의 분할
등을 들 수 있다(Kelly 1995, Winterhalder 2001). 물론 이러한 특징은 다양한 경향이 있
는 것은 사실이지만, 북아메리카 서북부와 같이 해안경제에 치중하여 사회 내 위계가
발달한 사례 등을 제외하고는 대부분 공통된다고 하겠다.

이 글은 수렵채집민에 대한 최근 연구 경향을 요약하고 소개하면서, 그 행위 패턴이

선사시대 인류 집단의 생업경제를 비롯한 다양한 이슈들을 연구하는 데 어떻게 적용될 수 있는지를 논의할 것이다. 특히 한국 후기 구석기시대의 석기기술의 다양성과 시간의 흐름에 따른 진화를 설명하는 데 어떠한 의의를 지니는지를 주로 검토할 것이다.

아주 늦은 시기까지도 맥석영제 석기를 중심으로 하는 유물군이 있긴 하지만, 한국의 후기 구석기 유물군에서 가장 특징적인 유물들은 슴베찌르개와 잔석기(세석기)라 할 수 있다. 덧붙여 최근 절대연대값과 토양쐐기를 중심으로 한 층준에 입각하면 대체로 슴베찌르개가 중심인 유물군이 후기 구석기시대의 전반부를 대표한다면, 잔석기 중심의 유물군은 후반부를 대표한다고 할 수 있다. 이렇듯 이 두 유물 형식은 후기 구석기 문화의 진화를 이끌었다. 이 글에서는 슴베찌르개와 잔석기가 의미하는 사냥 행위 및 사냥 도구의 진화에 대해 논의한다.

2. 수렵채집민 연구의 현황

1) 수렵채집민의 생계 경제

1966년 시카고에서 열린 "Man the Hunter" 학회는 수렵채집민 연구에 획을 그었다고 할 만하다. 수렵채집 사회는 단선진화적인 도식에 따라 헐벗고 굶주린 실패한 사회라 인식되고 있었다. 그러나 학회에서 소개된 쿵 산(Ju/'hoansi) 같은 집단의 삶은 장시간 환경에 적응하여 풍요롭고 한가로이 여가를 즐기는 사회로 인식되었다. 다음 표 1과 그림 01에 제시된 사례를 보아도 수렵채집민의 노동 강도는 농사를 짓는 사람들보다 높다고 할 수 없다.

이 같은 인식을 통해서 "원풍족 사회(Original Affluent Society)"라는 개념이 유행하게 된다. 이에 따르면 수렵채집민은 원하는 것이 적기에 바라는 바를 쉽게 충족하며, 남은 시간을 여가와 사회 활동에 보낸다는 것이다. 또한 수렵과 채집을 통해 많은 식량을 얻었을 경우에도 재화를 공유한다는 생활 방식에 따라 결국 자신의 것이 되지 못하기 때문에 더 많은 노동을 할 이유가 별로 없다. 또한 너무 열심히 수렵채집 활동을 할 경우 결국 주변 환경자원을 고갈시킬 염려도 있는 것이다 (Kelly 1995 : 22-23).

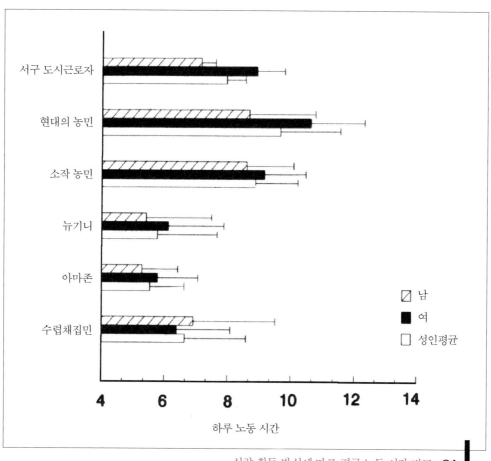

식량 획득 방식에 따른 평균 노동 시간 비교　**01**
(뉴기니 : 밭농사를 주로 하며 동물 사육, 아마존 : 초보적인 밭농사를 하지만 수렵채집 의존도가 높음
Kaplan and Hill 1992의 Table 7,8이며, 원 자료는 Hames 1989로부터 취함)

표 1.　대표적인 수렵채집 집단의 평균 노동시간

집단	수렵채집시간 (여)	수렵채집시간 (남)
Ache (남아메리카)	1.3	6.9
Ju/'hoansi (아프리카)	1.8	3.1
Efe Pygmy (아프리카)		4.6
오스트레일리아 원주민	4.5	
Batak (동남아시아)	2.9	4.1

* 파라과이의 아체 족은 주당 거의 70시간을 일하는 데 반해 남아프리카의 주호안시 족은 12-19 시간
정도만을 노동함. (Kelly 1995 : 20, Table 1-1을 바탕으로 수정)

그러나 최근의 연구에 따르면 이 같은 이미지는 단지 몇몇 수렵채집 집단에만 적용

가능하다. 환경이 다양하듯이 수렵채집민의 생활에는 많은 다양성이 있는 것이다. 가령 아체 족은 주당 70시간 가까이 일하는데 반해 남아프리카의 주호안시 족은 12-19시간 정도만을 일할 정도로 변이가 크다(표 1). 그 변이의 주요인은 결국 환경에 달려 있다. 대부분 수렵채집민은 늘 배고픔을 호소하고 있으며, 실제 영양 결핍으로 죽거나 전염병에 감염될 확률도 높다. 이는 결국 수렵채집민의 생활에 주된 구속 요인은 바로 환경 및 생태 조건임을 말해준다. 민족지 연구에 따르면 위도가 높은 지방에 사는 수렵채집민일수록 수렵과 어로의 비중이 높으며, 저위도에서는 상대적으로 채집을 많이 하는 것으로 알려져 있다. 다만 사냥과 어로는 직결되어 있어 사냥을 많이 하면 어로의 비중이 낮고 어로를 주로 하면 동물 자원에 대한 의존도가 낮다(Kelly 1995 : 66-75).

1980년대 이후 수렵채집민 연구를 주도하고 있는 것은 진화행동생태학(Evolutionary behavioral ecology) 또는 인간행동생태학(Human behavioral ecology, HBE)이다 (Bentely et al. 2008, Shennan 2008, Smith and Winterhalder 1992, Winterhalder 2001, Winterhalder and Smith 2000). 이는 자연선택 개념을 적용하여 특정 생태적 배경에서 행위적 다양성 설명하는 것을 말한다. 연구는 수백만 년 동안의 자연선택을 통한 진화 때문에, 사람은 의식적이든 무의식적이든 생식적 성공을 도모하는 방향으로 행위적 선택을 하는 경향이 있다는 가정을 깔고 있다. 인간의 수렵채집 행위는 집단의 생존과 존속에 지대한 영향을 미치기 때문에 그만큼 진화와 자연선택의 개념으로 설명할 가능성이 높은 것이다. 이로부터 최적수렵(채집) 모델(Optimal foraging model)이 나왔는데, 수렵채집 행위가 주어진 조건에서 최대의 에너지 획득하는 전략이 장기간의 진화를 통해 선택되었음을 가정하고 있다. 다시 말하면 사람은 가장 낮은 비용으로 자원 이용을 극대화하는데, 식량자원을 더 효율적으로 획득하는 방법은 자연선택을 통해 더 높은 생식적 성공을 가져왔다는 것이다. 이렇듯 인간 집단의 생존에 큰 영향을 미치는 행위 패턴은 상이한 환경에서 상이한 행위들이 가지는 비용과 효과의 측면에서 설명할 수 있다(Jordan 2008 : 454, Shennan 2002 · 2008).

먼저 가정적인 사례를 들어 수렵채집민의 식량 획득의 원칙을 살펴보자. 표 2에서 A라는 자원(e.g., 멧돼지)을 획득하기 위해서는 찾는 데 걸리는 시간(search time)과 도살 및 해체에 들어가는 시간(handling time), 곧 100분이 걸린다. 이것을 총 칼로리로 나눈 값이 식량자원으로서 효율이다. 제시된 네 식량자원은 A, B, C, D로 갈수록 그 효율이 떨어진다. 만약 사냥꾼이 A와 B(e.g., 고라니)를 같이 취할 경우 찾는 데 걸리는 시간은 60분이면 충분하며, 가공하는 데 40분(A)과 20분(B), 모두 120분의 시간이 걸린다. 총 영양은 15,000 Kcal로서 이것을 시간(분)으로 나누면 효율은 125 Kcal/min이다. 사냥꾼은 A만 취하는 것(100 Kcal/min)보다 A와 B를 동시에 취하는 것이 더 효율적인 것이다. 그런데 여기에 식량자원 C(e.g., 토끼)를 추가할 경우 찾고 가공하는 데 걸리는 시간(60+40+20+40)은 모두 160분이 되며, 얻는 영양의 합은 18,000 Kcal가 될 것이다. 이것은 에너지 효율의 측면에서 112.5 Kcal/min으로서 A와 B만을 취하는 것보다 더 떨어진다. 마찬가지로 D(도토리)까지 포함하여 네 식량자원을 모두 취한다면 에너지 효율은 더욱 떨어져 97.5 Kcal로서, 멧돼지 하나만을 취하는 것보다 낮아진다. 그렇다면 수렵채집민은 C와 D를 버리고 A와 B만을 취하는 것이 더 효율적인 것이다. 수렵채집민의 입장에선 효율이 높은 자원에 치중하는 것이 더 효과적인 전략이다. 그런 자원은 대체로 대형 동물이며, 보통 상위 자원이라 부른다. 그렇다면 실제 수렵채집민은 이 같은 원칙을 염두에 두고 사냥과 채집 생활을 하는지, 아니면 무작위적으로 주변의 식량자원을 이용하는지 살펴보자.

표 2. **식량 자원을 획득하는 데 들어가는 시간과 효율에 대한 가정적인 사례**

식량자원	영양(Kcal)	찾는 시간(분)	가공 시간(분)	자원의 효율(Kcal/분)
A(멧돼지)	10,000	60	40	A : 100
B(고라니)	5,000	40	20	A+B : 125
C(토끼)	3,000	30	40	A+B+C : 112.5
D(도토리)	1,500	10	40	A+B+C+D : 97.5

* 물론 실제 수렵채집민의 식생활 연구에서는 단순히 칼로리가 아니라 상대적인 영양의 균형을 고려하여야 할 것이다. 또한 환경에 따라, 그리고 사냥꾼의 경험과 능력에 따라 자원을 찾고 가공하는 데 걸리는 시간은 다를 것임도 두말할 나위 없다.

연구자들은 식량자원선택 모델(Diet Breadth Model, Prey Choice Model)을 통해 수렵채집인은 에너지 효율을 최대화하는 전략을 취하여, 특정 식량자원을 마주할 때 그것을 취할 것인지, 아니면 더 나은 어떤 것을 염두에 두고 지나칠 것인지를 파악한다. 이 모델에 따르면 수렵민은 더 나은 에너지원을 효율적으로 획득할 수 있다면 고비용 저효율의 에너지원은 그냥 지나친다. 이 같은 최적수렵 모델의 원칙이 합당한지에 대해서는 비판적인 시각이 있다. 사람의 행동은 반드시 이성적이지 않다는 점과 식량 자원이 갖는 상징적이고 종교적인 의미를 간과하고 있다는 것이다. 물론 이 같은 비판도 일견 타당한 점이 있지만, 결국 중요한 것은 실제 수렵채집민의 행위 패턴이 모델과 잘 부합하는지를 판단하는 것이다. 그런데 식량자원선택 모델이 예측하는 바는 수렵채집 원주민의 여러 사례 연구에서 잘 들어맞고 있다.

아래 표 3에 제시된 파라과이의 아체 족의 사냥을 예로 들어보자. 연구에 따르면 (Kaplan and Hill 1992), 아체 사냥꾼은 꿀, 사슴, 아르마딜로, 멧돼지 등 높은 효율을 주는 상위의 자원은 늘 취하지만, 식물자원은 흔히 무시한다. 또한 꿀과 식물성 자원은 흔히 여성들이 담당하고 남성들은 주로 사냥을 한다. 이렇듯 식량자원선택 모델은 단순히 자원의 풍부함만으로는 수렵채집민의 생계활동을 이해할 수 없고, 중요한 것은 어떠한 상위에 있는 대형동물 자원(high-return, high ranked resources)이 얼마나 있느냐 하는 것이다. 만약 상위 자원이 부족해지면 식량자원 이용의 폭은 더욱 넓어질 것이다.

때문에 수렵채집민의 식생활을 이해하기 위해서는 가장 먼저 사슴이나 멧돼지 같은 사냥할 수 있는 대형 동물이 주변에 얼마나 있는지를 아는 것이 중요하다. 그런 식량 자원을 주변에서 얻을 수 있다면 생계에서 대형동물이 차지하는 비중이 지대할 것이고, 그렇지 않다면 상대적으로 비용이 많이 들어가는 자원들이 식량에 포괄될 것이다. 이같은 인간행동생태학에 입각한 수렵채집민의 식생활 연구 모델은 선사시대 수렵채집민의 생활 패턴을 유추하고 그 변화를 고찰하는 데 중요한 함의를 지닌다. 다만 실제 적용하기 위해서는 다양한 환경 속에서 다양한 행위 패턴이 있음을 염두에 두고, 성에 따른 노동의 분할, 주변 집단과 사회교류 네트워크, 문화에 따른 음식물 선호와 금기 등을 고려하여야 할 것임은 물론이다.

표 3. 아체 족의 식량 자원과 효율, 그리고 순위

식량 \ 자원	무게(kg)	Kcal/kg	식량 효율 Return rate(kcal/hr)	가공 시간 Handling time	식량 자원의 순위
Collard peccary(페커리 멧돼지)	232	1950	65,000	7.0	1
Deer 사슴	300	819	27,300	9.0	1
Paca 파카(기니피그)	307	1950	6964	86.0	3
Coati 긴코너구리	351	1950	6964	98.3	3
Armadillo 아르마딜로	386	1950	5909	127.4	5
Snake 뱀	10	1000	5882	1.7	5
Oranges 오렌지	1283	355	5071	89.8	7
Bird 새	35	1240	4769	8.7	8
Honey 꿀	57	3037	3266	52.5	9
White-lipped Peccary 페커리	457	1950	2746	324.5	10
Palm larvae 야자수 유충	43	3124	2367	56.8	11
Fish 물고기	189	975	2120	86.9	12
Palm heart 야자수 속잎	171	595	1526	66.7	13
Monkey 원숭이	533	1300	1215	570.3	14
Palm fiber 야자수 섬유질	1377	120	1200	137.7	14
Palm fruit 야자수 열매	246	350	946	94.6	15

* 이 표는 Kelly 1995 : 85에 제시된 Table 3-5를 일부 수정한 것임.

수렵채집민 연구에서는 식량자원의 이용 양상뿐만 아니라 이동생활의 패턴 등 선사시대 연구에 유용한 모델과 사례들을 얻을 수 있다. 이미 한국의 신석기시대 패총연구에 적용된 바 있듯이(김장석·양성혁 2001, 이준정 2002·2003, 임상택 1998) 수렵채집민의 이동에는 크게 두 패턴이 있다. 본거지 이동(residential mobility, 또는 근거지 이동)은 본거지(residential base)를 계절 또는 수시로 이동하는 것을 말하는데, 대부분 수렵민은 연중 0-60차례 이동한다. 이와 대비되어 자원조달 이동(logistical mobility)은 특정한 집단이 생계활동을 위하여 본거지를 벗어나 식량자원을 조달하는 행위를 말한다. 이 같은 연구를 토대로, 몇몇 비판적인 견해도 있지만, 그 동안 빈포드를 비롯한 고고학자들이 선사시대 연구에서 많은 성과를 쌓았다.

2) 후기 구석기시대 문화변화

위에서 제시한 식량 자원 획득 모델은 후기 구석기시대 사냥의 패턴과 변화에 대해서 유용하게 적용할 수 있다. 대형동물은 주로 흩어져 있어 추적 시간이 많이 들지만, 한 번 사냥에 성공하면 큰 효과를 볼 수 있다. 그러나 식물성 식량, 곧 씨나 구근류, 견과류는 수월하게 취할 수 있지만, 가공하는 데 노동력이 많이 든다. 때문에 중대형동물은 비용과 효과의 측면에서 상위의 생계자원(high-return resources)이며, 새나 물고기, 식물성 식량은 하위의(low-return) 자원이 된다. 또한 식량자원선택 모델에 따라 특정지역 수렵채집민의 생계경제를 결정짓는 것은 다양한 식량자원의 풍부함보다는 상위자원의 획득가능성임을 유의할 필요가 있다.

생계 관련 자료에 따르면 유럽 중기 구석기시대(Middle Paleolithic, MP)에 들소와 같은 상위 자원을 집중 이용하였다. 특히 무스테리안 찌르개(Mousterian point)는 흔한 유물로서 사냥용 창끝에 장착되었을 것으로 생각된다(Shea 2001). 중기 구석기시대에는 외부에서 가져온 희귀한 물품 교환은 별로 없었던 듯하며, 먼 거리 사회적 유대와 동맹관계가 그리 발달하지 못했던 것으로 보인다. 또한 인구밀도가 낮아 수렵에도 크게 집단 간 경쟁 관계가 형성되지 않았을 것이며, 때문에 각각 아주 작은 규모의 흩어져 있는 수렵 집단들이 이동 생활하여, 사회망을 통한 협력과 경쟁도 그리 높지 않았던 것으로 보인다(Whallon 2006).

이 같은 상황은 후기 구석기 후반(Late Upper Paleolithic, LUP)에 와서는 사뭇 달라진다(Kuhn and Stiner 2001). 이때의 자료는 현존하는 수렵채집민 민족지 사례와 잘 부합한다. 다시 말하면 한 집단은 25-50명으로 이루어져 빈번한 본거지 이동을 하며, 내부적으로는 성에 따른 노동의 분할이 발달하였고, 외부적으로는 족외혼을 바탕으로 주변 집단과 긴밀한 사회네트워크를 형성하는 등 현존 수렵채집민의 공통된 특징들이 이때 확립되었다고 생각된다(성춘택 2009, Kelly 1995, Whallon 2006, Wobst 1974). 또한 자원 획득을 위해 기술을 고도로 발달시켰다. 수렵채집 기술의 다양성, 세련도는 위도에 비례하는 경향이 있다. 고위도일수록 동물, 물고기의 비중 높고, 저위도일수록 식물자원 이용 증가, 고위도에서는 골각기의 비중이 높고, 지중해, 근동으로 갈수록 골각기 비중 약해진다(Binford 1980·1983, Gamble 1986·1999). 특정 사냥감(순록과 산양)이 95% 이상인 유적 많은 경우도 있다 (Grayson and Delpech 2002, Mellars 1996). 다시 말하면 생계에 유리한 상황에서는 특정 동물을 전문적으로 사냥하기도 하는 한편, 소형 동물과 식물자원에까지 식량자원 이용의 폭을 넓혔던 것이다. 이는 식량자원선택 모델에서도 충분히 예견할 수 있다.

3. 찌르개류 석기의 편년틀

한국의 후기 구석기시대 석기군 구성을 면밀히 검토해 보면 대체로 슴베찌르개와 중대형의 돌날이나 돌날몸돌, 긁개, 밀개 중심의 유물군과 슴베찌르개와 밀개, 새기개, 그리고 잔석기(몸돌과 돌날)가 공반하는 유물군, 마지막으로 잔석기와 밀개, 새기개, 뚜르개 등이 중심이 되는 유물군이 있음을 알 수 있다.[1] 이 같은 유물군 구성의 양상은 후기 구석기시대 유물군의 다양성과 함께 시간의 흐름에 따른 변화를 살피는 기본 틀이다. 이는 우리나라 돌날 및 잔석기전통의 구조와 진화를 이끌었던 것은 바로 슴베찌르개와 잔석기로 파악하는 것이 가장 유리하다고 생각하기 때문이다. 슴베찌르개라는 석기가 대체로 보통 크기의 돌날의 기부를 잔손질하여 만들어짐을 감안할 때 후기 구

---

1 글쓴이는 이 같은 세 유형의 유물군을 각각 전형적이면서도 학사적으로 비교적 일찍 발굴조사되어 실체가 알려진 유적의 이름을 따라 고례리유형, 수양개유형, 하화계리유형이라 이름한 바 있다(성춘택 2006). 덧붙여 늦은 시기까지도 맥석영제 소형석기를 근간으로 하는 석기군도 존재하고 있다.

석기 유물군은 돌날 중심의 유물군에서 잔석기 중심으로 변화한다고도 할 수 있다(성춘택 2006, 이헌종 2004). 다만 그 변화는 단선적이지 않다.

1) 슴베찌르개와 찌르개류 석기들

슴베찌르개는 말 그대로 슴베가 달린 찌르개로서 보통 기부(proximal end)를 손질하여 슴베(tang)를 만들고 선단부(distal end)는 잔손질하여 뾰족하게 하거나 원래 뾰족한 경우는 그대로 사용하기도 한다. 그러나 슴베가 달린 것은 사실이지만, 끝부분이 찌르개와는 달리 밀개의 형태로 되어 있는 것(이융조·공수진 2002)도 있고, 날카롭지 않고 호선을 그리는 것도 있다(서영남 외 1999).

슴베찌르개는 한국에서 처음으로 발굴된 구석기 유적인 석장리에서도 출토된 바 있지만, 본격적으로 주목된 것은 1980년대 수양개 유적의 발굴로부터이다. 수양개에서는 슴베찌르개가 48점(이융조·윤용현 1997)이나 출토되었다고 하는네, 이는 200점 가까이 나왔다는 잔몸돌(세석핵)과 함께 유적을 대표하는 유물 형식이다. 이후 1980년대에 슴베찌르개는 주암댐 수몰지구 조사에서 우산리 곡천(이융조·윤용현 1990), 덕산리 죽산(이선복 외 1990) 등에서 소량 출토되었다. 그러던 것이 1990년대 이후 분포 범위가 전국적으로 확대되어, 밀양 고례리(서영남 외 1999, 장용준 2001, 2007), 진안 진그늘(이기길 2000, Lee 2010), 순천 월평(이기길 2002), 장흥 신북(이기길 2004) 등 전라, 경상 지방뿐만 아니라 대전 용호동(한창균 2002), 대전 용산동(중앙문화재연구원 2005) 등 충청 지방, 철원 장흥리(최복규 외 2000), 남양주 호평동(홍미영 외 2002), 광주 삼리(한창균 외 2003), 포천 화대리(강원고고학연구소 2003) 등 경기, 강원 지방까지 폭넓게 확인되고 있다. 슴베찌르개가 유물군에서 차지하는 비중은 다양하다. 한 점만이 확인된 유적도 많은데, 장흥리[2], 삼리, 용호동 2문화층과 3문화층(한창균 2002a·2002b), 곡천, 죽산 등이 그러하다. 전체 유물의 양도 작은 것으로 보아 표본 크기와 관련이 있는 것 같다. 반면, 수양개에서는 40여 점, 용산동에서도 20여 점이 출토되었다. 진그늘

---

2 장흥리 유물은 반암으로 만들어졌는데, 기부의 잔손질이 희미하여 슴베찌르개로 판단하지 않는 연구자도 있다.

에서는 모두 97점이 나왔는데, 이 가운데 완형이 29점이라고 한다(Lee 2010). 그 밖의 유적에서는 대체로 10점 미만이 확인되었다.

소재를 양면으로 가공하여 몸돌로 삼아 아주 작은 돌날을 떼어내는 이른바 유베츠 (湧別)기법은 플라이스토세 말 잔석기 제작에 흔하게 쓰였던 방법이다. 소재의 양면을 길쭉하면서도 얇게 손질한 다음 한쪽에서 스키스폴(ski-spall)이라 불리는 격지를 떼어 냄으로써 타격면을 완성한다. 이런 식으로 크기와 생김새가 규칙적인 돌날을 대량으로 만들어낼 수 있는데, 사실 잔돌날(세석인, microblades) 제작은 체계적이면서도 각 단계별로 높은 수준의 기술이 필요한 작업이다(Bleed 1996, Hayden et al. 1996). 이른바 "배모양"이라 불리는 몸돌보다 "쐐기형몸돌"의 장점은 규격화한 돌날을 대량으로 떼어낼 수 있다는 점이다 (Elston and Brantingham 2002 : 109). 다시 말해 석기 제작이 어려운 만큼 수양개에서 보듯이 많은 양면가공의 몸돌 소재를 만들어 놓기도 하고, 잔돌날을 될 수 있는 대로 많이 만들어 지니고 다녔을 것이다.[3]

이런 몸돌을 준비하는 것은 양면의 찌르개를 만드는 것과 상통한다. 찌르개를 만들 때 전체를 잔손질한 것은 버들잎(모양)찌르개라 불린다. 우리나라 후기 구석기 유적에서 출토 빈도가 알려져 있다. 다만 월평, 신북, 석장리, 대정동 등에서 한 점씩만 출토되어 유물조합내의 위치, 편년적인 위치 등을 논하기가 쉽지 않다.[4] 다만 주변 나라의 사례를 보건대 후기 구석기 말기에 등장하여 후빙기까지 폭넓게 쓰인 것 같다. 우리나라에서도 제주도 고산리에서는 구석기시대의 것보다는 크기가 작지만 석기 전체가 양면 잔손질된 찌르개들이 출토되었음은 주지의 사실이다. 때문에 구석기시대에서 후빙기의 문화 변동을 살피는 데 중요한 자료이다.

슴베찌르개는 기부만 잔손질이 있거나 한쪽 변만을 보통 톱니날 잔손질한다. 그런데 양 측변에 잔손질을 한 석기가 있는데, 이를 장용준(2002)은 "추형찌르개"라 부른다. 가령 삼리의 흑요석제 석기는 등면 전체가 잔손질되어 있고, 슴베찌르개보다 크기

---

3 잔몸돌 가운데는 이렇게 양면 가공을 통해 정성껏 소재를 준비한 것이 있는 반면, 적당한 생김새와 크기를 가진 격지나 돌날을 소재로 한다든지 자갈돌을 분할하여 소재로 삼은 것도 있다. 이러한 잔몸돌은 양면가공의 소재를 바탕으로 하는 몸돌에 비해 규격화된 돌날을 대량으로 만들어내는 데는 약점을 가졌을 것으로 보인다. 그러나 소재를 준비하는 데 적은 시간과 노력이 들어간다는 점에서 효율성은 높다고 할 수 있겠다.

4 고산리와 성하동의 경우 크기가 작아 구석기시대의 양면찌르개와는 다른 형식으로 보는 것이 나을 것 같다.

가 작다. 선단부 역시 손질이 있는 것으로 보아 부러진 다음 다른 용도(긁개나 뚜르개)로 전용되었을 가능성도 있지만, 여전히 찌르개의 주된 용도, 곧 사냥 도구로 쓰였을 것이라 생각된다. 이런 형식은 수양개 유물에서도 찾을 수 있는데, 비교적 작은 돌날의 주변에 세밀한 잔손질을 하여 찌르개를 만든 것이다. 손질된 슴베 부분이 있다는 점에서 넓게 보아 슴베찌르개라는 범주에 포함시킬 수도 있지만, 크기가 비교적 작아지고, 전면적인 잔손질이 베풀어지는 것으로 보아 화살촉으로 가는 단계의 것으로 생각된다.

끝으로 최근 구석기시대 최말기 유적에서 화살촉으로 판단되는 석기가 출토되었다. 동해 기곡의 경우 크기 3cm 정도의 작은 양면이 잔손질된 찌르개가 출토되었는데, 화살촉으로 생각되고 있다. 기곡에서는 이런 비슷한 석기가 모두 세 점이 출토되었는데, 아주 고운 재질의 석영암이나 수정으로 제작된 것이다. 다시 말해 아주 세밀한 떼기가 가능하고 날카로운 선단부와 주변 날을 얻고자 정질의 암석을 이용한 것이다.[5]

2) 찌르개류 석기들의 편년

토양쐐기의 형성에 대한 이해와 방사성탄소연대값, OSL연대값, AT 화산재가 시사하는 연대 등을 참조하면, 후기 구석기 돌날석기 기술전통은 40,000-35,000 BP 정도면 확립되는 것 같다(Seong 2009). 대전 용호동에서는 지표 아래 첫 토양쐐기가 포함된 층 중하부에서 슴베찌르개가 확인되었는데, 그 위의 고토양층에서 수습된 숯의 연대값이 38,500±1000 BP로 알려져 있다. 포천 화대리에서는 첫째 토양쐐기층 상부에서 슴베찌르개가 몇 점 출토되었는데, 방사성탄소연대값으로 31,200±900 BP, OSL 방법으로 30,000±1700 BC의 값이 얻어지기도 하였다. 남양주 호평동에서는 슴베찌르개가 출토된 3b층에 해당하는 곳에서 나온 시료로 31,200 BP에서 27,000 BP까지의 연대값들이 얻어졌다. 슴베찌르개가 대표하는 유물군의 중심 연대값을 35,000-25,000 BP 정도라 할 수 있을 것 같다.

슴베찌르개와 잔석기가 공반하는 유물군들의 시간적인 위치는 아직 많은 논의와 검토가 있어야 할 것이다. 다만 표 4가 보여주는 바와 같이 토양쐐기가 시사하는 연대값,

---

5 최근 화대리에서는 최상 문화층에서 소형의 삼각형 갈린 석기가 출토되었는데, 보고자들은 화살촉이라 판단하고 있다(최복규・류혜정 2005). 이에 대해서는 아직 그 의미를 판단하기에는 이른 것 같다.

표 4. 찌르개류 석기의 출토 맥락과 절대연대값, 공반 유물, 그리고 추정 지속 연대

찌르개류 석기	대표적 출토 유적	암질 및 공반 유물	절대연대값 (AMS BP)	층서적 상황	연대 (중심연대, 지속 연대)
슴베 찌르개	(장흥리), 수양개, 석장리, 진그늘, 죽산, 곡천, 월평, 신북	규질혈암(규질응회암, 혼펠스), 밀개, 새기개, 뚜르개 및 잔석기(돌날, 몸돌)와 공반	24,600±600 / 24,200±600 - 장흥리 22,850±350 - 진그늘 18,630, 16,400 - 수양개 약 25,000-18,000 - 신북	지표 아래 (명)갈색 층	절대연대값 기준으로 슴베찌르개는 16,000 BP까지 존속
	용산동 호평동 아래문화층(3b층), 화대리 쉼터 2문화층	규질혈암(응회암, 혼펠스), 반암제 / 돌날 및 돌날몸돌, 긁개, 밀개, 홈날, 톱니날 등과 공반	31,200±900 / 30,000±1700 (BC, OSL) - 화대리 27,600±300 / 27,500±300 / 29,200±900 / 31,200±900 - 호평동	지표 아래 첫째 토양쐐기 포함하는 암갈색(적갈색)층	슴베찌르개만을 가진 유물군은 절대연대값 기준으로 40,000-25,000 BP
	용호동 3문화층(3b층)		2문화층 15cm 밑 38,500±1000	토양쐐기층 내 수평절리 고토양층	
추형 찌르개	수양개, 삼리	흑요석, 규질혈암 / 잔석기(돌날, 몸돌), 밀개, 새기개 등	18,000 - 15,000 (수양개)	지표 아래 갈색층	20,000-15,000 BP (추정)
잔돌날 복합도구	상무룡리, 기곡, 하화계리, 호평동 위문화층, 집현 장흥리, 죽내리 4문화층, 월평 등	중부의 경우 흑요석 포함, 남부는 규질혈암(혼펠스) 중심 / 잔석기압도, 밀개, 새기개, 뚜르개 등	10,200±60 - 기곡 12,260±40 - 봉명동 13,390±60 - 하화계리 19,680±90 - 대정동 24,000-21,000 / 17,500-16,000 - 호평동	지표 아래 처음 나타나는 구석기 퇴적층 (명갈색, 갈색, 적갈색층)	탄소연대값으로 25,000 BP에서 10,000 BP까지(보정하면 27,000-10,000 cal BC, 경우에 따라 후빙기까지도)
	장흥리, 삼리, 수양개, 진그늘, 석장리, 월평, 신북, 월성동	규질혈암(혼펠스) 중심 슴베찌르개와 공반, 밀개, 새기개, 뚜르개	약 25,000 - 24,000 - 장흥리 22,850±350 - 진그늘 18,630, 16,400 - 수양개 약 25,000-18,000 - 신북		
버들잎 찌르개	석장리, 대정동, 월평, 신북	잔석기(돌날, 몸돌), 밀개, 새기개 등	19,680±90 - 대정동 25,420±190 / 25,500±1000 / 21,760±190 / 20,960±80 / 18,540±270 / 18,500±300 - 신북	대체로 지표 아래 첫 구석기 퇴적층	20,000 - 10,000 BP (추정, 후빙기까지도 존속 가능)
화살촉	기곡 1 문화층	잔석기	10,200±60 - 기곡	지표 및 지표 아래 명갈색층	플라이스토세 최말기에 등장

* 이 같은 연대값은 현재까지의 자료를 토대로 한 대체적인 지속시간을 상정한 것으로서 앞으로 자료 축적 여하에 따라 더 구체적으로 조정할 수 있을 것이다.
* 특히 추형찌르개, 버들잎찌르개, 화살촉 등은 자료가 여전히 희소하기 때문에 정확한 출토맥락과 지속연대를 파악하는 것은 쉽지 않다.

방사성탄소연대를 비롯한 절대연대값들을 참조로 하면 그리 틀리지 않을 것이다. 수양 개 유형의 연대값은 주로 LGM 시간대와 대체로 일치한다. 호평동의 이른 연대값, 진그 늘, 석장리, 신북의 이른 연대값 등을 참조하면 약 24,000 BP(보정하면 27,000 cal BC까 지도 올라간다)까지 소급되며, 하한은 수양개와 호평동, 신북의 늦은 연대값을 참조하 면 17,000년 전 정도까지 내려온다. 잔석기와 슴베지르개가 상당 시간 공존하지만, 17,000년 전 이후가 되면 잔석기가 석기군을 주도하게 된다는 것이다.

잔돌날을 장착한 복합도구로서의 찌르개는 OIS 2 전반부, 그러니까 약 25,000 BP 정 도에 등장하여 플라이스토세 말까지 쓰였던 것 같다. 또한 몇 점 나오지는 않았지만, 수 양개와 삼리의 "추형찌르개"는 일단 대체로 20,000 BP에서 15,000 BP 정도의 지속시간 을 가진 것으로 생각할 수 있는데, 물론 앞으로 자료의 추가 여하에 따라 변화가 있을 것이다. 버들잎찌르개의 경우 일본에서는 상당히 늦은 시기에 등장하지만, 신북이나 대징동 등에서 산석기와 공반하였으며, 방사성탄소연대값 등을 참조하면 등장 시기가 20,000-18,000 BP까지 소급될 수 있다고 생각한다. 물론 자료가 희소하기 때문에 앞으 로 자료 축적 여하에 따라 더 구체적인 편년을 할 수 있을 것이다. 화살촉의 출토로 대 표되는 활과 화살의 등장은 기곡의 방사성탄소연대값을 생각하면 플라이스토세 최말 기, 그러니까 약 13,000 BP 정도로 생각된다.

슴베찌르개가 유물군에서 사라지고 잔석기와 이와 관련된 유물들이 유물군을 압도 하게 되는 하화계리유형은 모두 지표 아래 처음 나타나는 명갈색측에서 알려지고 있 다. 이에 해당하는 절대연대값들은 대체로 20,000 BP 이후에서 시작하여 10,000 BP까 지 이어지고 있다. 때문에 잔석기는 OIS 2 초반에 등장하여 한동안 슴베찌르개와 공존 하다가 플라이스토세 최말기에 들어와 유물군을 압도하게 되었다고 할 수 있는 것이 다.[6]

표 4는 슴베찌르개를 비롯한 찌르개류 석기들의 출토맥락과 공반유물, 층서적인 위

---

6 구석기시대의 방사성탄소연대를 보정하면 2000-4000년 정도 올라간다. 슴베찌르개가 나오는 화대리의 방사성탄소연대는 보정하면 33,680±1009 cal BC이며, 호평동의 경우 26,854±504 cal BC, 26,957±410 cal BC, 30,204±297 cal BC, and 30,286±323 cal BC와 같은 연대값을 얻을 수 있다. 세석기가 나오는 장흥리의 연대를 경우 보정하면 27,119±679 cal BC and 27,297±726 cal BC 같은 연대값을 얻는데, 장 흥 신북 같은 유적에서도 유사하다. 얼마나 세석기가 이른 시기에 시작되었는지를 잘 보여준다. 늦은 연 대로 하화계리의 탄소연대값은 보정하면 13,973±390 cal BC이, 가장 늦은 기곡의 경우 구석기시대가 거의 끝나가는 9926±251 cal BC가 된다(Seong 2011).

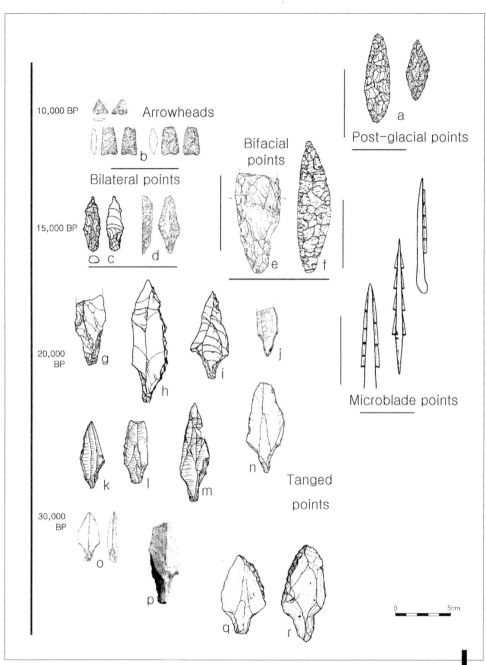

한국에서 출토된 대표적인 찌르개류 석기들을 층서적인 맥락에 근거하여 **O2**
아래에서 위로 배치한 그림

(Seong 2008에서, a : 고산리, b : 기곡, c·h-i : 수양개, d : 삼리, e·j : 월평, f·g : 석장리,
k-m : 용산동, n : 고례리, o : 용호동, p : 호평동, q·r : 화대리)

치, 절대연대값, 그리고 이를 토대로 한 추정 지속 기간을 나타낸 것이다. 아직 추형찌르개나 버들잎찌르개, 화살촉 등의 자료는 빈약하여 정확한 시간적인 양상을 파악하기는 이르기에 다른 나라 등의 사례를 참조하여 대체적인 추정 지속연대를 표현하였지만, 후기 구석기 사냥도구의 변화에 대한 대체적인 흐름을 읽을 수는 있다. 곧, 위 그림에서도 제시되어 있듯이 슴베찌르개[7]를 시작으로 OIS 2가 되면 잔석기가 확산되고, 대체로 20,000 BP 이후에 추형찌르개와 버들잎찌르개 등 다양한 변이가 등장하면서 슴베찌르개는 사라지며, 플라이스토세 최말기에 들어와 화살촉이 등장하는 양상을 잘 보여주고 있는 것이다. 후기 구석기 전반이 슴베찌르개가 사냥도구를 압도하였다고 한다면, 후반의 경우 잔석기가 주도하면서 도구들의 형식이 다양화하는 방향으로 흘러간다.

이렇듯 후기 구석기 사냥도구는 시간의 흐름에 따라 크기의 소형화, 기능의 다양화 등의 양상을 보여주고 있다. 그렇다면 좀 더 구체적으로 이러한 변화 양상을 설명할 수 있는 길을 찾아보자.

4. 슴베찌르개에서 잔석기로

1) 문화 변동을 보는 관점

잔석기의 등장과 확산에 대해서는 단순 전파 및 이주론적인 시각이 제시된 바 있다. 가령 이융조 등(1996)은 석장리와 수양개 등에서 나온 방사성탄소연대값을 해석하여 중국 북부에서 석장리를 거쳐 수양개로, 그리고 일본 열도로의 전파 노선을 그리기까지 하였다. 그런데, 이런 극단적인 입장은 슴베찌르개와 잔석기가 수천 년 동안 공존(그리고 맥석영제 소형석기까지도)하였다는 점 하나로도 설득력이 반감되고 만다. 단순한 전파 및 이주론적인 입장은 새로운 문화의 이입과 이에 따른 단절을 가정하고 있는데, 실상 유물군 구성은 그렇지 않은 것이다.

---

7 물론 반드시 슴베찌르개가 후기 구석기 논의의 출발점이 되어야 하는 것은 아니다. 이 같은 형식의 석기는 유럽의 경우 시기가 올라가고 있으며(Shea 2006), 앞으로 석영암으로 만들어졌으며 대체로 삼각형인 첨두기들에 대한 논의도 있어야 할 것이다.

잔석기 기술전통이 현재의 한반도내에서 자연 발생하였다고 주장하는 것은 아니다. 기술의 전파는 언제나 가능한 것이고, 잔석기 기술이 시베리아나 북중국에서 기원하여 남으로 확산되었을 가능성도 있다. 다만 현재의 한반도의 고고 자료가 말하는 잔석기 기술전통의 등장과 확산은 그리 단순한 이주와 전파를 생각하기에는 복잡하다(성춘택 2000). 기술이 밖으로부터 전파되어 들어왔다고 하여도, 새로운 환경에서는 다른 수용 과정을 거칠 수밖에 없다. 한 가지 염두에 두어야 할 것은 집단의 이주보다는 당시 수렵 채집민의 큰 이동성이다. 현재보다 훨씬 춥고 건조한 환경을 맞아 당대 수렵민들의 자원조달이동성(logistical mobility)뿐 아니라 본거지이동성(residential mobility)은 굉장히 컸을 것이다(성춘택 2009, Kelly 1995). 장기간에 걸친 변화이기 때문에 양식적이고 문화적인 데 초점을 맞출 필요는 없다. 유물의 기능상 차이가 진화를 추동하는 기제였을 것이며, 반드시 환경 변화를 고려하여야 한다.

후기 구석기 석기군 기술체계의 변화를 추동하였던 것은 바로 슴베찌르개와 잔석기이며 그 둘의 진화적 대체(또는 차별적 존속[differential persistence])야말로 석기군 진화를 잘 보여준다. 슴베찌르개와 잔석기가 공존한 기간은 OIS 2, 곧 최후빙하극성기(LGM)와도 맞물린다. 그 뒤에 들어서면 잔석기가 석기군을 주도하며, "추형찌르개"나 버들잎찌르개 역시 석기군의 구성성분이 된다. 먼저 슴베찌르개와 잔석기를 장착한 도구의 기능적인 측면을 검토해 보면 석기군 변화에 대한 어느 정도 실마리를 얻을 것이다. 특히 한국 후기 구석기 석기군 변화를 주도하고 있다고 할 수 있는 슴베찌르개와 잔석기는 사냥이라는 기능에서 중복되면서도 대조적인 특성을 잘 보여주고 있다. 이를 통해 후기 구석기 석기기술의 진화에 대한 대체적인 설명을 시도해보자.

2) 슴베찌르개의 기능적인 측면들

사용흔분석이나 민족지 연구 등에 따르면 슴베찌르개 등 찌르개류 석기는 기본적으로 사냥도구의 일부라 하겠다. 많은 연구자들은 슴베찌르개나 잔석기, 버들잎찌르개 등을 장착한 도구가 주로 창의 역할을 하였을 것으로 본다(Elston and Brantingham 2002, Goebel 2002). 그러나 투사되는 사냥도구에도 창이나 화살이 있을 수 있으며, 석기는 사냥감을 해체하여 살을 발라내고 가죽을 자르고 긁으며, 심지어 땅을 파는 데도 쓰인다. 북아메리카에서 플라이스토세 말기에 흔하게 출토되는 양면찌르개 역시 사냥과 함께 동물 사체 해체의 기능을 담당했으리라고 생각된다.

찌르개류 석기들의 기능에 영향을 미치는 요소들은 다양하다. 가령 석기의 너비는 사냥감에 박히는 정도(penetration) 반비례하며, 상처의 크기에는 비례하는데, 단면의 생김새 역시 그러한 변수에 영향을 미친다. 찌르개 석기의 크기와 무게는 상처의 크기와 파손도에 영향을 미치며, 사거리와 속도 등의 변수와 밀접한 관련이 있다. 찌르개 어깨의 생김새는 재생율(recoverability)과 사냥감에 치명상을 입히는 정도에 영향을 미친다. 석재 역시 중요한 변수인데, 흑요석의 경우 날카롭지만 파손이 잘 된다(Nelson 1997). 다만 한국 후기 구석기의 경우 이런 여러 요인들을 종합적으로 고려하기에는 아직 섣부르다. 이 글에서는 대체적인 흐름을 이해하는 데 초점을 맞추고자 한다.

슴베찌르개를 장착한 창의 주된 기능은 물론 던지거나 찔러 동물을 사냥하는 것이다. 슴베라는 요소가 없더라도, 가령 무스테리안 찌르개(첨두기)는 창으로 사용되었음이 실험적 방법으로 검증되기도 하였다(Shea 1997 · 2001). 슴베는 찌르개의 일부를 구성하는 요소일 뿐, 반드시 슴베가 석기의 기능을 결정짓는다고 볼 수는 없다. 민족지 연구에 따르면 석창 등은 석기의 기본적인 용도가 대부분 대형(또는 중형)의 동물을, 활과 화살은 중소형의 동물을 사냥하는 것이다(Ellis 1997, Elston and Brantingham 2002 : 104). 슴베찌르개는 사냥용 창에 장착된 것이 분명하며, 이는 비슷한 유물들에 대한 민족지(Ellis 1997) 및 실험 분석(Shea 1997)에서는 창끝에 장착된 석기로 사용되었음이 검증되었다. 따라서 슴베찌르개를 장착한 도구의 주된 기능은 던지는(throwing), 또는 찌르는(thrusting) 창이었을 것인데, 중대형의 동물을 사냥하는 데 주로 쓰인 것으로 보인다.

슴베찌르개의 여러 특징 가운데 주목할 만한 것이 측면 날의 톱니날 가공과 파손 패턴이다. 톱니날 손질은 의도적인 것으로서 찌르거나 던져 사냥감에 박힐 경우 출혈을 유도하여 치명적인 손상을 가하게 되는 중요한 속성이다. 민족지 연구에 따르면 오스트레일리아 원주민의 창끝에서 이런 톱니날 손질이 관찰된다고 한다(Ellis 1997 : 51). 또한 부러진 슴베찌르개는, 제작과정의 산물이기도 하겠지만, 대부분 사용으로 말미암은 것이라 해도 그리 틀리지 않을 것이다. 창끝에 장착된 슴베찌르개는 사냥감에 박힐 수도 있으며, 가까이서는 고의로 부러뜨림으로써 석기가 몸에 박혀 결국은 더 치명적인 상태로 이끄는 방식을 취하였을 가능성이 크다. 알라스카 원주민은 금속창으로 고래를 잡다가 다시 돌로 만든 창끝을 사용하였다고 한다. 돌창끝의 높은 효율성은 다름 아니라 잘 깨져 사냥감의 몸속에서 깨져버리기 때문인 것이다(Ellis 1997 : 32). 특히 살속에 부러질 경우 별다른 충격이 없을 수 있으나 뼈에 맞아 부러지면 치명상을 입힐 수 있다고 한다. 용산동의 20여 점에 이르는 슴베찌르개 다수가 선단부 혹은 슴베 부분이 절단된 채로 발견되었다. 이런 출토 맥락은 이 유적이 석기제작터 중심인 수양개와는 달리 슴베찌르개를 사용한 지점, 곧 사냥 캠프나 사냥을 했던 지점이었을 가능성이 높음을 시사해 준다. 슴베찌르개는 사용 중 파손된 사례가 흔하다. 빗나가 돌과 같은 단단한 물체에 떨어졌을 경우 깨지기도 하였겠지만, 명중하여 사냥감의 뼈에 맞았을 때 이러한 파손이 일어난다. 실험 분석에 따르면 사용 중 파손으로는 주로 기부(proximal end)가 부러진다고 보고하는 사례가 많다(Knecht 1997 : 203, Flenniken 1985, Flenniken and Raymond 1986, Geneste and Plisson 1993). 그런데 실험분석에 따르면 선단부가 파손된 예(tip damage) 역시 사용 중에 나타난다고 한다(Odell and Cowan 1986, Frison 1989). 이렇듯 파손 패턴은 일률적이지 않다.

　실험분석에 따르면 돌로 만들어진 찌르개류 석기는 사용 중 약 50%가 파손을 입는다고 한다(Shea 2006). 그런데 슴베찌르개가 잘 부서진다는 것은 사냥할 때 이점이 될 수 있겠지만, 약점이기도 하다. 파손으로 돌조각이 사냥감에 박힐 경우 기능상 도구의 효율성을 높이기도 하지만, 휴대하여 이동하는 데 불편하고 많은 도구를 미리 만들어 놓아야 한다는 약점이 있다. 왜냐하면 사냥꾼은 창 하나만을 가지고 있을 경우 빗나가거나 잘못된 사용으로 파손되었을 경우 사냥꾼 자신이 위험에 처할 수 있기 때문이다. 사냥꾼은 복수의 창을 몸에 지녀야 할 것인데, 이 역시 이동성에 문제가 되는 것이다. 따라서 사냥꾼들은 때로 자주 쓰는 곳에 창들을 은닉하여 두기도 한다(Greaves 1997). 그런데, 뼈나 뿔, 나무로 만들어진 창끝은 돌로 만들어진 것보다 훨씬 파손에 강하다.

　버들잎찌르개는 대체로 길이가 10cm 정도에 이르는 대형이어서 슴베찌르개보다 크고, 양면 전체가 정교하게 잔손질되어 있다. 비교적 육중한 도구로서 사냥감에 큰 충격을 주는 무기였을 것이다. 실험분석에 따르면 얇고 가는 찌르개는 오히려 치명상을 입히지 못한다고 한다(Shea 2006). 위에서 논의한 찌르개류 석기의 편년에 따르면 버들잎찌르개는 슴베찌르개보다 뒤에 나타나 플라이스토세 말 잔석기와 함께 공존하였으며, 후빙기까지 이어진다. 대체로 슴베찌르개의 여러 특징과 대형동물 사냥이라는 기능을 계승하였던 것으로 생각된다.

3) 잔돌날 장착 도구

그런데 잔석기는 슴베찌르개 등에 비해서 제작에 더 많은 노력이 들어가지만 한번 만들어 놓으면, 무척 효율적이다. 날 길이에서 양면첨두기는 잔석기에 근접하지 못한다(Bamforth and Bleed 1997). 따라서 크기와 생김새가 정형적인 잔석기야말로 가장 발달되고 효율적인 뗀석기 기술이라 할 수 있다. 잔돌날을 끼운 복합도구는 높은 제작비용에도 큰 이점이 있다. 우선 강력하여, 잘 부러지지도 않을뿐더러 돌날들은 자연스럽게 톱니날의 역할을 하여 치명적인 상처를 입히게 된다. 혹 문제가 있는 돌날이 있으면, 그런 것만을 갈아 넣으면 그만이다. 또한 잔돌날은 사냥꾼들이 수십 개씩 휴대하고 다닐 수 있다. 따라서 잔돌날을 끼운 사냥도구는 기존 슴베찌르개를 장착한 창이 수행했던 기능을 충족시키면서도, 이동성에서 월등히 높은 효율과 함께 수월하게 유지, 보수할 수 있다는 장점이 있다(표 5). 일렬로 박힌 잔돌날은 자연스럽게 깃의 역할을 하여 투사된 창의 정확도를 높임은 물론 작살과 같은 경우 사냥감이나 물고기가 움직이지 못하도록 치명적인 타격을 입힐 수 있다(Nelson 1997).

잔돌날을 장착한 도구는 창이나 칼, 작살의 날이 되기도 한다. 또한 크기가 작아지면서 작은 짐승을 사냥하거나 물고기 잡이에도 쓰였을 가능성이 크며, 집단 간 충돌 시 무기의 역할을 하였을 가능성도 배제하기 어렵다. 주로 창으로서 사냥 도구의 역할을 하였을 것으로 판단되지만, 풀 같은 것을 베고, 또 사냥감을 해체하며, 플라이스토세 말에는 작살의 용도로도 쓰이는 등 상당히 복합적인 기능을 수행하는 도구의 일부였을 것으로 보인다. 복합 기능을 가진 도구는 예측하기 힘든 환경(unpredictable environment)에서 신뢰할 만한(reliable) 도구일 뿐만 아니라, 수월하게 유지 보수할 수 있는(maintainable) 도구로서 많은 이점을 가지고 있음이 분명하다(Bamforth and Bleed 1997 : 132, Bettinger et al. 1994 : 96, Bleed 1986, Nelson 1991).

이렇듯 잔돌날을 장착한 수렵도구는 기능상 슴베찌르개에 비하여 많은 이점을 가지고 있다. 또한 잔돌날을 장착하는 방법에 따라서는 다양한 용도를 가질 수도 있는 장점이 있다. 이런 기능상의 차이는 장기간의 기술진화에서 잔석기가 슴베찌르개를 대체하는 효과를 가져왔을 것으로 보인다. 다만 무게가 중요하게 작용할 경우에는 아마도 슴베찌르개의 사용이 더 간편하고 효율적이었을 가능성이 있다. 슴베찌르개는 훨씬 적은 노력으로 유물을 만들 수 있다는 장점도 있다. 바로 이 때문에 아마도 장기간 잔석기와 공존하였을 것이다.

표 5. 찌르개류 석기를 장착한 창(화살)에 대한 간단한 기능상 비교 (Seong 2008 : Table 6).

석기와 도구	장점	단점
뼈나 뿔 창	제작 용이, 오래 견디고(파손 적고), 보수 용이	치명적 상처주기 힘듦, 사거리 낮음
슴베찌르개 창	치명적인 상처 입힘	파손, 보수하기 힘듦, 많이 제작하여야 하고 무거워 이동성에 약점
잔돌날 복합도구	치명적인 상처를 입히면서도 파손에 강함, 보수 용이, 다용도(사냥용 창과 작살 등)	제작 시간과 노력이 많이 들어감
활과 화살	원거리 투사 가능 및 정확도 제고	

플라이스토세 말기 활과 화살의 등장은 사냥 도구의 획기적인 변화라 할만하다. 현재까지 동해 기곡의 화살촉 사례[8]는 세계적으로도 굉장히 이른 것이라 할 수 있다. 가령 유럽에서는 중석기시대 초에, 그리고 서아시아에서는 13,000-12,000 BP 정도의 나투피안문화에서 화살촉이 나타나고 있다. 활은 손으로 던지는 창보다 기능상 이점이 많다. 우선 정확도에서 앞서며 사거리 역시 던지는 창과는 비교할 수 없다. 때문에 활과 화살은 기존의 찌르개류 석기를 장착한 창과는 근본적으로 다른 도구로서 일면적인 비교를 할 수는 없다.

5. 환경변화와 기술변화

이미 논의하였듯이 한국의 후기 구석기 유물조성은 슴베찌르개와 잔석기가 장기간 공존한 것을 잘 보여준다. 잔석기는 혹심하였던 OIS 2에 등장하여 대체로 수렵구로서 발달하였다. 그러나 LGM 동안에는 다른 수렵구, 그러니까 한국에서는 슴베찌르개를 장착한 창과 잔석기를 장착한 도구가 아주 오랫동안 공존하였다. 한국의 경우 약 18,000-17,000 BP 이후에야 슴베찌르개가 사라지고 잔석기가 유물군을 주도한다.[9] 이

----

8 장용준의 경우 호평동의 흑요석제 잔손질된 잔돌날을 세석인촉으로 보고 있으나 과연 화살촉으로 사용되었는지는 의문이며, 아마도 microdrill일 가능성이 높을 듯하다(홍미영 · 코노넨코 2005, 홍미영 · 김종헌 2008, Odell 2003). 잔돌날을 미세하게 가공한 사례는 다른 유적에서도 보인다 (최승엽 2010).

9 동북아시아의 경우 Bettinger et al.(1994)은 북중국의 잔석기 자료를 면밀히 검토하여 플라이스토세 말에 와서야 고고자료를 압도하게 된다고 주장하고 있다. 시베리아의 경우에도 연구자 간에 이견이 크지만, Goebel(2002)의 연구에 따르면 LGM 바로 이후가 진정한 잔석기 유물군의 시기라고 한다.

시기의 환경 변화는 전반적으로 고위도 지방의 빙하가 물러나는 것은 사실이지만, 여전히 수렵채집민에게는 혹심하였다. 중요한 것은 빙하가 물러나고 기온이 높아지는 현상이 일률적이었다기보다는 들쭉날쭉한 상황이었음을 상기할 필요가 있다. 다시 말하면 기온변화의 등락 폭이 컸으며, 계절성이 현격히 증가하였다.

COHMAP(1988) 연구에 따르면 약 15,000-9,000년 전, 그러니까 슴베찌르개가 사라지고 잔석기가 유물군을 주도하던 시절 여름과 겨울에는 각각 복사열이 약 8% 정도의 차이(여름에는 8% 많고, 겨울에는 지금보다 8% 적다)가 있었다고 한다. 이는 상당히 커다란 환경 변화였으며, 수렵채집민에게는 큰 압력이었을 것이다. 환경은 전반적으로 기온이 높아지고 있었던 것은 사실이지만, 계절성이 커지고 기온이 등락을 거듭하고 있었기 때문에, 예측가능성은 줄었을 것이며, 자원은 환경에 따라 갈수록 패치화하였을 것이다. 기온 연교차의 증가, 자원의 패치화를 맞은 수렵민들은 상당한 적응적인 문제에 직면하였을 것이다. 사냥감의 분포 역시 변화하고, 특정 패치 자원의 이용이 늘어나면서 생산성이 높은 패치들은 급속히 고갈되면서 본거지 이동과 자원조달 이동은 눈에 띄게 늘었을 것이다.

이런 상황에서 민족지적인 사례 연구에 따르면 수렵민의 행위는 생계의 위협(risk)을 최소화하는 방향으로 선택을 하는 경향이 있다. 먼저 대형동물 사냥감에 대한 의존도가 갈수록 높아가는 것을 상상할 수 있다. 행동생태학적인 연구에 따르면 이런 상황에서 수렵민에게 신뢰할만한 생계전략은 몇몇 대형 동물에 치중하는 것이라고 한다 (e.g., 성춘택 2005 · 2009, Kaplan and Hill 1992, Kelly 1995). 특히 순록, 붉은 사슴, 들소, 산양 등이 주된 타겟이었다. 이 같이 특정 대형동물을 집중적으로 사냥하는 것은 유럽의 사례를 참조하더라도 대략 OIS 2까지 일반적인 양상이었던 것으로 생각된다.

하지만 시간이 흐르면서 지역적인 생계자원의 고갈과 자원의 불균형, 계절성에 따라 결국은 생계 자원 이용의 폭(diet breath)을 늘리는 길로 갈 수밖에 없다. 이렇게 생계 자원 이용의 폭을 넓히는 것은 장기적인 대안이었을 것이고 결과적으로 수렵채집민의 생계경제에 큰 변화를 몰고 왔다. 어로는 12,000년 전 이후에서야 등장하여 자리를 잡는다. 이러한 환경변화에 가장 효율적인 기술은 바로 잔석기였다고 생각된다. 잔석기 자체도 복합 기능을 가졌을 수 있으며, 특히 양면가공의 잔몸돌은 칼이나 긁개로도 쓰였을 것이다(Goebel 2002 : 124).

잔석기는 바로 이러한 예측하기 힘든 환경에 생존하였던 수렵민이 생계 위험부담을 줄이려는 전략(risk minimizing strategy)을 대표하는 기술이었던 것으로 보인다(e.g.,

Bamforth and Bleed 1997). 잔석기 제작은 뗀석기 기술의 정화이며, 정형 석기기술의 전형적인 사례이다. 정형적인 석기기술이 이동성이 높은 수렵민에게 높은 이점을 가졌다(성춘택 2001, Kelly and Todd 1988, Kuhn 1992). 그러나 LGM 이후의 상황으로 이동성이 더욱 증가되면서 더 정형적인 석기 제작에 대한 선택압이 커졌을 것이다. 시베리아 잔석기 유물군을 연구한 Goebel(2002 : 123)에 따르면 잔석기를 가진 수렵민들은 이전의 집단(e.g., Mal′ta complex)에 비해 이동성이 현저히 증가하였다고 한다. 결국 잔석기는 길고 혹심한 환경에서 자원을 찾기 어려우며 자원 획득이 용이하지 않은 상황에서 환경 적응적인 해결책 가운데 하나였을 것이다(Elston and Brantingham 2002 : 112).

20,000년 전, 특히 LGM 이후 이전 슴베찌르개 중심의 사냥용 도구 양상에서 양면찌르개(버들잎찌르개), 추형찌르개, 그리고 잔돌날 장착구 등이 복합적으로 발달한 것으로 바로 이 같은 다양한 생계자원 이용을 뒷받침 해준다고 볼 수 있다. 도구의 다양화는 생계자원 이용의 폭이 커졌음을 의미하는 것이며, 이것은 슴베찌르개 중심의 후기 구석기 전반과는 다른 후기 구석기 후반 수렵채집민의 생계경제의 전략의 변화에서 기인하는 것으로 판단되는 것이다. 특히 한국의 경우 사슴과 노루 등 중대형동물 중심의 생계자원에서 고라니, 토끼, 그리고 새와 같은 중소형의 동물들이 폭넓게 사냥되었을 것이며, 이후 물고기잡이 역시 생계의 주된 영역을 차지하게 되었을 것으로 생각된다. 이렇듯 식량 자원의　다양화야말로 한국 후기구석기 석기기술의 진화를 이끌었던 중요한 토대였을 것이다.

6. 결론

석촉이나 석창을 장착한 도구는 기본적으로 대형 또는 중형의 동물을 사냥하는 것이며, 그 이후 다른 용도로 전이된다(Ellis 1997, Elston and Brantingham 2002). 후기 구석기시대 슴베찌르개나 잔석기(세석기), 버들잎찌르개 등을 장착한 도구가 주로 사냥용 창의 역할을 하였을 것이다. 이러한 도구들은 서로 용도상 중복되면서도 대조적인 특성을 지니고 있는데, 이를 통해 후기 구석기시대 석기기술의 진화를 설명할 수 있다.

슴베찌르개는 사냥용의 창에 장착된 것으로 보인다. 비슷한 생김새의 유물들이 민족지적인 사례(Ellis 1997)와 실험 분석(Shea 1997) 등에서 창끝에 장착된 석기였음이 잘 드러나 있다. 도구는 던지거나 찌르는 창의 기능을 하였을 것이다. 톱니날 손질은 의도적인 것으로서 찌르거나 던져 사냥감에 박힐 경우 과다한 출혈을 유도하여 치명적인 손상을 가하는 중요한 속성이다. 명중하여 파손되는 것은 사냥의 효율을 높인다고 한다. 유적들에서 다수의 유물이 부러져서 발견되고 있음은 의미심장하다. 그러나 슴베찌르개가 파손된다는 것은 사냥할 때 이점이 될 수 있겠지만, 큰 약점이기도 하다.

잔돌날(microblades, 세석인)을 끼운 복합도구는 제작하는 데 높은 기술과 비용이 들어가지만, 기능적인 이점이 크다. 강하고, 잘 부러지지도 않을뿐더러 돌날이 톱니날의 역할도 한다. 닳고 이가 빠진 잔돌날만을 갈아 넣으면 수월하게 보수할 수 있기도 하다. 따라서 잔돌날을 끼운 사냥도구는 기존 슴베찌르개를 장착한 창이 수행했던 기능을 충족시키면서도, 이동성에서 월등히 높은 효율과 함께 수월하게 유지, 보수할 수 있다는 장점이 있다. 일렬로 박힌 잔돌날은 날개의 역할을 하여 투사된 창의 정확도를 높인다. 경우에 따라서는 칼로도 쓰여 풀이나 식물을 베고, 사냥감을 해체하며, 플라이스토세 말에는 작살로도 쓰여 상당히 복합적인 기능을 수행하였을 것이다.

이런 기능상의 차이야말로 장기간의 기술진화에서 잔석기가 결국 슴베찌르개를 대체하는 효과를 가져왔을 것이다. 다만 상대적으로 가볍다는 점에서 슴베찌르개나 버들잎(양면)찌르개와 공존하는 이유를 찾을 수 있을 것 같다. 대형동물 사냥에는 버들잎찌르개를 장착한 창이 쓰였을 가능성이 큰 것이다. 이렇듯 후기 구석기시대 후반의 사냥도구는 다양화하여, 용도와 역할에도 서로 차이가 있었던 것으로 보인다.

수렵채집민의 행위 전략은 LGM 이후 계절성이 강해지면서 자원에 대한 예측가능성이 줄어드는 환경조건을 맞아 위험부담을 최소화하는 방향으로 진화하였을 것으로 보인다. 잔석기를 지닌 수렵민은 이전의 집단에 비해 이동성이 현저히 증가하였다고 하며, 이처럼 잔석기는 혹심한 환경에서 자원을 찾고 얻기 어려운 조건에 적응한 산물이었다. 복합 기능을 가진 도구는 예측하기 힘든 환경(unpredictable environment)에서 신뢰할 만한(reliable) 도구일 뿐만 아니라, 수월하게 유지 보수할 수 있는(maintainable) 도구로서 많은 이점이 있었던 것이다.

참고문헌

김장석·양성혁, 2001,「중서부 신석기시대 편년과 패총 이용전략에 대한 새로운 이해」,『한국고고학보』, 45, pp.5-44.

서영남·김혜진·장용준, 1999,「경남 밀양시 고례리유적 후기 구석기문화」,『영남지방의 구석기문화』, 영남고고학회 학술발표요지, pp.65-82.

성춘택, 2000,「세석기 전통의 성립 시론」,『과기고고연구』6.

성춘택, 2001,「석기 이론 연구와 한국 구석기」,『한국구석기학보』4, pp.1-16.

성춘택, 2006,「한국 후기 구석기 유형론」,『한국고고학보』59, pp.4-37.

성춘택, 2009,「수렵채집민의 이동성과 한반도 남부의 플라이스토세 말-홀로세 초 문화변동의 이해」, 『한국고고학보』72, pp.4-35.

이기길, 2001,「진안 진그늘 선사유적 조사 개요」,『한국 농경문화의 형성』제25회 한국고고학전국대회 발표집, pp.131-154.

이기길, 2002,『순천 월평유적』, 조선대학교 박물관.

이선복·강현숙·이교동·김용하·성춘택, 1990,「신평리 금평·덕산리 죽산 후기 구석기유적」,『주암댐 수몰지역 문화유적발굴조사보고서(VII)』, 전남대학교 박물관, pp.21-76.

이융조·우종윤·윤용현, 1996,「수양개유적의 후기구석기시대 문화 좀돌날몸돌을 중심으로」,『수양개와 그 이웃들』(제1회 국제학술회의 발표문), 충북대학교 박물관, pp. 1-17.

이융조·공수진, 2002,「수양개유적의 슴베 연모에 대한 새로운 연구」,『한국구석기학보』6, pp.13-24.

이융조·우종윤, 1997,「수양개 유적의 발굴과 그 의미」,『수양개와 그 이웃들』제2회 국제학술회의 발표집, 충북대학교 박물관, pp.75-107.

이준정, 2002,「패총 유적의 기능에 대한 고찰」,『한국고고학보』46, pp.53-80.

이준정, 2003,「동물자료를 통한 유적 성격의 연구 : 동삼동 패총의 예」,『한국고고학보』50, pp.5-30.

이헌종, 2004,「우리나라 후기 구석기시대의 편년과 석기의 기술형태적 특성의 상관성 연구」,『한국상고사학보』44, pp.5-22.

임상택, 1998,「패총 유적의 성격」,『과기고고연구』3, pp.7-64.

장용준, 2001, 「후기 구석기 중엽의 박리기법 연구」, 『한국구석기학보』 4, pp.43-64.

장용준, 2002, 「한반도 세석핵 편년」, 『한국고고학보』 48, pp.5-33.

장용준, 2002, 「우리나라 찌르개(尖頭器)연구」, 『한국구석기학보』 6, pp.37-46.

장용준, 2007, 『한국 후기구석기의 제작기법과 편년 연구』, 학연문화사.

중앙문화재연구원, 2005, 『대전 용산동유적』, 중앙문화재연구원.

최복규 · 최삼용 · 최승엽 · 이해용 · 차재동, 2001, 『장흥리 구석기유적』, 강원고고학연구소.

최복규 · 안성민 · 류혜정, 2004, 『홍천 하화계리 III 작은솔밭구 · 중석기유적』, 강원고고학연구소.

최복규 · 류혜정, 2005, 『포천 화대리 쉼터 구석기유적』, 강원대학교 조사단.

최승엽, 2010, 『강원지역의 구석기문화 연구』, 강원대학교 박사학위 논문.

한창균, 2002a, 「용호동 유적과 구석기문화」, 『대전문화』 11, pp.91-105.

한창균, 2002b, 「대전 용호동 구석기유적」, 『동북아세아 구석기연구』 2002년 전곡리 구석기유적 기념 국제학술회의 논문집(배기동 · 이정철 편), pp.163-172, 연천군 · 한양대학교 문화재연구소.

한창균 · 홍미영 · 김기태, 2003, 『광주 삼리 구석기 유적』, 기전문화재연구원.

Bentely, R. A., C. Lipo, H.D.G. Maschner and B. Marler, 2008. Darwinian Archaeologies. in Bentley, R.A., H.D.G. Maschner, and C. Chippindale, eds., Handbook of Archaeological Theories, pp. 109-132. Altamira Press, Walnut Creek, CA.

Bettinger, R. R., D. B. Madsen, and R. G. Elston, 1994 Prehistoric settlement categories and settlement systems in the Alashan Desert of Inner Mongolia, PRC. Journal of Anthropological Archaeology 13 : 74-101.

Bamforth, D. B., and P. Bleed, 1997. Technology, flaked stone technology, and risk. in Rediscovering Darwin : Evolutionary Theory and Archaeological Explanation, ed. by CC. M. Barton and G. A. Clark, pp. 109-139. Archaeological Papers of the American Anthropological Association, 7. Arlington, Va.

Binford, Lewis R., 1980. Willow smoke and dogs′ tails : hunter-gatherer settlement systems and archaeological site formation. American Antiquity 45(1) : 4-20.

Binford, L. R., 1983. In Pursuit of the Past : Decoding the archaeological record. New York : Thames and Hudson.

Bleed, P., 1986. The optimal design of hunting weapons. American Antiquity 51(4) : 737-747.

Bleed, P., 1996. Risk and cost in Japanese microcore technology. Lithic Technology 21(2) : 95-107.

COHMAP members, 1988. Climatic changes of the last 18,000 years : observations and model simulations. Science 241, 1043 · 52

Ellis, C. J., 1997. Factors influencing the use of stone projectile tips. in Projectile Technology, ed. by H.

Knecht, pp.37-74. Plenum : New York.

Elston, R. G. and J. P. Brantingham, 2002. Microlithic technology in Northern Asia : a risk-minimizing strategy of the late Paleolithic and early Holocene. in Thinking Small : Global Perspectives on Microlithization, ed. by R. G. Elston ad S. L. Kuhn, pp. 117-132. Archaeological Papers of the American Anthropological Association, Arlington, Va.

Flenniken, J.J, 1985. Stone tool reduction technique as cultural makers. in Stone Tool Analyses : Essays in honor of Don E. Crabtree, M.G. Plew, J.C. Woods, and MK.G. Pavesic, eds., pp. 265-276. Albuquerque : University of New Mexico Press.

Frison, G., 1989. Experimental use of Clovis weaponry and tools on African elephants. American Antiquity 54 : 766-784.

Gamble, C., 1986. The Palaeolithic Settlement of Europe. Cambridge University Press, Cambridge, UK.

Gamble, C., 1999. The Palaeolithic Societies of Europe. Cambridge University Press, Cambridge, UK.

Geneste, J.-M., and H. Plisson, 1993. Hunting technologies and human behavior : lithic analysis of Solutrean shouldered points. in Before Lascaux : The complex record of the early Upper Paleolithic, ed., H. Knecht, A. Pike-Tay & R. White, pp. 117-15. CRC Press, Boca Raton, Florida.

Goebel, T., 2002. The "microblade adaptation" and recolonization of Siberia during the late Upper Pleistocene. in Thinking Small : Global Perspectives on Microlithization, ed. by R. G. Elston ad S. L. Kuhn, pp. 133-162. Archaeological Papers of the American Anthropological Association, Arlington, Va.

Grayson, Donald K., and Fran · oise Delpech, 2002. Specialized early Upper Paleolithic hunters in southwestern France · Journal of Archaeological Science 29 : 1439-1449.

Greaves, R. D., 1997. Hunting and multifunctional use of bows and arrows : ethnoarchaeology of technological organization among Pum · Hunters of Venezuela. in Projectile Technology, ed. by H. Knecht, pp.287-320. Plenum : New York.

Jordan, P., 2008. Hunters and gatherers, in Bentley, R.A., H.D.G. Maschner, and C. Chippindale, eds., Handbook of Archaeological Theories, pp. 447-465. Altamira Press, Walnut Creek, CA.

Hames, R. 1989. Time, efficiency, and fitness in the Amazonian protein quest. Research in Economic Anthropology 11 : 43-85.

Hayden, Brian, Nora Franco, and Jim Spafford, 1996. Evaluating lithic strategies and design criteria. in Sone Tools : theoretical insights into human prehistory, edited by G. H. Odell, pp.9-45. Plenum Press, New York.

Kaplan, Hillard and Kim Hill, 1992. The evolutionary ecology of food acquisition. in E.A. Smith and B.

Winterhalder, eds., Evolutionary Ecology and Human Behavior, pp. 167-201. New York, Aldine de Gruyter.

Kelly, Robert L., 1995. The Foraging Spectrum : Diversity in Hunter-Gatherer Lifeways, pp. 1-64. Smithsonian, Washington, DC.

Kelly, R. L., and L. C. Todd, 1988. Coming into the Country : Early Paleoindian Hunting and Mobility. American Antiquity 53 : 231-244.

Knecht, H., 1997. Projectile points of bone, antler, and stone : experimental explorations of manufacture and use. in Projectile Technology, ed. by H. Knecht, pp.191-212. Plenum : New York.

Kuhn, Steven L., and Mary C. Stiner, 2001. The antiquity of hunter-gatherers, in Hunter-Gatherers : An interdisciplinary perspective, eds., C. Panter-Brick, R.H. Layton, & P. Rowley-Conwy, pp.99-142. Cambridge University Press, Cambridge, UK.

Lee, Gi-kil, 2010. Tanged points from Jingeuneul. paper presented at the 3rd international conference of Asian Paleolithic Association, Gongju, Korea.

Mellars, Paul, 1996. The Neanderthal Legacy. Cambridge : Cambridge University Press.

Nelson, M. C. 1991. The study of technological organization. In Archaeological Method and Theory 3, edited by M. B. Schiffer, pp.57-100. University of Arizona Press. Tucson. Arizona.

Nelson, M. C., 1997. Projectile points : form, function, and design. in Projectile Technology, ed. by H. Knecht, pp.371-384. Plenum : New York.

Odell, G. and Cowan, F., 1986. Experiments of spears and arrows on animal targets. Journal of Field Archaeology 13 : 195-212.

Seong, Chuntaek, 2008. Tanged points, microblades and Late Palaeolithic hunting in Korea. Antiquity 82 : 872-883.

Seong, Chuntaek, 2009. Emergence of a Blade Industry and Evolution of Late Paleolithic Technology in the Republic of Korea. Journal of Anthropological Research 65 : 417-451.

Seong, Chuntaek, 2011. Evaluating radiocarbon dates and Late Paleolithic chronology in Korea. *Arctic Anthropology* 48(1) in press.

Shea, J. J., 1997. Middle Paleolithic spear point technology. in Projectile Technology, ed. by H. Knecht, pp. 79-106. Plenum : New York.

Shea, J.J., 2001. Experimental test of Middle Paleolithic spear points using a calibrated crossbow. Journal of Archaeological Science 28 : 807-816.

Shea, J. J., Z. Davis, and K. Brown, 2001. Experimental tests of Middle Paleolithic spear points using a calibrated crossbow. Journal of Archaeological Science 28 : 807-816.

Shea, John, J., 2006. The origins of lithic projectile point technology : evidence from Africa, the Levant, and Europe. Journal of Archaeological Science 33 : 823-846.

Shennan, S., 2002. Archaeology and evolutionary ecology, World Archaeology 34(1) : 1-5.

Shennan, S., 2009. Evolution in archaeology. Annual Review of Anthropology 37 : 75-91.

Smith, Eric Alden and Bruce Winterhalder, 1992 (eds). Evolutionary Ecology and Human Behavior, Hawethorne, N.Y. : Aldine de Gruyter.

Winterhalder, B. 2001. The behavioral ecology of hunter-gatherers, in C. Panter-Brick, R.H. Layton, & P. Rowley-Conwy, eds., Hunter-Gatherers : An interdisciplinary perspective, pp.12-38. Cambridge University Press, Cambridge, UK.

Winterhalder, Bruce, and E. A. Smith, 2000. Analyzing adaptive strategies : human behavioral ecology at twenty-five. Evolutionary Anthropology 9(2) : 51-72.

Whallon, Robert, 2006. Social networks and information : non-"utilitarian" mobility among hunter-gatherers. Journal of Anthropological Archaeology 25 : 259-270.

Wobst, H.M., 1974. Boundary conditions for Paleolithic social systems : a simulation approach. American Antiquity 39 : 147-178.

한반도 신석기시대의 문화 변동

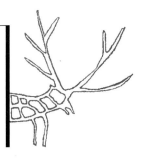

임 상 택 부산대학교

1. 서론

한반도 신석기시대 즐문토기문화[1]의 변동과정은 그동안 개별 지역 단위에서만 이루어져왔으며 이를 동북아시아의 문화변동과 관련지어 이해하려는 시도는 적었다. 그러나 동북아시아 선사문화의 변화를 광역 차원에서 이해하려는 시도는 이미 매우 활발하게 진행되고 있으며 이를 통해 각 지역 문화의 변동이 가지는 의미를 더욱 심도 깊게 다룰 수 있게 되었다. 본고는 이러한 문제의식 하에 한반도 중서부지역을 중심으로 첨저 즐문토기문화의 변동과정을 살피고 이것이 동북아시아 신석기문화 변동과 어떠한 관련하에 파악될 수 있는지에 대해 간략히 검토해보고자 한다.

---

1 본고에서 말하는 즐문토기문화는 협의의 개념으로 첨저 빗살무늬토기 단계 이후만을 지칭한다.

2. 시간축

1) 한반도 중서부지역 첨저 즐문토기문화의 상대편년

한반도 중서부지역은 첨저 즐문토기문화가 처음 등장하는 지역으로 북한에서는 이지역 문화를 궁산문화로 불러왔으며 4-5단계의 편년안이 제시된 바 있다(김용남 1983, 김용간·석광준 1984, 서국태 1986a). 남한에서도 여러 연구자에 의해 크게 전, 중, 후 3기 편년안이 제시되고 있는 것은 주지의 사실이다(韓永熙 1978, 任孝宰 1983). 그러나 후기로 통칭되는 동일계 횡주어골문 중심의 단계는 시간적으로 매우 길고, 내부에서 세분될 필요가 있다. 또한 궁산 1,2기로 편년되는 시기는 점열 타래문, 중호문 등 궁산 2기 단계에 새로이 등장하는 요소가 명확하지만 기본적인 토기문양구성에서 궁산 1기 와 연속성을 가지고 있어 동일 단계 내에서 세분할 필요가 있다. 필자는 이러한 점을 고려하고 석기 및 주거지 등 기타 고고자료의 변화양상을 고려하여 중서부지역 4기 편년안을 제시한 바 있는데(임상택 2006a), 이를 정리하면 표 1과 같다.

표 1. 한반도 중서부지역 즐문토기문화기 상대편년안

		主要特徵	主要遺蹟	絕對年代(B.C.)
I期	前半	區分系 3部位 施文	지탑리I지구 1호, 궁산	4000?-3600
	後半	區分系文樣 維持 胴體部 曲線系 타래, 重弧文, 點列魚骨文	지탑리II지구, 마산리, 삼거리, 암사동, 미사리	
II期		金灘里1式土器, 2部位施文, 口緣限定施文, 同一系土器 登場	금탄리1문화층, 암사동, 미사리, 주월리, 삼목도III	3600-3000
III期		金灘里 2式 土器, 西海岸式 土器 同一系土器 流行, 區分系土器 衰退, 消滅	금탄리2문화층, 남경, 표대, 송산리, 는들, 풍기동, 관창리, 기지리, 둔산, 대천리, 쌍청리	3000-2500
IV期		同一系土器, 文樣單純化, 難澁化,	용반리, 덕안리, 남산, 군량리, 모이도, 을왕동I, 오이도 뒷살막	2500- 2000?/1500

최근에는 서해 중부 지역에서 많은 수의 주거지가 확인된 취락 유적이 속속 조사되면서 서해안지역에서도 내륙과 유사한 변천단계를 상정할 수 있게 되었을 뿐 아니라 내륙지역에서 층위적으로 나뉘기 어려웠던 중기나 후기의 양상을 유적 단위로 분리할 수 있는 가능성이 높아졌다. 필자는 최근 이러한 자료를 근거로 서해안지역의 편년안을 제시한 바 있다(표 2). 표에 보듯이 서해중부지역은 내륙에 비해 좀 더 세분된 변천 과정을 살필 수 있지만, 기본적인 흐름은 내륙과 크게 다르지 않다.

표 2. 서해중부지역 신석기시대 상대편년안(임상택 2010)

분기		주요 유적	주요 특징	연대(B.C.)
I기 후반(전기)		운서동 I, 오이도 안말, 대연평도까치산패총 V~X층	구분계 중심(3부위), 단사선문, 조문, 종주어골문	4000-3600
II기 (중기)	전반	능곡, 신길	구분계 중심(2부위), 단사선문, 찰과상 다치횡주어골문	3600-3400
	후반	삼목도 III, 가도 하층	구분계, 동일계, 단사선문, 서해안식 횡주어골문, 구연한정 단사선문	3400-3100
III기 (후기)	전엽	성내리, 풍기동	단사선문 잔존, 동일계 횡주어골문 중심	3100-2900?
	중엽	중산동, 을왕동A, B, 는들	동일계 중심, 는들식 단치횡주어골문	2900-2600
	후엽	운북동 제 지점	동일계 중심, 서해안식 횡주어골문	2600-2300?
IV기(만기)		오이도 뒷살막, 을왕동I	동일계 중심, 문양의 난삽화, 무문양화	2300-1500?

2) 주변지역과의 병행관계

중서부 II기는 주변지역으로 빗살무늬토기가 본격 확산되는 시기로 강원영동의 초당동 단계, 남해안의 태선문토기 단계와 병행한다. 동북지역에서는 침선계토기가 처음 등장하는 서포항3기 단계와 대체로 병행관계를 설정할 수 있다. 중서부 II기 단계가 되면 금탄리 1식 토기에 보이는 바와 같이 압날계 시문이 거의 사라지고 침선문화하거나, 남부지역 태선문토기와 같이 구연문도 집선문이 유행하는 등 전반적으로 침선 시문이 강화되는 방향으로 변화가 진행된다. 遼寧의 小珠山中層, 后洼上層, 馬城子下層 단계, 吉林의 左家山 3期 및 西斷梁山 2期와 병행하는 단계로 생각된다. 연해주에서는 자이사노프카 문화 이른 단계, 멀리 아무르 하류에서 보즈네세노프카 문화로 이행하는 것도 이 시기이다. 즉 이 시기는 동북아시아에서 이전 단계의 지자문이나 편목문 전통 등이 소멸하고 침선계토기가 확산되는 시기에 해당된다. 大貫靜夫(1998)의 極東平底土器 후반의 이른 단계에 대체로 해당된다.

중서부 I기는 따라서 이보다 한 단계 앞서는 시기로 볼 수 있다. 절대연대로 본다면 서해중부지역 I기 후반이 기원전 4000년기 전반에 해당되므로 I기 전반은 기원전 5000년기 후반으로 소급될 수 있다. 중서부 III기는 남부지역 후기단계 및 동북의 서포항 4기와, IV기는 남부지역 만기단계와 각각 병행한다. 중서부 III기가 되면 거의 완전하게 침선계토기가 주류를 차지하게 된다. 이와 같이 한반도 중서부지역 즐문토기는 동북아 평저토기 전통 지역과 전혀 다른 첨저 기형을 시종일관 유지하면서도 크게 보아 동북아시아 차원의 토기 변화와 같은 방향의 변화 양상을 보인다. 또한 그 변화의 시작이 대체로 비슷한 시기인 점도 주목된다. 후술하듯이 위도가 높은 일부지역을 제외한다면 동북아시아 전체적으로 이러한 토기상의 변화는 생업의 변화와 연동하는 측면이 강하다.

3. 빗살무늬 토기문화의 변동과정 검토

1) 유물과 유구를 통해 본 빗살무늬토기문화의 변동 양상

중서부 즐문토기문화는 I ~ IV기로 가면서 토기상에서 구분계 전면시문의 감소, 소멸과 동일계 토기의 등장 및 유행, 침선문화 경향의 증가, 시문부위의 축소, 무문양토기의 증가라는 변화를 보인다. 이러한 변화과정과 함께 도구, 주거 및 취락, 해양자원이용, 교환망 등에서도 변화가 관찰되는 바, 본 절에서는 이에 대해 검토하고자 한다.[2]

(1) 도구조성의 변동

중서부 지역 석기조성은 그림 01과 같다. I기 전반은 사릉부와 자귀 등 벌채목공구, 삼각촉과 석창, 어망추 등 수렵어로구, 갈돌 및 갈판 등 식량처리구의 기본구성을 보인다. 중서부, 특히 평남황해지역에서 가장 이른 단계부터 사릉부가 등장하는 것이 특징이다. I기 후반에 비해 석부류의 구성이 단순하지만 아직 유적수가 많지 않아 이를 일반화하기는 어렵다. 사릉부와 자귀의 기본구성은 I기 후반으로 이어진다. 소위 말안장형 갈판과 봉상의 갈돌 세트가 완비되어 등장한다. 마제석기의 비중이 높은 점이 특징이다.

I기 후반부터 주지하듯이 새로이 따비류와 돌낫의 등장을 볼 수 있다. 이들은 일반적으로 초기농경과 관련하여 해석되는 석기로 이러한 신기종의 석기가 I기 후반에 등장하는 것은 새로운 형태의 식량획득방식이 등장한 것으로 이해할 수 있다. I기 후반 평남황해지역에 비해 한강유역이나 II기 이후의 따비는 상대적으로 소형인 점이 특징

---

2 현재 IV기 단계의 자료는 많지 않은 편이고 주거유적 자료는 全無한 실정이다. 따라서 본 절에서의 검토는 III기까지를 주로 다룬다.

	수렵 어로구	벌채 목공구	농경구	식량처리구
I기 전반				
I기 후반				
II기				
III기				

이다. 평남황해지역은 사릉부나 자귀, 석촉, 갈돌, 갈판 등 기타 석기들은 조성이나 형태에서 I기 전반에 이어지는 양상이다. 중부지역 역시 사릉부가 잘 보이지 않는 차이는 있지만 기본적인 석기조성은 평남황해지역과 같다.

중서부 II기는 앞 단계와 기본적인 석기조성에서는 커다란 차이를 보이지 않지만 평남황해와 서해중부에서는 석기수량의 뚜렷한 감소현상이 나타난다. 낫의 소멸도 주목

	서부	중부
I기	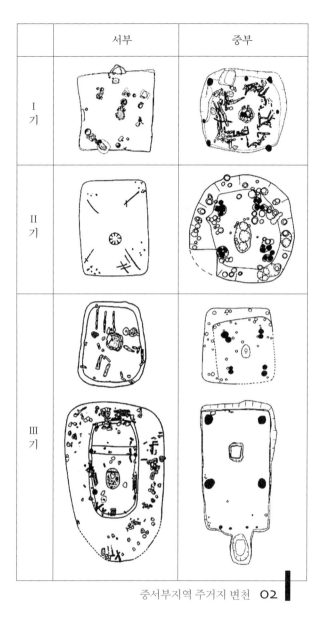	
II기		
III기		

중서부지역 주거지 변천 **02**

되는 현상이다. 대신 중남부 내륙지역에서는 석도형 석기가 수확구로서의 기능을 담당하면서 등장하는 것으로 판단된다. 평남황해에서는 유엽촉이 일반화되는 반면 중부 이남에서는 삼각촉으로의 변화현상이 나타나며 봉상 갈돌 이외에 작업면의 폭이 넓은 갈돌이 등장한다. 평남황해지역에서 II기 단계의 유적수가 많지 않고 취락규모가 작은 점과 석기상의 감소현상이 연동하고 있는 것은 주목된다. I기 후반의 초기농경도입과 이에 따른 유적증가 및 취락규모 확대현상(그림 02 참조)과는 대조되는 현상이다. 반면 중부 이남에서는 이 단계에 유적의 확산이 빠르게 일어나고, 취락규모도 증대되며 따비와 괭이를 중심으로 한 석기조성이 유지되고 있어 평남황해와는 다른 양상이다. 최근 조사된 시흥 능곡동, 안산 신길동, 삼목도 III 유적 등은 이 단계에 해당하는 유적들이다.

중서부 III기 단계가 되면 주거유적에서 석기의 기종이 감소되고 수량 역시 감소되며, 석부류는 소형화한다. 대동강유역은 따비의 급감 및 석촉, 어망추의 급증현상이 두드러지고 한강이남지역에서는 따비의 지속, 괭이 및 통형석부 등의 급감, 석촉, 어망추 등 수렵어로구의 감소, 부재현상이 두드러진다. 갈돌의 경우는 양 지역 모두 양단돌출형이 나타나고 있어 공통된다. 평남황해지역은 수렵 및 어로 관련 석기가 증가하는 반면 삼남내륙에서는 수렵·어로 관련 석기는 급감하고 초기농경 및 식물성식료 획득관련 석기 위주로 구성되어 있어 서로 대조되는 양상이 나타난다. 문제는 평남황해지역의 농경관련 석기의 급감이 실상을 반영하는 것인가 하는 점이다. 남경 등에서 보듯 곡물자료의 출토와 갈돌·갈판의 수량 등으로 볼 때 농경 및 식물성식료 이용이 약화되었다고 속단하기 어렵기 때문이다. 북한에서는 목제농경구의 사용가능성(김용간·석광준 1984 : 65)을 언급하고 있지만 현재로는 가능성에 불과하다. 어쨌든 평남황해지역에 이 단계에 수렵어로의 비중이 높아졌다는 점만은 분명하다.

(2) 주거 및 취락구조의 변동

중서부지역 수혈주거의 평면형은 원형 또는 방형에서 장방형으로의 변화경향을 보인다. 그러나 세부적으로는 지역에 따라 다른 전개과정을 거친다(그림 02).

서부(평남황해)지역 I기 주거지의 기본적인 특징은 방형 또는 원형의 평면에 돌을 돌린 원형노지가 중앙에 위치하며, 노지 주변으로 토기저장움을 가진다는 것이다. 주공은 상대적으로 불규칙하거나 없는 경우가 있다. 출입시설은 명확하지 않지만 지탑리나 마산리에 계단식 혹은 돌출식의 출입시설이 보고되어 있다. I기 전반과 후반 사이에 주거지상에서 커다란 변화는 보이지 않는다.

서부지역은 II기에 새로이 장방형계가 출현하며 노지가 위석식에서 수혈식(점토)으로 변화하는 것 등 앞 단계와 주거구조에서 많은 변화를 보인다. 반면 중부지역은 방형계와 원형계를 기본으로 해 주거지 평면상에서는 전단계와 변화가 없으며 내부 주공배치의 정연성이 높아지고 노지형식에서 위석식과 함께 지역에 따라 수혈식이 등장하는 변화가 관찰된다.

III기가 되면 서부와 중부지역 모두 방형계와 장방형계의 두 가지 형식이 나타나는 양상을 보인다. 주거지 내부시설도 노지나 주공, 출입구 등이 정연해지는 특징이 있다. 중부지역은 이전 단계의 특징을 이어받은 방형과 새로운 형식(대형장방형)으로 대별되며 양자는 지역을 달리하여 나타난다. 평남황해지역은 이전단계의 특징을 이어받은 형식(복도형출입구를 가진 장방형)이 보이며 완전히 새로운 형식은 나타나지 않는다. 그러나 중부지역과 달리 방형과 대형장방형 주거지가 한 취락 내에 공존하는 현상이 나타난다. III기의 가장 큰 변화는 평남황해와 중부 이남을 막론하고 장방형주거지가 뚜렷하게 나타난다는 점이다.

취락의 규모 및 입지 또한 시기에 따라 변화를 보인다. 세부적인 전개과정의 차이는 있지만, I기 후반부터 대규모 취락이 등장하기 시작하여 II기 단계까지 그러한 양상이 유지된다. 최근 조사된 운서동 I유적은 I기 후반 대규모 취락의 대표적인 예이다. 그러나 III기가 되면 소규모 취락이 대세를 차지하게 된다. 필자는 이전에 II기 단계에 취락 규모가 비로소 확대되는 것으로 이해했으나 운서동의 예를 보는 한 I기 후반에 이러한 현상은 이미 나타난 것으로 보인다. 취락의 대규모화 현상은 초기농경 수용과 관련이 있을 가능성이 높은데(임상택 2006a), 이러한 현상이 필자의 이전 생각보다는 한 단계 이르게 등장하는 것이다. 취락 입지는 I기부터 구릉상 입지가 존재하지만 늦은 시기로 가면서 구릉상 입지가 현저해지는 것은 분명하다. 특히 중부내륙지역에서 이러한 경향은 강하게 나타난다. III기 단계의 취락 소규모화와 구릉확산은 동시에 진행된 현상이라 할 수 있다.

(3) 해양자원 이용양상과 교환망의 변동

기본적으로 중서부 해안일대는 주변지역과 비교해볼 때, 전시기에 걸쳐 상대적으로 단순한 기술체계에 입각한 어로활동이 행해졌던 지역으로 볼 수 있다. 주지하듯이 남해안 및 일본 서북구주 지역(渡邊誠 1988), 발해만 일대 (甲元眞之 2002 : 160-163), 두만강하류 일대의 동북지역 및 남연해주 일대(서국태 1986b)는 낚시,그물,작살 등을 이용한 복합적 어로활동이 전개되었던 지역 중 하나이다. 서해안 일대 집단들이 발전된 어로기술을 채용, 발전시키지 않은 것은 해양환경의 차이에 기인하는 면도 있지만, 이와 함께 해양자원에 대한 의존도가 타 지역에 비해 상대적으로 낮았기 때문일 것이다. 중서부집단은 I기 후반 이후 초기농경이 도입되면서 식량채집 및 생산활동을 강화하여 왔다. II기에 주변으로 확산되는 양상을 통해 볼 때도 중서부 집단이 내륙자원에 집중했던 것을 어렵지 않게 확인해 볼 수 있다. 이와 같이 상대적으로 내륙자원에 집중했던 중서부집단의 생업구조내에서 해양자원에 대한 의존은 타지역에 비해 상대적으로 낮았다고 볼 수 있는 것이다. 이 것이 I-II기에 패총 등 해안도서 유적이 많지 않은 양상에 대한 설명이 될 수 있을 것이다.

그러나 이러한 양상은 III기 이후 변화하게 된다. III기 이후 해안도서지역에 패총의 점유가 활발해지는데, 이는 이전 시기에 비해 해양자원에 대한 이용 빈도가 훨씬 높아지고 있는 사정을 반영한다. 이러한 변화는 II기에 확산된 집단들이 III기에 소규모화하면서(주거지 부분 참조) 내륙 및 해안지역에 점재하는 변화와 연동하여 나타난다. 집단의 소규모화 및 분산화는 결국 이들이 점유하는 지점 수의 증가를 불러오게 되는데, 이와 같이 증가된 소집단들 중 해안지역에 거주하는 집단들이 많은 패총을 남긴 것으로 볼 수 있다. 물론 이 과정에서 해안집단들이 해양자원에 대한 이용을 증가시킨 것은 사실이지만 이것이 자원획득전략의 커다란 변동으로 이어지는 것은 아니며, 기술적으로도 전단계의 양상을 답습하고 있다. 자원획득 스케줄 면에서 해양자원의 이용 강도가 증가한 것으로 볼 수 있다.

중서부지역에서 교환망의 형성 및 전개과정을 살필 수 있는 유물은 많지 않다. 그러나 대체로 III기 단계가 되면 주변지역과의 교환망 형성을 보여주는 유물의 사례가 증가하기 시작하는데 그 대표적인 예는 장신구(石環)와 흑요석, 토기 등이다. 석환은 대동강 일대와 중부 이남에서 간간이 확인되는데, 중서부지역에서 전단계에는 확인되지 않는 것들로 요녕지역과의 관련성을 상정할 수 있는 유물들이다(그림 03).

남경 출토의 호형토기 역시 遼寧地域과의 관련성이 논의된 바 있는 유물이다(宮本一夫 1986 : 40). 이와 함께 최근 확인되고 있는 흑요석 역시 중서부지역 자체적으로는 확보할 수 없는 석재이다(그림 04). 이러한 유물들이 III기 단계에 중서부일대에서 증가

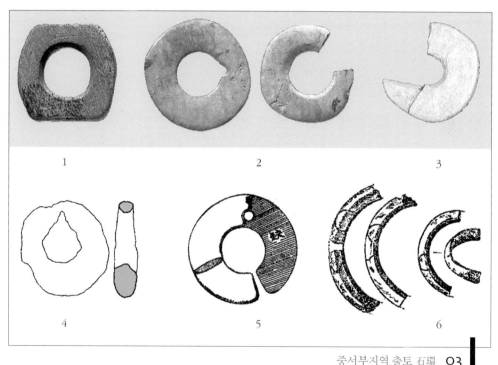

중서부지역 출토 石環 **03**

(1-2 : 休岩里, 3 : 永宗島 松山, 4 : 坡州 舟月里, 5 : 平壤 寺洞, 6 : 平壤 金灘里)

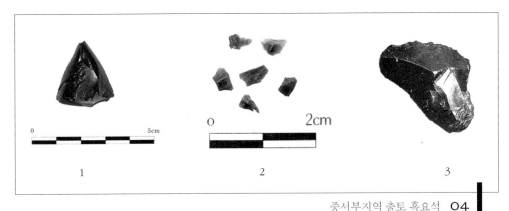

중서부지역 출토 흑요석　O4
(1 : 烏耳島 안말貝塚, 2 : 永宗島 는들, 3 : 永宗島 松山)

하는 것은 이 단계에 주변지역과의 교환관계가 활발하게 전개되었음을 의미한다. 물론 II기 단계에 보이는 금탄리1식토기의 광범위한 확산(임상택 2006a : 131) 및 즐문토기 문화의 확산에서 보듯 전 단계부터 개별 지역집단간 교류는 점차 증가하고 있었다고 볼 수 있다. 이러한 교환망의 범위가 III기 단계에 들어 더욱 확대되고 그 대상도 다양화 하는 것이다. 이상에서 중서부지역 첨저즐문토기 사회의 물질문화 변동에 대해 검토하였다. 이를 통해 중서부 즐문토기사회의 변화과정을 어떻게 이해할 수 있을지에 대하여 다음 절에서 검토해보도록 하겠다.

2) 물질문화 변동을 통해 본 즐문토기사회의 동태

I기 전반~후반 사이의 가장 두드러지는 변화는 따비와 낫으로 대표되는 농경관련 도구세트 및 곡물의 등장이다(송은숙 2001·2002, 宮本一夫 2003, 임상택 2006a). 그러나 초기농경의 도입은 생업의 전면적인 변화를 초래한 것은 아닌데, 이는 새로운 도구 세트를 제외하면 나머지 물질문화상(토기, 기타 석기, 주거지 등)에서는 별다른 변화를 찾기 어렵기 때문이다. 이와 같은 현상은 농경의 2차 전파지인 동북아시아 대부분 지역에서 마찬가지일 것으로 생각된다. 따라서 I기 후반 초기농경 등장은 재지집단의 수용(도입)이라는 관점에서 해석되어야 한다. 필자는 초기농경의 수용원인에 대해, 장기적 환경변동과 단기적 자원불안정성이라는 외적 조건과 집단 안정성 제고라는 수렵채집 집단의 일상적 요구가 합쳐져 I기 후반단계에 초기농경이 수용되었을 것으로 본 바 있

다(임상택 2006a). 새로이 등장하는 도구세트로 보았을 때, 가장 관련이 높은 지역과 문화는 요서지역의 홍산문화로 생각된다[3](安承模 1987). I기 후반에 도입된 초기농경은 집단안정성 제고에 큰 기여를 한 것으로 생각되는바, 이어지는 II기 단계에 취락의 규모가 확대되는 현상(그림 02 참조)을 통해서 이를 추측해볼 수 있다.

II기가 되면 중서부 이남지역으로 즐문토기문화가 급속히 확산되는 현상을 보이는데, 도구와 토기, 주거지 등으로 볼 때 중서부 집단의 이주(강원영동)와 재지집단의 수용(남부지역)으로 나타난다. 확산의 속도는 매우 빨라 대체로 4600-4500BP(비보정) 사이에 강원영동, 남해안과 남부내륙에 즐문토기집단이 등장한다. 즐문토기집단의 등장은 여러가지 면에서 커다란 변화를 수반하면서 나타난다. 도구상에서 따비와 석도형석기로 대표되는 농경관련 도구세트가 동반되며, 곡물자료도 이 단계에 처음으로 남부지역에서 확인된다(하인수 2001, Crawford & Lee 2003). 또한 중서부 이남지역에서 본격적인 수혈주거지를 갖춘 취락은 즐문토기의 확산과 함께 등장한다. 또한 강원영동과 남해안지역에서 해양자원에 대한 의존도가 높았던 이전 단계의 문화에 비해 즐문토기집단은 상대적으로 식물성식량자원에 대한 의존도가 높은 생업체계를 가지고 있다(송은숙 2002). 이는 즐문토기집단의 기본적인 특성을 나타내주는 것으로 즐문토기 확산의 출발지인 중서부 집단이 가지고 있던 특성이기도 하다. 이와 같은 즐문토기문화의 동·남부 지역 등장은 중서부지역에서 초기농경이 수용된 후 취락규모가 확대되는 과정에서 주변지역으로 확산된 것으로 생각할 수 있다. 이 시기는 極東地域으로 初期農耕이 擴散되는 시기와 일치해 주목된다.

III기는 II기에 중서부 이남지역에 거점적으로 확산되었던 즐문토기집단이 각 지역에서 산개하는 시기이다. 중서부지역에서의 II~III기 취락구조의 변화과정은 그림 05와 같이 모식화할 수 있는 바, III기는 소규모 집단의 확산기라 할 수 있다. 중서부 해안지역에서는 2-5기 정도의 주거지로 구성된 소규모 취락이 구릉을 중심으로 나타나며, 충청내륙에서는 대천리식주거지(구자진 2005)로 불리는 대형 장방형주거지가 구릉상에 등장한다. 이러한 소규모 집단의 산개현상은 초기농경을 수용한 집단이 확산되는 과정에서 농경기술의 한계로 인한 잦은 이동에 수반되는 제비용을 최소화하기 위해 집단을

---

3 물론 海岱地區의 北辛文化나 大汶口文化 단계에도 이미 조와 함께 鏟, 鎌, 磨盤, 磨棒 등이 나타나고 있어(欒豊實 2004) 山東半島와의 관련성을 배제할 수 없다. 중서부지역 초기농경의 도입지에 대해서는 추후 좀 더 세밀한 검토가 있어야 할 것이다.

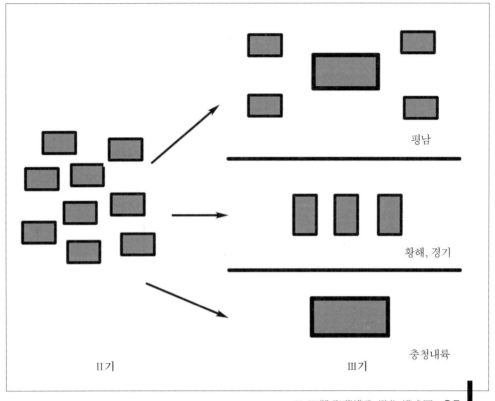

평남

황해, 경기

충청내륙

II기   III기

소규모로 유지하는 가운데 나타난 현상으로 생각된다(임상택 2006a). 대동강유역에서는 대형주거와 소형주거로 구성된 취락구조가 등장하는 바, 대형주거는 공동시설로서의 성격이 강한 것으로 생각된다. 대형주거에 도구가 집적되는 현상은 공동노동(특히 하천어로)과 식료의 공동처리라고 하는 노동력의 재조직화 현상을 반영하는 것으로 생각된다.

　IV기 단계는 아직 유적수가 많지 않고 본격적인 취락유적이 확인되지 않아 앞 시기와 비교가 어려운 실정이다. 그러나 한반도 남부지역에서도 이 단계의 취락유적이 거의 확인되지 않고 있어 이 단계가 되면 모종의 변화가 발생한 것으로 생각된다. 기존의 생업경제체계(수렵채집＋초기농경)를 유지하던 취락집단의 와해현상(安承模 2004, 임상택 2006b)이 나타나는 것이다. 그 원인에 대해서는 환경변화 등 여러 요인을 상정할 수 있을 것이나 아직 뚜렷한 근거는 없는 실정이다.

4. 동북아시아 신석기문화의 변동과 한반도 빗살무늬토기문화

1) 동북아시아 신석기문화의 변동

동북아시아 신석기문화의 변동에 대한 연구(大貫靜夫1998, 宮本一夫 1995 등)에 따르면 동북아시아 신석기문화는 초창기 토기를 제외할 경우, 토기에 있어서 지역을 막론하고 전반단계(압날, 압형, 융기, 자돌 등의 시문수법)와 후반단계(침선계 시문수법)로 대별될 수 있다. 본고에서 다루는 시기는 대체로 大貫(1998)의 極東平底土器 후반단계에 해당되는 바, 전반에서 후반으로의 변화과정에서 보이는 특징을 요약함으로써 한반도 첨저 즐문토기문화의 변동과 어떠한 대비를 해볼 수 있는지 살펴보고자 한다. 초기농경의 확산현상이 보이지 않는 아무르 중류와 하류지역은 제외하며 요서, 요동 및 길장지구, 흑룡강 남부 및 연해주지역을 중심으로 살펴본다.

⑴ 遼西, 遼東, 吉長地區

이 지역의 전반단계는 之字文土器傳統으로 묶일 수 있다. 遼西지역은 興隆注 - 趙寶溝 - 紅山 - 小河沿 문화의 순으로 대별 편년이 이루어지고 있으며 본고와 관련되는 시기는 대체로 紅山文化 단계에 해당된다. 紅山文化는 이전의 趙寶溝文化보다 기종구성이 다양화되며, 평저토기전통이 유지되는 가운데, 채도에서 보듯이 중원 앙소문화와 밀접한 관련을 맺게 된다. 그러나 재지적 토기가 煮沸用으로 계속 사용되고 있다. 요서지역은 이 시기 이후 요동과는 많은 차별을 보이며 신석기문화가 전개된다(大貫靜夫 1998). 요서지역에서는 홍산문화 이전부터 굴지구류(耜, 鏟, 鋤)가 등장하고 곡물자료도 나타나고 있으며, 홍산문화단계에 이르면 정형화된 굴지구와 수확구 등 농경도구와 의례유적의 출현 등 본격적인 농경사회로서의 면모를 보인다.

요동지역은 요하하류역(遼中)과 요동반도, 압록강 하류역으로 구별될 수 있는데, 크게 보아 지자문토기전통을 갖는 新樂下層, 小珠山下層, 後窪下層 문화 단계와 침선계 토기문화로 변화하는 小珠山中層文化群(小珠山中層, 馬城子下層, 後窪上層), 小珠山上層文化 단계로 상대편년된다. 특히 요동반도의 경우 小珠山 중층단계부터 胶東地域과의 교류가 활발해져 胶東의 北庄1기(紫荊山下層期)와 2期의 주요 토기들(盆形鼎, 鬶, 彩陶 등)이 나타나기 시작하며, 小珠山 상층단계에는 山東龍山文化의 영향이 한층 강하게 나타난다(佟偉華 1989). 이러한 교류의 결과 小珠山中層段階에 石刀와 貝刀, 貝鎌

등이 출토되며 다량의 돼지뼈가 출토되어 초기농경과 가축사육의 근거로 제시되고 있다(趙賓福 1996). 遼中의 馬城子下層段階 유적군에서는 곰배괭이가 여럿 출토되어 이지역의 특징적인 석기상을 보이고 있다(遼寧省文物考古硏究所外 1994). 新樂下層 단계부터 이미 기장(黍)의 존재가 확인되고 있어(王富德·潘世泉 1983) 요동지역의 초기농경 開始年代는 매우 올라갈 가능성이 있지만, 토기 및 도구의 변화, 가축의 등장 등을 볼 때 小珠山中層段階에 커다란 변화가 나타나고 있음을 알 수 있다. 吉長地區는 역시지자문토기전통에 속하는 左家山 1,2기와 西斷梁山1기 단계, 침선문토기로 변화하는 左家山3기와 西斷梁山2기 단계로 대별될 수 있다(吉林大學考古學硏究室 1989, 宮本一夫 1995). 이처럼 이 지역은 극동평저토기 전반단계에 이미 농경의 존재가 확인되는 특징이 있으며 후반단계에 들어 물질문화상에서 큰 변화가 관찰된다.

(2) 흑룡강 남부 및 연해주

이 지역은 이른 시기에는 동북부와 興凱湖 주변 남서 내륙부의 루드나야 문화, 남서해안지역의 보이스만 문화로 대별되며, 늦은 시기에는 자이사노프카 문화가 전 지역에 확산되는 양상을 보인다(大貫靜夫 1998). 본고와 관련된 시기는 대체로 자이사노프카 문화 단계이다. 루드나야 문화는 문양형태와 구성, 기형 등에 근거해 古/新 단계의 새로운 편년안이 최근 제시되어(伊藤愼二 2004·2005·2006) 단순 → 복잡한 문양으로, 구연한정시문에서 기복부까지 시문부위가 확대되는 양상으로 전개되는 것으로 이해하고 있다.

보이스만문화는 다치의 시문구를 압날하여 단사선문 형태의 문양을 다단으로 시문하는 것이 큰 특징이다. 이른 시기에는 두터운 구연과 구순각목을 특징으로 하며 늦은시기에는 외반구연에 동최대경이 상방으로 이동하는 변화를 보인다(伊藤愼二 2006). 최근 강원 영동의 고성 문암리에서 보이스만문화의 토기가 확인(金恩瑩 2006 : 142)된바 있어 오산리식 토기와의 병행관계 또는 관련성에 대한 좋은 근거자료를 제공해주고 있다.

자이사노프카 문화 역시 최근 세분 편년이 진행되고 있으며 보이스만 늦은 단계와 공통성이 강한 이른 시기에서, 승선문 단계를 거쳐 침선 주체의 단계, 침선 및 찰과상 문양 단계로 변천하는 것으로 이해하고 있다(伊藤愼二 2006). 伊藤는 서포항 3, 4기를 포괄하여 신단계a로 편년하고 있으나 서포항 3기에 보이는 타래문은 그의 보즈네세노프카 문화 고단계a기에 특징적인 渦卷文 등 곡선문의 존재, 요동지역 小珠山 中層 단계에 나타나는 곡선계 채문토기 등을 고려할 때, 그의 자이사노프카 고단계b기에 병행하거나 그것과 신단계a기 사이에 위치할 가능성이 높다.

루드나야 문화와 보이스만 문화 단계의 석기상은 주로 수렵구인 석촉(石刃鏃, 兩面加功/磨製)과 석창, 석부와 기타 다양한 타제석기(밀개, 긁개류 등)류로 대표된다. 이러한 구성은 토기출현기 이후 완성된 것으로(小畑弘已 2004a), 보이스만 문화의 경우 어로관련 도구도 다량 발견된다. 이 단계까지는 아직 굴지구를 비롯한 농경구나 곡물의 출현 예는 보이지 않는다. 이 지역에서 석기조성에 커다란 변화가 나타나는 시점은 침선문을 주체로 하는 자이사노프카 후반(뇌문토기단계)으로 곰배괭이의 출현으로 대표되며 이는 자이사노프카문화에 재배곡물이 도입되는 증거로 이해되어 왔다(大貫靜夫 1998 : 240). 그런데 최근의 조사성과에 의하면 이 지역에 처음으로 곡물(黍)이 등장하게 되는 것은 끄로우노프카1 유적(Komoto & Obata 2004, Сергушева 2005)에서 보듯이 繩線文土器 단계(伊藤의 古段階b)이며 곰배괭이 역시 興成遺蹟 등의 예로 볼 때 서포항 3기단계에는 이미 출현하고 있다. 그런데 서포항 3기 및 興成 1기에서는 신바닥형의 굴지구(鋤 또는 耜)가 나타나고 있다. 이 신바닥형 굴지구를 한반도 중서부지역에 보이는 따비류와 기본적으로 같은 도구로 볼 수 있다면 이 지역에서도 서포항 3기단계 즉 뇌문토기 이전단계에 따비와 괭이 세트가 등장하는 것으로 볼 수 있다.

2) 동북아시아 신석기문화의 광역변동과 한반도 첨저 즐문토기사회

요서 및 아무르 중류지역을 제외한다면[4] 요동~연해주에 이르는 지역의 토기상에서의 가장 큰 변화는 압날, 자돌문계 토기 위주에서 침선문계 토기로의 변화이다. 특히 전반단계에 之字文土器傳統과 編目文土器傳統(루드나야), 押捺文土器傳統(보이스만)으로 구분된 거의 전지역에 沈線文土器文化가 등장한다. 석기상에서도 후반단계가 되면 거의 전 지역에서 굴지구(鋤, 耜, 鋤)가 등장하게 되며 기장, 조 등의 곡물자료가 확인된다. (장)방형계 수혈주거도 후반단계에 본격적으로 보급된다(大貫靜夫 1998 : 256). 이

---

4 요서지역은 홍산문화 단계 이후 요하 이동 지역과는 상당히 다른 전개양상을 보이며, 농경 역시 여타 극동지역에 비해 매우 빨리 등장하고 전반단계에 이미 환호취락이 등장하는 등 여러 면에서 다른 전개양상을 보인다.

러한 넓은 지역에 걸친 변화의 공통성 이면에는 석기 및 곡물자료에서 보듯이 요서지역에서 먼저 발전된 농경의 확산이 자리잡고 있다. 아마도 농경의 확산과정은 매우 빨랐던 것으로 생각되는데, 연해주 남부에서도 이미 기원전 4000년기 후반에는 곡물자료가 등장하고 있기 때문이다. 초기농경의 확산과 수용과정을 밝히는 작업이 향후 이 지역의 신석기문화의 변동과정을 이해하는 핵심이 될 것이다. 극동지역의 이러한 변화를 한반도 중서부 이남지역에서의 첨저즐문토기문화의 변동과정과 비교해보자.

　　한반도 중서부 첨저즐문토기문화는 I기 후반에 농경관련 석기 및 곡물자료가 처음 등장한 후 II, III기까지 전개된다. 특히 II기 단계에는 중서부 이남 전역으로 이러한 첨저즐문토기와 초기농경관련 도구세트가 확산된다(宮本一夫의 華北型 農耕石器). 이러한 과정에서 본격적인 수혈주거로 이루어진 취락유적이 나타나게 된다. 주거지는 지역에 따른 차이는 있지만 I기에는 원형 또는 방형주거지가 유행하나 최소한 II기에는 장방형이 출현하고 있으며(서부 및 남부), III기가 되면 방형과 장방형주거지가 각지에 뚜렷해진다(임상택 2006b). 토기상에서도 동일계 침선문토기가 주류를 이루거나 구분계토기와 공존하는 현상이 II기에 나타난다. 이러한 변화는 동북아시아 특히 요하 이동지역 신석기문화의 전개과정과 매우 유사한 양상을 띠고 있다고 볼 수 있다. 침선문토기의 확산 및 초기농경관련 유물의 확산이 비슷한 시기에 이루어지고 있는 것이다. 다만 중서부지역의 경우는 요하 이동지역으로의 확산과 비교할 때 한 단계 이른 시기에 초기 농경관련 증거들이 나타나고 있다. 초기농경이 전체 생업경제 내에서 차지하는 비중이 그리 크지 않고 수렵채집경제 내에서 보완적 위치를 차지하고 있다는 점(宋銀淑 2005, 李炅娥 2005), 가축 사육의 증거가 보이지 않는 점(大貫靜夫 1998 : 244, 이준정 2006) 등도 유사하다. 이러한 유사성(변화의 성격과 시기)은 동북아시아 초기농경의 확산과 수용이라는 광역변동과정의 기저에 공통의 요인이 자리잡고 있을 가능성을 시사한다. 수용자의 입장에서 볼 때 외부적 요인(환경, 외부집단)의 변화에 대처하기 위한 것인지, 또는 내부적 요인(인구증가, 사회적 요인 등)에 기인한 것인지 검토하는 것이 향후 중요한 과제가 될 것이다. 또한 왜 넓은 지역에 걸쳐 상대적으로 짧은 시기에 커다란 변동이 발생하는지 구조적 요인에 대한 검토도 필요할 것이다.

　　동북아시아의 광역적 연동현상과 관련하여 또 한가지 주목되는 것은 각 지역집단간의 교환망 범위가 시간이 흐름에 따라 점차 확대된다는 점이다. 山東과 遼東의 교류가 확대되는 것은 주지하듯이 遼東의 小珠山 중층단계부터이며 小珠山 상층단계에는 더욱 강화된다(佟偉華 1989, 宮本一夫 1990). 산지추정을 통한 흑요석의 유통과정에 대한 연구(小畑弘己 2003 · 2004b)에 의하면 자이사노프카문화 후반단계에 백두산계 흑요석의 이용이 매우 증가하고 공간적으로도 확대되는 현상이 나타난다. 이러한 교환망의 강화현상(大貫靜夫 1998 : 105)은 한반도 중서부지역 III기 단계에도 나타난다. 장신구와 토기, 흑요석 등이 그 대상이다. 특히 흑요석이 나타나고 있는 현상은 이러한 교환망의 강화, 확대현상과 관련하여 주목된다. 이와 같이 각 지역집단의 교환망 범위가 확대되는 현상은 동북아시아의 광역변동이 유사한 경향성을 가지고 진행되는 것과 무관하지 않을 것이다.

그러나 한반도 첨저즐문토기 단계의 변동이 요하 이동지역과 차이를 보이는 점도 있다. 즉, 새로 등장하는 도구의 조성에서 차이를 보인다. 요하 이동 지역은 일부 따비류(鏟 또는 耜)도 확인되지만 亞腰形이나 丁字形의 괭이(鋤)를 기본도구로 하고 수확구는 확인되지 않는다.[5] 이에 비해 한반도 중서부지역은 정형화된 대소 따비(耜)와 낫이 처음부터 등장하며 따비는 계속해서 주요 석기기종으로 존재한다. 낫은 곧이어 도구조성에서 제외되지만 대신 장조형의 괭이와 석도형 석기가 도구조성에 추가되며 따비도 (중)소형 위주로 국한된다. 양 지역은 鋤 위주와 鍬(耜) 위주의 조성으로 대별할 수 있을 것이다. 이것은 아마도 중서부지역이 홍산문화와의 관련하에서 초기농경기술이 수용된 후 자체적인 변용과정을 거친 반면 극동지역은 遼中지역에서 확립된 석기조성(초기농경)이 확산되었기 때문일 것이다. 물론 각 지역 토양 환경에 적합한 도구체계가 수용되었으리라는 점 역시 고려되어야 한다(安承模 1987).

5. 결론

이상을 통해 한반도 첨저즐문토기문화기 변동과정의 방향성과 성격이 동북아시아 신석기문화의 그것과 유사함을 알 수 있었다. 기형의 측면에서는 독자성이 강한 것으로 여겨진 첨저즐문토기문화도 사회 전체적인 변화는 주변지역과 밀접한 관련하에 연

---

5 극동지역에서 흑요석제 刃器가 수확구로 사용되었을 가능성이 제기(小畑弘己 2004b · 2006)된 바 있지만 아직 신중을 요한다.

동하고 있는 것이다. 이는 한반도 신석기문화를 동북아시아적 시각에서 검토하는 것이 매우 필요하고 적절한 것이라는 점을 보여준다. 본고는 광역변동의 유사성을 개략적으로 지적하는데 그치고 말았지만 향후 각 지역 물질문화의 세부적 변화과정을 체계적으로 복원하고 상호 비교하여 광역변동의 메커니즘을 밝히는 작업이 필요할 것이다.

　(본고는 필자의 박사논문을 개략적으로 요약하고 동북아시아적 시각을 추가한 것으로, 중앙문화재연구원의 특강 내용에 맞추어 2006년 일본 國學院大學에서 발표했던 내용을 수정, 보완한 것임을 밝혀둔다.)

참고文獻

참고문헌

구자진, 2005, 「옥천 대천리의 신석기시대 집자리연구」, 『한국상고사학보』제47호.

김용간·서국태, 1972, 「서포항원시유적발굴보고」, 『고고민속론문집』4, 사회과학출판사.

김용간·석광준, 1984, 『남경유적에 관한 연구』, 과학·백과사전출판사.

김용남, 1983, 「궁산문화에 대한 연구」, 『고고민속론문집』8, 과학·백과사전출판사.

유성진, 2005, 「길림, 장춘지구 신석기시대 유적들의 선후관계」, 조선고고연구 주체94-1호(134호).

김성국, 2005, 「남연해주지역 신석기시대 유적들의 상대년대」, 조선고고연구 주체94-3호(136호).

서국태, 1986a, 『조선의 신석기시대』, 사회과학출판사.

서국태, 1986b, 「서포항유적 신석기시대사람들의 물고기잡이」, 『조선고고연구』1986-1호.

송은숙, 2001, 「신석기시대 생계방식의 변천과 남부 내륙지역 농경의 개시」, 『湖南考古學報』14.

송은숙, 2002, 『한국빗살무늬토기문화의 확산과정 연구』, 서울대학교박사학위논문.

宋銀淑, 2005, 「韓國 新石器時代의 初期農耕의 特徵」, 『동북아시아 잡곡농경의 기원과 전개』, 잡곡자료
  로 본 극동지역의 농경수용과확산과정의 실증적 연구 제2회연구발표회 자료집.

李炅娥, 2005, 「植物遺體에 基礎한 新石器時代 '農耕'에 대한 觀點의 再檢討」, 『韓日新石器時代의 農耕
  問題』, 第6回 韓日新石器時代 共同學術大會 發表資料集.

이준정, 2006, 「또하나의 저장수단, 가축의 이용」, 『선사농경연구의 최근동향』, 제1회 서울대학교 고고
  학 국제학술회의 자료집.

임상택, 2006a, 『한국중서부지역 빗살무늬토기문화연구』, 서울대학교박사논문.

임상택, 2006b, 「빗살무늬토기문화 취락구조변동연구」, 『湖南考古學報』23.

任孝宰, 1983, 「土器의 時代的 變遷過程」, 『韓國史論』12.

安承模, 1987, 「遼西地方의 石製耕具」, 『三佛金元龍教授停年退任記念論叢』.

安承模, 2004, 「韓國における農耕,定住生活のはじまりと社會變化」, 『文化の多樣性と21C考古學』, 考古
  學研究會50周年記念資料集.

金恩瑩, 2006, 「韓半島中東部地域新石器時代の平底土器についての考察」, 『東アジアにおける新石器文
  化と日本Ⅲ』, 國學院大學21世紀COEプログラム2005年度考古學調査研究報告, 21COE考古學シ

リーズ6.

하인수, 2001, 「동삼동패총 1호주거지 출토 식물유체」, 『韓國新石器研究』第2號.

韓永熙, 1978, 「韓國 中・西部地方의 新石器文化」, 『韓國考古學報』5.

甲元眞之, 2002, 「東アジアの先史時代漁撈」, 『東アジアと日本の考古學』IV, 同成社.

渡邊誠, 1988, 「繩文・彌生時代の漁撈」, 『季刊考古學』25.

小畑弘巳, 2003, 「極東地域における黑曜石出土遺蹟と原産地研究」, 『Stone Sources』2, 石器原産地研究會.

小畑弘巳, 2004a, 「沿海州地方の後期舊石器時代末~青銅器時代の狩獵道具の變遷」, 『極東および環日本
        海における更新世~完新世の狩獵道具の變遷研究』.

小畑弘巳, 2004b, 「極東地方新石器時代における黑曜石利用 - ザイサノフカ文化を中心として」, 『極東
        および環日本海における更新世~完新世の狩獵道具の變遷研究』.

小畑弘巳, 2004c, 「極東における雜穀農耕資料研究の現狀と問題點」, 『雜穀資料からみた極東地域にお
        ける農耕受容と擴散過程の實證的研究』, 研究發表會資料集.

小畑弘巳, 2006, 「ロシア共和國南沿海州地方の新石器時代遺跡と初期農耕」, 『東アジアにおける新石器
        文化と日本III』, 國學院大學21世紀COEプログラム2005年度考古學調査研究報告, 21COE考古學
        シリーズ6.

伊藤愼二, 2004, 「ロシア沿海地方南西内陸部のルドナヤ文化」, 『東アジアにおける新石器文化と日本I』,
        國學院大學21世紀COEプログラム2002,2003年度考古學調査研究報告, 21COE考古學シリーズ2.

伊藤愼二, 2005, 「第VI章 總括」, 『東アジアにおける新石器文化と日本II』, 國學院大學21世紀COEプログ
        ラム2004年度考古學調査研究報告, 21COE考古學シリーズ4.

伊藤愼二, 2006, 「ロシア極東の新石器文化と北海島」, 『東アジアにおける新石器文化と日本III』, 國學院
        大學21世紀COEプログラム2005年度考古學調査研究報告, 21COE考古學シリーズ6.

福田正宏, 2004, 「ロシア沿海州における新石器時代の土器編年について」, 『東アジアにおける新石器文
        化と日本I』, 國學院大學21世紀COEプログラム2002・2003年度考古學調査研究報告, 21COE考
        古學シリーズ2.

宮本一夫, 1986, 「朝鮮有文土器の編年と地域性」, 『朝鮮學報』第121集.

宮本一夫, 1990, 「海峽を挾む二つの地域-山東半島と遼東半島, 朝鮮半島南部と西北九州, その地域性と
        傳播問題」, 『考古學研究』第37卷 第2號.

宮本一夫, 1995, 「遼東新石器時代土器編年の再檢討」, 『東北アジアの考古學的研究』, 同朋舍出版.

宮本一夫, 2003, 「朝鮮半島新石器時代の農耕化と繩文農耕」, 『古代文化』55.

大貫靜夫, 1998, 『東北アジアの考古學』, 世界の考古學, 同成社.

Сергушева, Е.А. (小畑弘巳 譯), 2005, 「古民族植物資料に基づく沿海州考古遺跡における栽培植物
        について」, 『極東先史古代の穀物』雜穀資料からみた極東地域における農耕受容と擴散過程の
        實證的研究中間研究發表會論文集.

欒豊實(濱名弘二譯), 2004, 「海岱地區先史農耕の生成,發展及び關聯する問題」, 『東アジアと日本』創刊號.

佟偉華, 1989, 「胶東半島与遼東半島原始文化的交流」, 『考古學文化論文集』(二), 文物出版社.

趙賓福(崔茂藏譯), 1996, 『中國東北新石器文化』, 集文堂.

王富德·潘世泉, 1983, 「關于新樂出土炭化谷物形態鑒定初步結果」, 『新樂遺址學術討論會文集』.

吉林大學考古學研究室, 1989, 「農安左家山新石器時代遺址」, 『考古學報』1989-2期.

吉林省文物考古研究所外, 2001, 『和龍興城 - 新石器及靑銅時代遺址發掘報告』, 文物出版社.

遼寧省文物考古研究所外, 1994, 『馬城子 - 太子河上流洞穴遺存』, 文物出版社.

黑龍江省文物考古工作隊, 1981, 「黑龍江寧安縣鶯歌岭遺址」, 『考古』1981-6期.

Komoto M. & H. Obata, 2004, Krounovka1Site in Primorye, Russia, Report ofExcavations in 2002 and 2003.

Crawford G.W. & K.A. Lee, 2003, Agricultural origins in the Korean Peninsula, Antiquity77(295).

'도구론'으로서의 선사시대 석기 연구

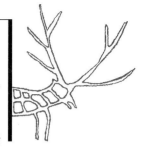

이 기 성   한신대학교 박물관

1. 서론

선사시대의 석기 연구는 지금까지 용도론(기능론), 계보론, 제작 기술의 문제를 포함한 생산과 유통, 조성론 등의 여러 방향에서 이루어져 왔다. 선사시대 다른 재질의 도구들과 비교해 석기는 후대까지 남아있을 확률이 매우 높으며, 과거 생업경제의 방식을 직접적으로 반영하고 있다는 전제하에, 최근에는 과거의 사회상을 파악하고자 하는 조성론이 석기 연구의 중요한 한 부분을 차지하고 있다.

본고에서는 이러한 조성론의 연구와 더불어 목기를 포함한 '도구론'이라는 의미에서의 석기 연구를 주로 일본 죠몽시대(繩文時代)와 야요이시대(彌生時代)의 자료를 대상으로 검토해보도록 하겠다. 죠몽시대에서 야요이시대로의 전환과정에 있어서의 석기 변화는 대륙으로부터 도작농경의 전파에 수반되는 새로운 석기 기종의 도입은 물론 재지 석기의 잔존, 석기 제작 기법의 변화, 석재의 변화 등 다양한 방면에서 한국과는 다른 양상을 보여주고 있다.

한국의 무문토기시대 연구에 비해 상대적으로 축적된 자료와 연구 성과를 가지고 있는 일본 선사시대의 석기 연구는 무문토기시대 연구에 있어 여러 시사점을 제공해 줄 수 있을 것이다.

2. 일본 선사시대 석기 연구의 방향과 도구론

　　일본의 경우 구체적으로 석기에 대한 연구가 시작된 것은 죠몽시대와 야요이시대의 성격이 명확하게 밝혀지기 시작하면서 부터이다. 1877년, 미국인 모스박사(Edward S. Morse)에 의해 오오모리패총(大森貝塚)이 발굴되고, 1879년 발굴 보고서가 발간되면서 죠몽시대의 연구가 시작된다. 오오모리패총에서 발굴된 토기는 처음에 패총에서 출토되었다는 의미로 '패총토기'로 불리우나 이후 특징적인 문양에 착목해 '죠몽토기'라는 명칭이 제창되면서 굳어지게 된다(白井光太郎 1886). 이어 '죠몽토기가 사용된 시대는 죠몽시대'이며, 이 시대는 '일본열도의 선사시대'의 동의어로 장기간 고고학자에게 인식된다. 그 후 죠몽시대는 그 문화의 주체가 누구였는가 하는 석기시대 주민론에 대한 논쟁이 있기는 하였으나, 그 문화적 특성에 대해서는 연구자들 사이에 공통된 인식이 있었다. 그러나 그 이후의 야요이시대 설정에 있어서의 연구 흐름은 전혀 다르다.

　　죠몽토기가 발견되고 몇 년 후인 1884년 東京都 文京區 彌生町의 패총에서 죠몽토기와는 전혀 다른 새로운 형식의 토기가 발견되고, 처음에는 죠몽식토기(繩文式土器)로 1889년 학계에 발표되지만, 이후 야요이식토기(彌生式土器)로 불리우며 본격적인 야요이시대의 연구가 시작된다(蒔田鎗次郎 1896). 그러나 야요이토기가 발견된 직후부터 야요이시대가 설정된 것은 아니었으며, 일본 고고학에서 야요이문화가 일본 선사시대에 있어 특정한 하나의 시대를 대표하는 것으로 인정받기까지는 상당한 시간이 걸리게 된다. 야요이시대 연구사에 있어 초반부는 야요이토기를 죠몽토기나 고분시대(古墳時代)의 하지키(土師器)로부터 구별하기 위한 시도라고도 할 수 있을 정도이며, 그 과정에서 인종론, 문화단계론 등의 다양한 분야에 걸친 논의가 이루어졌다. 당초 야요이토기는 적갈색의 색조나 태토 등에 있어 고분시대 하지키와 유사한 점이 인정되어 고분시대 토기의 일종 또는 적어도 고분시대 토기의 앞선 단계에 있는 토기로 간주되었으나(大野雲 1902), 전형적 고분시대 토기인 스에키(須惠器)는 대부분이 둥근 바닥인 반면에 야요이토기는 편평한 바닥인 것을 이유로 석기시대의 토기로 보고자 하는 의견 역시 제기되기도 한다(蒔田鎗次郎 1902). 이러한 과정에서 야요이토기는 결국 고분시대 토기와 석기시대(죠몽시대)토기의 양쪽 특징을 모두 가지고 있는 '中間土器'로 보는 절충안까지 등장한다(八木裝三郎 1906). 이렇게 20세기 초반에 야요이토기의 시간적 위치에 대한 여러 가지 의견이 제기되기는 하였으나, 어디까지나 '토기' 자체에 관한 논의로, 당시까지도 야요이토기가 특정시대를 대표하는 토기라는 개념은 아니었다.

야요이시대의 문화적인 특징이 구체적으로 밝혀지기 시작한 것은 야요이토기와 공반되는 유물이 확인되면서 부터이다.

1907년 야요이토기와 銅鏃이 공반된다는 사실이 알려지게 되고(大野雲 1907), 비슷한 시기에 조사된 나고야시 아츠타다카쿠라패총(名古屋市 熱田高倉貝塚)에서 다량의 야요이토기와 함께 마제석부, 석촉 등이 출토되었다(高橋健自 1909, 泉拓良 1990). 이러한 공반 양상을 근거로 야요이토기 사용자는 죠몽토기 사용자와 마찬가지로 석기를 사용하였지만 그 외에 금속기 역시 사용하였다는 것이 알려지게 된다. 즉 야요이시대에는 석기와 금속기를 동시에 사용하였다는 사실이 일반적으로 인정되면서 당시 하마다 코우사쿠(浜田耕作)로 대표되는 구미 유학의 경험을 가진 연구자에 의해 소개되기 시작한 새로운 고고학 연구방법론에의 적용이 시도된다. 대표적인 예가 야요이시대를 '금석병용기'로 설정하는 견해로(中山平次郞 1917), 석기와 청동기가 공반된다는 고고학적 사실에 근거한 시대 설정이기는 하였으나 하나의 제안에 불과하였다. 그 후 전통적인 고고학의 시대 구분법에 맞추어 야요이시대를 '청동기시대'로 설정하고자 하는 견해도 등장한다. 모리모토 로쿠지(森本六爾)는 대륙으로부터의 금속기문화 전파에 초점을 맞추어 '일본내의 청동기시대는 석기시대의 연쇄적 진화에 의한 것이 아니고 漢代文化의 전파에 의한 것이며, 초기철기시대는 청동기시대의 단일적 진화가 아닌 三國六朝文化의 전파에 의한 것'으로 설명하고 있다(森本六彌 1929). 그러나 몇몇 연구자에 의해 제기된 전통적인 시대구분론은 자리를 잡지 못하고 단순히 하나의 제안으로만 그치게 된다. 그러한 과정을 거치면서 야요이시대의 문화적 내용이 더욱 명확하게 밝혀지고, 결국 야요이시대는 죠몽시대 이후, 고분시대 이전의 특정 시대로서 인정되게 된다.

이렇게 1930년대 들어와 죠몽시대와 야요이시대의 시간적 선후관계와 문화적 성격이 명확해지면서 구체적인 유물의 연구 역시 시작된다. 특히 야요이시대의 석기 연구는 야요이문화의 계보론 또는 생업방식의 수단으로서 인식되어 왔다. 즉 야요이시대에 새롭게 등장한 도작농경의 개시에 수반해 대륙으로부터 들어온 새로운 기종의 석기의 등장이라는 인식으로 석기연구가 이루어졌다고 할 수 있을 것이다. 당초의 석기 연구는 개별 기종 석기의 기능을 확인하고자 하는 용도론(山內淸男 1934, 森本六彌 1934 등)과 그러한 기종의 석기가 어떠한 과정을 통해서 일본 열도에 등장하게 되었는지를 밝히고자 하는 계보론이 주종을 이루고 있었다(鳥居龍藏 1908 · 1917, 梅原末治 1922 등).

그 이후 야요이문화가 정착적 도작 농경 문화였다는 사실이 여러 유적에서의 증거로 명확해지면서, 석기의 연구는 농경구에 집중되어 반월형석도 등이 어떠한 방식으로 농경에 사용되었는지 등의 용도론이 보다 진전되게 된다. 그리고 극히 적은 수에 불과하기는 하지만 일제 강점기 일본인 학자에 의해 조사된 선사시대에 대한 인식을 바탕으로 소위 대륙계마제석기로 불리우는 반월형석도, 유구석부, 유병식마제석검, 태형합인석부 등의 계보론적 연구가 확산되게 된다(森貞次郞 · 岡崎敬 1961, 下條信行 1977a · 1986a, 小田富士雄 1986, 平井勝 1991, 石川日出志 1994 등). 이후 야요이시대의 대규모 유적들이 발굴 조사 되면서부터는 야요이시대 사회상을 파악하고자 하는 측면에서 석기 생산과 유통에 관련된 연구가 주를 이루게 되며(下條信行 1984, 梅崎惠司 1989 · 2000, 土屋みづほ 2004 등), 이후 1990년대부터는 개별 기종의 석기에 대한 검토보다는 전체를 대상으로 하는 석기 조성론이 연구의 주를 이루게 된다(埋藏文化財研究會 1992, 國立歷史民俗博物館 1996 · 1997, 關西繩文文化研究會 2004 등). 죠몽시대의 석기 조성에 관련된 연구가 유적의 입지 및 주변 환경에 따른 생업 방식의 차이나 석기 생산 유적의 확인 등을 주요한 목적으로 하고 있는 것에 반해, 야요이시대의 석기 조성 연구는 야요이 문화 성립기에 있어 대륙으로부터 전파되어진 도작 농경의 수용과 정착, 그리고 지역성을 파악하고자 하는 것을 주요한 목적으로 하고 있다(이기성 2008).

이렇듯 일본 선사시대, 특히 야요이시대의 석기 연구는 개별 석기의 형태 변화와 편년 등을 중심으로 하는 연구에서 수렵민에서 농경민으로의 변화에 있어서 당시 사용되었던 도구가 어떠한 과정을 통해 어떠한 양상으로 변화하였는지에 대한 종합적 연구, 특히 목기를 포함하는 '도구론'이 이야기되게 된다.

석기조성은 인간 제활동의 물질적 표시의 하나로 각 시기, 각 지역에 있어서 각각 독자의 활동상황을 반영하여 다양한 양상을 보여준다(小林康男 1983). 그러나 석기조성의 연구는 넓은 지역을 대상으로 하는가 또는 특정의 좁은 지역을 대상으로 하는가에 의해 서로 다른 결과가 나오는 경우도 있다. 석기조성의 비교에는 두 가지 방법론을 생각해 볼 수 있다. 첫 번째는 각 기종의 변천을 설명하는 것으로 그 기종의 형식변화나 등장과 소멸을 확인하는 방법이다. 두 번째는 석기의 용도별(또는 기능별)로 구분하여 각 기능을 가지고 있는 석기류를 하나의 군(群)으로 설정해 그 군을 비교하는 방법이다.

각 기종의 석기 변화를 설명하는 방법으로는 특정기종이 언제 등장하였으며 언제 소멸하였는지를 확인할 수 있다. 그리고 시기별로 어떠한 형식, 크기 또는 출토수 등의 변화가 있었으며 그러한 변화가 어떠한 의미를 가지고 있었는지를 검토할 수 있다. 그러나 특정 기종이 소멸 또는 새롭게 등장하는 경우 두 가지의 가능성을 생각해 볼 수 있다. 첫째는 특정 석기가 가지고 있는 기능이 필요없어지는 경우(소멸)와 새로운 기능이 필요해지는 경우(등장)를 들 수 있다. 도작농경의 도입에 의한 수확구로서의 반월형석도의 등장, 죠몽 제사 의례의 쇠퇴에 따른 의례구의 소멸은 그 전형적인 사례이다. 또다른 경우로는 동일한 기능을 가진 다른 석기(또는 다른 재질의 도구)가 그 석기의 대용으로 사용되는 경우이다. 예를 들어 야요이시대에 들어와 토굴구인 타제석부가 소멸하는 것은 땅을 판다는 기능 자체가 필요없어진 것이 아니라 동일한 기능을 가진 목제품으로 교체된 것으로 해석할 수 있다. 이 경우 실제로 특정 기종의 석기는 소멸하였지만 사용자 측면에서 본다면 일상 생활에서의 변화는 없다고 할 수 있다. 물론 동일한 기능을 가진 두 종류의 도구의 교체의 요인을 밝히는 작업 역시 중요하며 석기조성의 연구에 반드시 필요한 것이다. 어째서 타제석부의 대용으로 목제품이 사용되게 되었는가 하는 점이다.

기능별로 정리하여 석기를 군으로 비교하는 것은 그 집단의 생활활동의 변화를 밝히기 위한 것이다. 예를 들어 수렵·무기류 석기의 비율이 낮아지고 그 대신 농경구의 비율이 높아지면 그 집단의 생업경제에서 농경이 점하는 비중이 높아졌다고 추측할 수 있다.

이와 같이 지금까지의 석기 조성론은 대개 전체 석기 중 각 기종이 차지하고 있는 비율의 증감을 기본적인 자료로 해석을 시도하고 있다. 그러나 실제 특정 시대를 구분 짓는 획기는 신기종의 등장 또는 소멸을 기준으로 하고 있는 경우가 일반적이다. 이는 선사시대에 있어 시대 구분은 생업경제 방식의 변화가 주요한 기준이 되었으며, 이러한 생업경제 방식의 변화는 현저한 석기의 기종 변화를 동반하고 있기 때문이다. 그러나 여기에서 간과해서는 안 되는 것이 동일한 기능을 가지고 있는 도구의 재질 변화(석기 내에서 석재의 변화를 포함해)이다. 일반적으로 '석기에서 철기로'라는 개념으로 철기로의 변화에 대해서는 인식을 하고 있으나 목기로의 변화는 주의를 끌지 못하고 있음은 주지의 사실이다. 이러한 문제점에 대한 인식에서 목기를 포함한 도구의 검토, 즉 도구론이 제시되게 된 것이다.

이러한 문제점을 인지하고, 다음에서는 도구로서의 석기 변화가 구체적으로 어떠한 양상을 보이는 지를 기종의 변화와 제작 기술 변화의 측면으로 구분해서 살펴보고[1], 신기종의 출현과 재질의 변화를 검토해 보겠다.

3. 일본 선사시대 석기의 변화

1) 죠몽시대 · 야요이시대 석기 기종의 변화

죠몽시대는 일본의 先土器時代(구석기시대)에 이은 시대로 약 기원전 12,000년전부터 약 기원전 500년경까지의 매우 긴 기간으로 일반적으로 草創期 - 早期 - 前期 - 中期 - 後期 - 晚期의 여섯 시기로 구분된다. 각 시기에 따라 석기의 변화 역시 매우 현저하기 때문에 여기에서는 야요이시대와의 비교를 위해 죠몽시대 만기의 석기를 주로 대상으로 한다(그림 01).

죠몽시대의 석기는 이전의 구석기시대와 비교해 기종 구성면에서는 기능분화에 따른 기종의 증가와 장식적 · 종교적 유물이 많아진다는 점, 제작 기술면에서는 새롭게 마연 기술이 등장하고 장식적 석기의 경우 유공석기가 출현한다는 점을 주요한 특징으로 들 수 있다. 석기의 주요한 기종으로는 石鏃, 石槍, 尖頭器, 漁網錘, 打製石斧, 剝片石器, 石皿, 敲石, 磨石, 石匙, 磨製石斧, 砥石, 裝身具, 異形石器 등을 들 수 있다. 이들은 제작 기술에 따라 타제석기와 마제석기로 구분되는데 석촉, 석창, 박편석기 등 실용기로 이용되는 석기 중 많은 수가 타제 석기이다. 이 중 타제석부는 석촉과 더불어 죠몽시대를 대표하는 석기에 해당되는데, 특히 관동지방에서 죠몽문화가 가장 번성하는 중기이후에는 유적에서 출토되는 석기 수의 대부분을 타제석부가 차지할 정도로 당시의 생활에 있어 중요한 역할을 담당하고 있음을 상정할 수 있다. 그 기능에 대해서는 일부 편인의 타제석부는 죠몽시대 마제석부와 마찬가지로 목공구의 기능을 가진 것으로 추정되지만 대부분을 차지하고 있는 양인의 타제석부는 토굴구로서의 기능을 가지고 있다고 이야기된다(鈴木次郎 1983). 그리고 이러한 토굴구의 다량 출토로 인해 죠몽시대 원시농경의 근거로 이야기되기도 한다(大山柏 1927, 藤森榮一 1950).

죠몽시대의 다음인 야요이시대의 석기는 기본적으로 죠몽시대 석기의 전통을 그대로 계승하면서 새롭게 석기가 추가되는 경향을 보여주고 있다. 죠몽시대의 대부분의 석기, 특히 실용적인 기능을 가지고 있는 기종들은 야요이시대 중기까지 사용된다. 그

---

1 죠몽시대와 야요이시대는 세분되는 각 시기별로도 석기를 포함한 목기, 금속기 등 도구의 변화가 현저하기 때문에 비교의 편의를 위해 죠몽시대 만기와 야요이시대 전기를 비교의 기준으로 삼도록 한다.

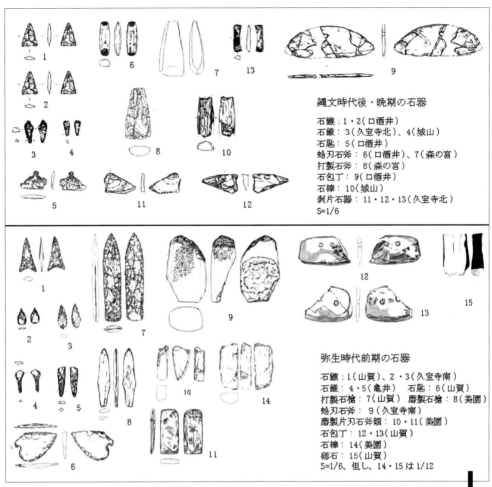

縄文時代後・晩期の石器

石鏃：1・2（口酒井）
石錐：3（久宝寺北）、4（城山）
石匙：5（口酒井）
蛤刃石斧：6（口酒井）、7（森の宮）
打製石斧：8（森の宮）
石包丁：9（口酒井）
石棒：10（城山）
剝片石器：11・12・13（久宝寺北）
S=1/6

弥生時代前期の石器

石鏃：1（山賀）、2・3（久宝寺南）
石錐：4・5（亀井）　石匙：6（山賀）
打製石槍：7（山賀）　磨製石槍：8（美園）
蛤刃石斧：9（久宝寺南）
磨製片刃石斧類：10・11（美園）
石包丁：12・13（山賀）
石棒：14（美園）
砥石：15（山賀）
S=1/6、但し、14・15は1/12

러나 죠몽시대의 석기 중, 주술적 또는 의례적 기능을 가지고 있는 석기는 야요이시대
에 들어서면 소멸된다. 야요이시대에 들어와 새롭게 등장하는 것은 도작농경과 관련된
소위 대륙계 마제석기이다. 주요한 기종으로는 석촉, 석창, 첨두기, 박편석기 등 죠몽시
대로부터의 석기에, 반월형석도, 태형합인석부, 마제석촉, 마제석검 등의 대륙계 마제
석기가 있다.
　이 두 시대의 석기를 용도별로 구분하며 살펴보면 다음의 표 1과 같다.

표 1. 죠몽시대와 야요이시대 석기 기종 비교

용도 구분	죠몽시대	야요이시대
수렵·무기류2)	石鏃, 尖頭器	打製石鏃, 石槍, 投彈, 尖頭器, 磨製石鏃, 磨製石劍
가공구	마제석부, 타제석부, 石匙, 石錐, 砥石	石匙, 石錐, 스크레이퍼, 楔形石器, 剝片, 砥石, 台石, 兩刃磨製石斧, 太型蛤刃石斧, 扁平兩刃石斧, 柱狀片刃石斧, 扁平片刃石斧
조리구	石匙, 石皿, 磨石, 敲石	石皿, 磨石
농경구	타제석부(?)	반월형석도, 石鎌
어로구	어망추	어망추
의례구	石棒, 石劍, 石刀, 石冠, 御物石器 등	石棒, 環狀石斧, 石劍

　석기를 포함한 야요이시대의 문화 요소는 크게 3 가지의 흐름을 가지고 있다. 첫 번째는 죠몽시대로부터 이어지는 재지적 전통의 문화 요소, 두 번째는 대륙으로부터 전파되어 온 대륙계 문화요소, 세 번째로는 재지적 전통의 문화요소와 대륙계 문화요소가 혼합되어 야요이시대 일본에서 독자적으로 등장하게된 야요이 독자의 문화요소 등의 세 요소로 구분할 수 있다. 그 내용은 다음의 표 2와 같다.

표 2. 야요이 문화 요소의 구분(佐原眞 1975를 바탕으로 필자 작성)

대륙에서 전래되어 온 요소	舶來品(中國系)	①「漢委奴國王」金印 ②「貨泉」 ③前韓鏡 ④前韓의 蓋弓帽 ⑤漢의 馬鈴 ⑥유리제 製璧 ⑦漢의 環頭鐵刀 ⑧漢의 環頭刀子 ⑨漢의 銅製腕輪
	舶來品(朝鮮系)	①多紐細文鏡 ②細形銅劍 ③細形銅戈 ④細形銅矛 ⑤鐵劍 ⑥鐵矛 ⑦鐵製工具 ⑧銅鍑 ⑨銅製단추 ⑩有柄式磨製石劍 ⑪磨製石鏃 ⑫朝鮮의 土器
	技術·知識	①(稻作)農耕 ②靑銅器의 鑄造技術 ③鐵器의 鍛造技術 ④三種의 磨製石斧(太型蛤刃石斧·柱狀片刃石斧·扁平片刃石斧) ⑤收穫用의 石器 ⑥紡織技術 ⑦유리 加工技術 ⑧巨石運搬技術 ⑨穴倉 ⑩高床倉庫 ⑪木工·骨角器加工의 技術
	思想·習俗	①農耕儀禮 ②卜骨 ③核骨 ④木鳥 ⑤支石墓 ⑥厚葬 ⑦화살 副葬
	당시 대륙에는 있었지만 전해지지 않은 것들	①牧畜 ②製陶用녹로 ③戰車·車 ④乘馬風習 ⑤城壁으로 둘러싸인 都市 ⑥톱 ⑦文字 ⑧高度의 科學技術

---

2 일본고고학에서 석촉 등의 기종은 죠몽시대는 수렵구, 야요이시대는 수렵·무기류로 구분하고 있다. 이는 석촉 등이 수렵구가 아닌 전쟁 등에 사용되는 무기로서의 변화(대형화, 중량화 등)가 이루어지는 것은 야요이시대 중기 이후로서 인식하고 있기 때문이다.

죠몽문화의 전통에서 지속 되어진 요소	品物 · 技術 · 知識	①打製石器의 技術 ②石鏃 ③石匕 ④石錐 ⑤土堀具 ⑥環狀石斧 ⑦勾玉 ⑧土器製作 技術 · 器形 ⑨미니어쳐土器 ⑩土器蓋 ⑪土器文樣 ⑫木器 · 骨角器製作의 基本技術 ⑬竪穴式住居의 構造 ⑭二枚目의 貝輪 ⑮骨角製釣針 ⑯칠기製品 ⑰칠기빗
	思想 · 習俗	①拔齒風習 ②叉狀硏齒
	지속되지 않은 것들	①大多數의 磨製石器(定角式石斧 등) ②耳飾 · 腰飾 ③石鏃固定用의 角製 ④淸龍刀石器 · 多頭石斧 · 石冠 등의 주술과 관련된 특수석기의 대다수
야요이문화 고유의 발달 요소		①銅鐸 · 武器形祭器의 裝飾化 · 大型化 ②巴形銅器 ③銅製腕輪 ④打製石槍 ⑤特殊石劍 ⑥石小刀 ⑦石戈 ⑧鐵戈 ⑨유리 勾玉 ⑩甕棺墓 ⑪方形周溝墓 ⑫再葬墓 ⑬分銅形土製品 ⑭投彈 ⑮銅鋤先

야요이시대의 석기 조성에 있어서 역시 위에서 언급한 3 가지의 요소로 구분하는 것이 가능하다. 즉 죠몽시대 전통에서 이어져서 지속적으로 사용되는 석기군, 죠몽시대 만기와 야요이시대 성립기에 있어 대륙에서부터 전해져 온 대륙계 마제석기군, 그리고 야요이시대에 들어와 일본 열도에서 자체적으로 등장하는 석기 등으로 구분할 수 있다. 이렇게 석기 뿐 아니라 문화 요소 자체를 재지적 전통, 외부로부터의 영향, 자체 발전 요소 등으로 구분하여 파악하고자 하는 것은 시대 간의 전환기를 이해하는데 있어 주요한 기초적 인식이 된다. 특히 석기에서 세부적인 개별 기종 또는 기술 등을 재지적인 전통 또는 외부로부터의 영향으로 구분하는 것은 이후 석기의 조성 및 기술 변화의 요인을 확인하기 위한 기초적인 이해라고 할 수 있다.

앞에서의 죠몽시대 만기와 야요이시대 전기의 석기 기종을 비교해보면 몇 가지의 특징을 확인할 수 있다.

① 대부분의 야요이시대 석기는 죠몽시대 석기의 전통을 그대로 이어가고 있다.
② 추가되는 기종으로는 수렵 · 무기류에 있어서 마제석검과 마제석촉, 그리고 농경구 전체, 가공구에서 (편인)마제석부류 등을 들 수 있다. 이 중 마제석부류는 죠몽시대의 마제석부를 대체한다.
③ 소멸되는 기종으로는 제사와 관계되는 의례구의 대부분과 타제석부를 들 수 있다.
④ 새롭게 등장하는 기종으로는 오사카 지역 주변의 기내지방에서 주로 확인되는 첨두기 등을 들 수 있다(그림 02).

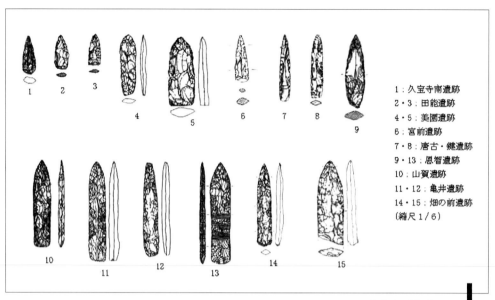

1 : 久宝寺南遺跡
2・3 : 田能遺跡
4・5 : 美園遺跡
6 : 宮前遺跡
7・8 : 唐古・鍵遺跡
9・13 : 恩智遺跡
10 : 山賀遺跡
11・12 : 亀井遺跡
14・15 : 畑の前遺跡
(縮尺 1/6)

2) 죠몽시대 · 야요이시대 석기 제작 기술의 변화

위에서 살펴보았듯이 석기 기종의 변화는 실용적인 용도의 타제석기의 잔존, 대륙계 마제석기의 등장, 의례용구 및 타제석부의 소멸 등을 들 수 있다. 그렇다면 기종의 변화 외에 제작 기술에 있어서 어떠한 변화가 있었는지 확인해 보도록 하겠다.

결론적으로 이야기하면, 죠몽시대와 야요이시대의 석기 제작 기술에 있어서 공통적으로 사용되는 것은 박편박리 및 조정 기술, 고타 · 마연기술, 찰절기법, 천공기술로, 전체적인 제작 기술에 있어서의 커다란 변화는 보이지 않는다. 이것은 토기 제작 기술에 있어서 다양한 변화가 인정된다는 것과 비교해 보아 커다란 차이라고 할 수 있다(家根洋多 1984).

석기의 제작기법은 크게 타제와 마제로 구분된다. 잘 알려져 있듯이 죠몽시대에는 대부분의 석기가 타제이기 때문에 대륙계마제석기의 기술인 형태 조정 → 박리 · 고타 → 마연에 의한 완성이라는 공정은 죠몽시대에는 없는 기법으로 기술의 변화로도 이야기되고 있다(山口讓治 1980). 그러나 죠몽시대에도 의례구뿐 아니라 실용기중에도 마제석기는 분명히 존재한다. 죠몽시대의 대표적인 마제석기인 벌채구로서의 마제석부

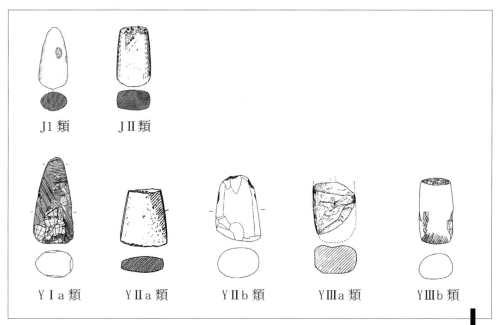

J1 類　　　J Ⅱ 類

Y Ⅰ a 類　　Y Ⅱ a 類　　Y Ⅱ b 類　　YⅢa 類　　YⅢb 類

는 죠몽시대 초창기에 출현해 죠몽시대 중기에는 광범위하게 확인된다. 킨키지방(近畿 地方)에는 조기 후반에 출현해 후기 이후에는 대부분의 유적에서 확인된다(大下明 2004). 그런데 실제 죠몽시대 마제석부의 제작 공정은 야요이시대의 태형합인석부의 제작기술과 거의 동일하다. 그러나 마제석기는 극히 제한된 기종으로, 죠몽시대의 석 기제작기술 전통의 기본이 타제라는 것은 명확하며 야요이시대의 대륙계마제석기는 그 명칭 그대로 전부 마제의 기술로 만들어진 것이다.

　여기에서는 새로운 기종의 대체가 인정되는 마제석부류와 새롭게 기종이 등장하는 농경구 중 반월형석도에 대해 그 제작 기술을 살펴보겠다.

　죠몽시대와 야요이시대의 마제석부는 양인과 편인으로 구분할 수 있으며, 이중 편 인의 마제석부는 야요이시대에만 확인된다. 죠몽시대의 마제석부는 그 형태에 따라 크 게 2가지의 형식으로 분류할 수 있다(그림 03). 첫 번째는 측면에 면을 형성하고 있는 형태로 定角式磨製石斧로 불리운다. 두 번째는 신부 윗부분에 성형 당시의 고타 흔적 을 그대로 남겨두고 인부 주변만 주로 마연되며 단면형태가 원형에서 타원형을 이루고 있는 乳棒狀磨製石斧가 있다. 그 크기에 따라 소형, 중형, 대형으로 구분되는데, 대형은 벌채구, 소형과 중형은 가공구의 기능을 가지고 있다.

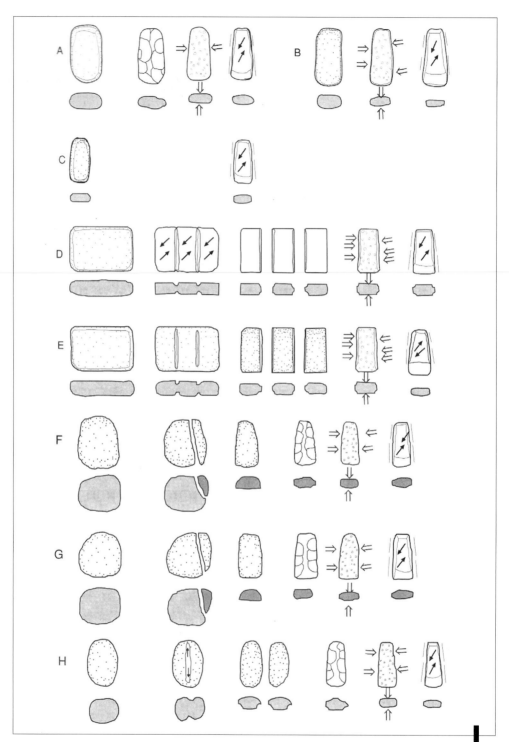

마제석부 제작 과정 모식도(中島庄一 2007) **04**

이와 같은 죠몽시대의 마제석부의 제작 방법은 일반적으로 아래와 같이 이해할 수 있다(그림 04).

간단히 이야기하면 ① 원석의 선택 → ② 박리나 고타 등을 이용해서 전체적인 형태 조정 → ③ 마연의 순이나, ②단계에서 ③단계로 이어지는 타이밍은 매우 다양해서 간단하게 박리한 후에 바로 마연으로 들어가는 것, 기면 전체를 모두 고타로 조정한 후 마연으로 이어지는 것, 극히 일부이기는 하지만 고타 없이 자연석을 그대로 마연하는 것 등 매우 다양하다고 할 수 있다. 그리고 마제석부의 제작 방법 중 특이한 것으로 찰절기법을 들 수 있다. 그림 04는 마제석부의 다양한 제작 기법을 모식도로 표현한 것이다. A는 마제석부의 형태에 가까운 돌을 소재로 선택해, 두께를 줄이기 위한 간단한 박리 후 고타로 정면하고 마연으로 마무리한다. B의 경우는 A와 유사하나 박리를 생략하고 고타 후 마연하는 것, C의 경우는 적당한 크기의 돌을 선택해 박리 및 고타를 생략하고 바로 마연하는 것이다. D는 편평한 형태의 돌을 소재로서 선택한 경우이다. 우선 소재를 마연하여 편평한 판상으로 만든 후, 찰절기법으로 분리한다. 그리고 찰절로 떼어낸 소재의 측면을 고타로 성형한 후 마지막으로 마연 후 전체를 조정한다. E는 D와 비슷한 형태의 돌을 소재로서 선택하나 전면 마연을 한 후 찰절기법에 의해 분리하는 D와 달리 우선 찰절기법으로 분리한 후, 분리된 것을 마제석부의 소재로 삼아 박리, 고타, 마연의 과정을 거치는 것이다. F는 어느 정도 크기가 있는 돌을 소재로 한 경우로, 우선 두꺼운 박편을 떼어내고 박리, 고타, 마연의 순서로 마제석부를 완성하는 경우이다. G의 경우는 F와 거의 동일하나 박리를 생략하고 고타, 마연으로 마제석부를 만드는 경우이다. H의 경우는 우선 큰 돌을 찰절기법에 의해 두 개로 분할한 후 이를 소재로 마제석부를 만드는 경우이다(中島庄一 2007).

이렇듯 죠몽시대의 마제석부는 다양한 기법으로 만들어지게 된다. 목기를 만들기 위해 사용되는 도구로서의 죠몽시대 마제석부는 그러나 야요이시대가 되면 한반도로부터 전래되어 온 대륙계 마제석부류(태형합인석부, 편평편인석부, 주상편인석부)에 대체되게 된다. 이는 석촉에서의 변화와는 전혀 다른 양상을 보여주는 것이다. 석촉의 경우, 대륙으로부터 마제석촉의 기술과 기물이 전래되어 옴에도 불구하고 구주 일부 지역을 제외하고는 수용되지 못하고, 죠몽시대 재지 전통의 타제 석촉이 그대로 잔존하여 야요이시대 중기 이후까지 사용되게 된다.

대륙계 마제석부의 제작과정은 죠몽시대의 그것과 다르지 않다. 적당한 크기의 돌을 선택하여 거칠게 다듬은 후 박리에 의해 조정하고, 고타 후 마연으로 완성한다는 것

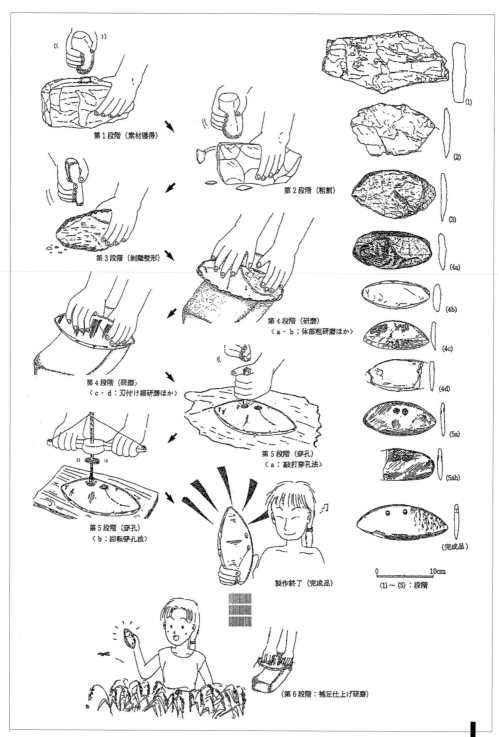

第1段階（素材獲得）

第2段階（粗割）

第3段階（剝離整形）

第4段階（研磨）
〈 a・b：体部粗研磨ほか〉

第4段階（研磨）
〈 c・d：刃付け細研磨ほか〉

第5段階（穿孔）
〈 a：敲打穿孔法〉

第5段階（穿孔）
〈 b：回転穿孔法〉

製作終了（完成品）

（第6段階：補足仕上げ研磨）

(1)

(2)

(3)

(4a)

(4b)

(4c)

(4d)

(5a)

(5ab)

(完成品)

0   10cm

(1)～(5)：段階

반월형석도 제작과정(秋山浩三・仲原知之 1999) O5

은 어쩌면 당연한 것으로 그 기술 자체는 거의 변하지 않는다. 이렇게 새롭게 대체되는 기종에 있어서도 그 제작 기술 자체는 변하지 않으면서 형태만이 조금 변할 뿐이다.

그렇다면 완전히 새롭게 등장하는 반월형석도의 제작 기술은 어떠한가. 반월형석도의 제작 과정은 크게 다음으로 나누어진다(그림 05).

• 구주지방의 반월형석도 제작 과정(酒井龍一 1985) •
① 소재획득(모암에서 박리하든가 비슷한 형태의 돌을 소재로 선택) → ② 거칠게 박리 후 대체적인 형태로 조정 → ③ 천공 과정 ; 신부에 구멍을 뚫는 과정(고타로 움푹 들어가게 한 후 구멍을 뚫거나 바로 기면에서 구멍을 뚫는 두 가지의 경우) → ④ 기면 전체를 지석으로 마연(거친 마연과 세밀한 마연의 두 단계로 구분) → ⑤ 날 부분 마연

• 킨키지방의 반월형석도 제작과정 •
① 소재획득 → ② 거칠게 조정 → ③ 박리 후 조정 → ④ 마연 → ⑤ 천공 → ⑥ 마연 후 완성

위에서 보듯이 그 제작공정은 일률적이지 않으며 지역별로 그 순서가 다르다는 것을 알 수 있다. 킨키지역의 이케가미소네유적(池上曾根遺跡)에서 출토된 수천 점의 반월형석도로부터 그 제작과정을 복원하여 그 차이점을 확인하였는데(秋山浩三·仲原知之 1998·1999), 킨키지방에서는 천공과정을 최종적인 완성작업의 일환으로 하고 있으나 구주지역에서는 천공과정을 최종단계에 두지 않고, 거칠게 연마 → 천공 → 연마로 완성의 과정을 거치고 있다. 천공하기 전에 인부의 마연을 기본적으로 완료하는 킨키지방과는 순서가 다른데, 이것은 단순히 제작공정 순서의 차이 뿐 아니라 구주의 고타천공법과 킨키지방의 회전천공법이라는 기법의 차이를 반영하는 것이다. 그러나 천공기술에 있어서 구주의 고타천공기술과 킨키지방의 회전천공의 기술 차이는 각각의 공구, 기법, 공정에서 확인할 수 있지만 천공단계에서의 실패품이 어느 정도의 비율로 나타나는가라는 점을 생각해 본다면, 회전천공이 기술적으로 발전된 것으로 볼 수 있다. 그러나 석기 제작 기술은 석재 등의 여러 변수가 있기 때문에 그것만으로 킨키지방의 반월형석도 제작이 구주지역보다 발전된 기술을 채택하였다고 말하기는 어려울 것이다.

여하튼 위에서 보았던 반월형석도의 제작 기법 역시 죠몽시대의 석기 제작 기술에서 모두 확인되는 것이다. 죠몽시대에 고타와 마연, 찰절기법이 등장한 정도의 큰 제작 기술의 변화는 확인되지 않는다.

그렇다면 죠몽시대에서 야요이 시대로의 석기 변화, 또는 도구 변화에서 가장 주목할 점은 무엇인가.

4. 선사시대 전환기에 있어 기종의 발생과 재질의 변화

1) 기종의 발생과 재질의 변화

앞에서 살펴보았듯이 죠몽시대에서 야요이시대로의 석기 변화의 특징은 석기 기종의 대체(마제석부류), 새로운 기종의 추가(반월형석도), 기종의 소멸을 들 수 있다.

석기 기종의 대체 및 추가는 모두 대륙계 마제석기에 의한 것으로 수확과 직접 관련된 반월형석도와 석겸[3]의 추가는 당연히 납득할 수 있는 양상이다. 그러나 이전 동일한 기능을 가지고 있었던 죠몽 전통의 마제석부류가 대륙계 마제석부로 대체되게 된 것은 이후에 다루겠지만 농경과 관련된 목기의 도입과 관련된 것으로 이해된다. 동일한 목기를 만드는 목공구이기는 하였지만 죠몽시대의 마제석부가 제작에 사용되는 목기와 야요이시대에 들어와 주로 만들게 되는 목기의 양상이 전혀 달라지면서, 그에 따른 목공구 역시 목기의 도입과 함께 전파되어 온 도구가 확산된 것으로 이해할 수 있다. 이것은 기종의 소멸과 함께 이해될 수 있다. 기종이 소멸되는 것은 토굴구인 타제석부와 의례용 석기인 석봉이다. 이 중 타제석부는 목기로 대체되는 것으로 이해된다. 즉 동일한 기능을 가진 도구가 석재에서 목재로 바뀌는 것을 상정할 수 있다. 이렇게 도구 자체의 재질이 완전히 바뀌는 것을 하나의 변화로 들 수 있다. 또 다른 재질의 변화는 동일한 석재이기는 하지만 원석의 석재 자체가 변화하는 경우이다. 여기에서는 우선 죠몽과 야요이시대의 목기를 살펴보고 석재의 변화로 나누어 살펴보겠다.

2) 석기에서 목기로

죠몽시대 및 야요이시대의 목기는 그 재질의 특성상 석기나 토기와 같이 많은 양의 유물이 출토되지는 않지만, 선사시대 사람들의 생업 복원에는 빠질 수 없는 것이 목기 또는 목제품이다. 목제품은 다음과 같이 분류될 수 있다.

---

3 일본 열도 전체에 걸쳐 확산된 반월형석도와 달리 석겸은 구주 일부 지역을 제외하고는 거의 수용되지 않았다.

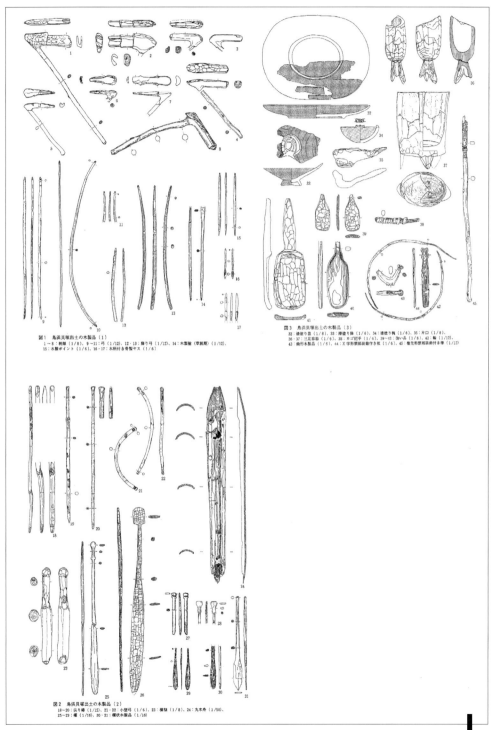

図1 鳥浜貝塚出土の木製品（1）
1〜8：柄鎬（1/8）、9〜11：弓（1/12）、12・13：飾り弓（1/12）、14：木製櫂（草創期）（1/12）、
15：水聟ポイント（1/6）、16・17：木柄付き骨製ヤス（1/6）

図3 鳥浜貝塚出土の木製品（3）
32：漆塗り皿（1/8）、33：漆塗り鉢（1/6）、34：漆塗り杷（1/6）、35：片口（1/8）、
36・37：三足容器（1/6）、38：カゴ把手（1/6）、39〜41：漉い皿（1/12）、42：輪（1/12）、
43：鉤形木製品（1/6）、44：X字形装飾装着付き板（1/6）、45：樋先形装飾装着付き棒（1/12）

図2 鳥浜貝塚出土の木製品（2）
18〜20：尖り棒（1/12）、21・22：小型弓（1/6）、23：横槌（1/8）、24：丸木舟（1/50）、
25〜29：櫂（1/15）、30・31：櫂状木製品（1/16）

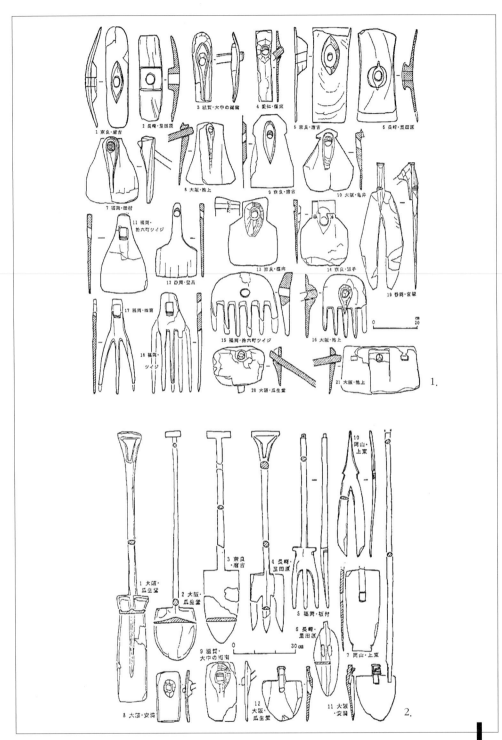

야요이시대 목제 농경구(1. 괭이, 2. 가래 각종 : 口崎直 1985)　**07**

① 단독으로 하나의 제품으로 사용되는 것(용기 등)
② 나무와 나무를 결합하여 하나의 도구의 형태를 가지는 것
③ 석기 등을 장착하기 위한 병부(마제석부 병부 등)
④ 구조물 등에 사용되는 것(주거지 등에 사용되는 부분)

　아직까지 많은 양의 목제품의 용도 등에 대해서 알려져 있지 않지만 다음의 것이 중요한 목제품이다. 석부자루, 활, 용기, 통나무배(노 포함) 등이 대표적인 죠몽시대의 목제품이다. 물론 이외에도 수혈주거지에 사용되는 목재 등도 이 시대의 목제품에 해당된다(그림 06). 야요이시대에 들어와서도 목기는 다양한 종류가 제작, 사용된다. 석기와 마찬가지로 목기 역시 죠몽시대로부터의 전통을 그대로 이어가는 것과 새롭게 대륙으로부터 전파되어 온 것으로 구분해서 볼 수 있다. 전자의 것으로는 마제석부의 병부나 용기류 등을 들 수 있으며 제작 기법 역시 죠몽시대부터의 기법을 그대로 따르고 있다. 후자의 경우는 농경과 관련된 것이 대표적인 것으로 이는 도작농경과 함께 일시에 전파된 것이다. 이 중 대표적인 것이 괭이(鍬)와 가래(鋤)이다(그림 07). 야요이시대의 목제 농경구는 1930년대 奈良縣 唐古·鍵유적에서 발견되면서부터 널리 알려지게 된다. 일반적으로 가래와 괭이는 장착각도가 직각 또는 예각을 이루면 괭이, 병부와 일직선을 이루거나 둔각을 이루고 있으면 가래로 이야기한다. 가래와 괭이 모두 경작에 사용되는 도구로 죠몽시대의 타제 석부에 해당하는 기능을 가지고 있는 것이다. 이러한 목제 농경구가 대륙으로부터 도작 농경과 함께 전래되어 오면서 타제석부를 대체하는 것이다. 물론 죠몽시대의 전작과 야요이시대의 수전작이라고 하는 농경 방식의 차이에 따라 사용되는 도구가 변화한 것으로 볼 수도 있을 것이다. 여하튼 당시의 생업경제에서 중요한 역할을 담당하고 있던 굴지구는 기종의 변화와 더불어 석재에서 목재로의 재질 변화가 가장 눈에 띄는 특징이라고 할 수 있다.

3) 석재의 변화

　위의 경우와는 다른 재질의 변화로 석기 제작에 사용되는 석재의 선택적 사용을 들수 있다. 석기를 제작하는 경우 항상 주변에서 쉽게 얻을 수 있는 석재를 사용하는 것은 아니다. 기종의 형태 또는 용도에 따라서 그에 적합한 석재를 선택하는 경우가 일반적이다. 그러나 여기에서 문제가 되는 것은 당시의 사람들이 원하는 석재가 언제나 주변

에서 쉽게 구할 수 있는 것은 아니라는 점이다. 그러한 경우 선사시대인은 주변에서 적합한 유사한 석재로 석기를 제작하거나 멀리 떨어져 있는 곳으로부터 석재 원석 또는 석기를 입수하게 된다. 석재 재질의 변화는 이러한 물리적인 조건 외에도 사회적인 조건에 의해서도 변하게 된다(이기성 2006).

특히 이것은 위에서 살펴본 타제석기와 마제석부에서 뚜렷하게 그 양상의 차이를 확인할 수 있다. 타제석기의 경우 앞에서 언급한 것처럼 죠몽시대에서부터 야요이시대 중기까지 제작기술과 더불어 기종 역시 지속적으로 사용된다. 타제석기의 경우 일본에서 일반적으로 사용되는 석재는 黑曜石, 頁巖, 安山巖의 일종인 사누카이트(サヌカイト) 등이 있다. 近畿地方의 경우 죠몽시대부터 야요이시대까지 사누카이트가 사용되는데, 기술전통이 양 시대에 걸쳐서도 일관되게 유지된다는 것과 같은 맥락에서 이해할 수가 있다. 그러나 대륙계 마제석부로 대체되는 석부류의 경우는 그 차이를 가지고 있다.

近畿地方의 죠몽시대 마제석부는 이전부터 사문암제 석재가 잘 알려져 있었다. 사문암제 마제석부는 富山縣 지역이 원산지로 그 지역에서 제작되어 近畿地方까지 확산된 것으로 알려져 있다(山本正敏 1990). 그러나 일부를 제외한다면 대개 사암, 응회암, 반려암 등 유적 주변에서 구할 수 있는 석재로 만들어지게 된다. 이러한 양상은 야요이시대로 넘어가게 되면 조금 달라지게 된다. 태형합인석부는 죠몽시대의 마제석부와 동일하게 안산암, 응회암, 섬록암 등 유적 주변에서 쉽게 구할 수 있는 석재를 사용하고 있지만, 야요이시대에 들어와 새롭게 등장하는 편인석부류는 특정 석재로 한정되게 된다. 편인석부류는 지역에 따라 조금씩 다르기는 하지만 점판암, 녹색편암을 주로 사용하게 되며, 태형합인석부와는 석재의 산지와 상당한 거리에 있는 유적에서도 이러한 특정 석재의 편인석부가 확인된다(그림 08).

이것은 반월형석도에서도 명확히 알 수 있다. 필자는 이전 일본 近畿地方에서의 석재 변화를 검토하였는데(이기성 2006), 그중 반월형석도에 관련된 부분을 간략하게 요약하면 다음과 같다. 반월형석도는 죠몽시대에는 전혀 존재하지 않았던 기종으로 한반도로부터 도작농경과 함께 九州地方, 瀨戶內地方을 거쳐 近畿地方으로 들어오게 된다. 近畿地方에 정착된 반월형석도는 거의 전부라 해도 좋을 정도로 특정 석재만이 사용된다. 야요이시대 전기에는 결정편암, 점판암, 유문암제의 반월형석도가 사용되는데, 이 중 결정편암은 오사카 남부, 중부, 북부 전지역에 걸쳐 확인되며, 점판암은 오사카 북부와 중부지역, 유문암은 중부지역에 분포한다. 그리고 결정편암, 점판암, 유문암 등은 그 원산지 주변에 대규모의 거점 취락이 위치하고 있으며 그 거점 취락이 이 석재의 입수

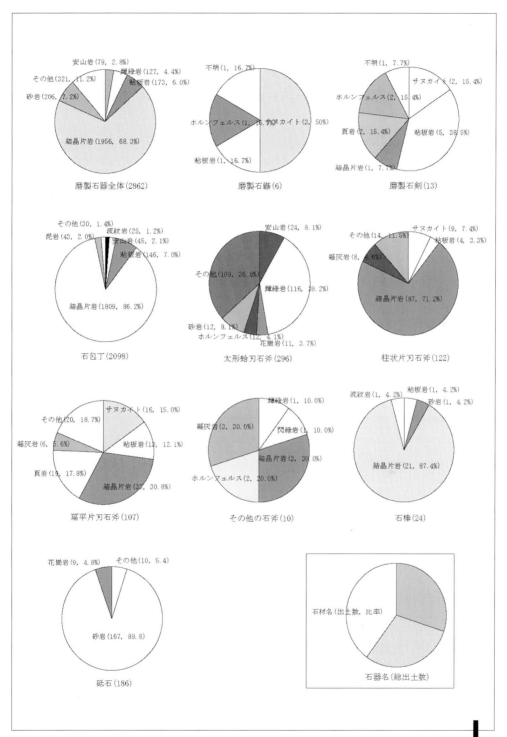

安山岩(79, 2.8%)
輝緑岩(127, 4.4%)
その他(321, 11.2%)
粘板岩(173, 6.0%)
砂岩(206, 7.2%)
結晶片岩(1956, 68.3%)
磨製石器全体(2862)

不明(1, 16.7%)
ホルンフェルス(1, 16.7%)サヌカイト(3, 50%)
粘板岩(1, 16.7%)
磨製石鏃(6)

不明(1, 7.7%)
サヌカイト(2, 15.4%)
ホルンフェルス(2, 15.4%)
頁岩(2, 15.4%)
粘板岩(5, 38.5%)
結晶片岩(1, 7.7%)
磨製石剣(13)

その他(30, 1.4%)
泥岩(43, 2.0%)流紋岩(25, 1.2%)
安山岩(45, 2.1%)
粘板岩(146, 7.0%)
結晶片岩(1809, 86.2%)
石包丁(2098)

安山岩(24, 8.1%)
その他(109, 36.8%)
輝緑岩(116, 39.2%)
砂岩(12, 8.1%)
ホルンフェルス(12, 4.1%)
花崗岩(11, 3.7%)
太形蛤刃石斧(296)

その他(14, 11.5%)サヌカイト(9, 7.4%)
粘板岩(4, 3.3%)
凝灰岩(8, 6.6%)
結晶片岩(87, 71.2%)
柱状片刃石斧(122)

その他(20, 18.7%)サヌカイト(16, 15.0%)
凝灰岩(6, 5.6%)
粘板岩(13, 12.1%)
頁岩(19, 17.8%)
結晶片岩(32, 30.8%)
扁平片刃石斧(107)

輝緑岩(1, 10.0%)
凝灰岩(3, 30.0%)閃緑岩(1, 10.0%)
結晶片岩(3, 30.0%)
ホルンフェルス(2, 20.0%)
その他の石斧(10)

流紋岩(1, 4.2%)粘板岩(1, 4.2%)
砂岩(1, 4.2%)
結晶片岩(21, 87.4%)
石棒(24)

花崗岩(9, 4.8%)その他(10, 5.4)
砂岩(167, 89.8)
砥石(186)

石材名(出土数, 比率)
石器名(総出土数)

및 유통을 담당하게 되는 것이다.

　이렇듯 생업 방식의 변화에 따라 새로운 기종의 석기가 필요하게 되고, 그에 따라 이전에는 사용되지 않았던 새로운 석재가 사용되며, 이는 거점 취락 등에 의해 제한적으로 운용되었던 것이다.

5. '도구론'으로서의 석기 연구

　고고학에서의 도구는 「인간의 신체적 능력, 특히 손발이나 치아 등의 기능의 보조수단으로서 사용되는 물건의 총칭(人間の身體的能力、特に手足や齒などの機能の補助手段として使用する器物の總稱, 菊地徹夫 1979)」으로 이야기된다. 이러한 의미에서 본다면 선사시대의 도구는 토기, 석기, 목기, 골각기 등 그 포함하는 범위가 매우 넓다고 할 수 있다. 그러나 현재의 고고학 연구에서는 유물의 경우, 토기 전공자, 석기전공자, 목기전공자(한국의 경우는 아직 그 수가 매우 적지만) 등으로 구분되어 진다. 출토되는 유물의 종류와 수가 한국에 비해 훨씬 더 다양하고 많은 일본의 경우 각 분야 전공자의 다른 분야에 대한 지식의 부족은 점차 더 심해지고 있다고 할 수 있다.

　야요이시대의 석기연구에서 명확한 명칭을 가지고 제창된 것은 아니지만 '도구론' [4]에 관련된 이야기가 나온 것은, 야요이시대 문화 성립에 있어 석기의 변화는 앞에서 살펴보았듯이 석기 자체만으로 볼 것이 아니라 목기 역시 포함해야 할 것이며, 이것은 금속기가 등장하는 야요이시대 중기 이후가 되면 석기, 금속기, 목기 등을 모두 종합적으로 검토해야 한다는 인식을 그 배경으로 하고 있다. 즉 타제석부가 죠몽시대에 비해 점차 소멸되는 것은 땅을 파거나 가는 작업 또는 그러한 도구의 필요성이 없어진 것이 아니라 도작 농경에 의해 오히려 더욱 필요성이 증대되게 되고, 그에 적합한 목제 토굴구 역시 등장하게 되었다는 것이다. 즉 토굴구의 경우 새로운 기종 또는 기형의 변화가 아니라 완전한 재질의 변화가 있었다는 것, 그리고 석기 조성만을 따지게 되면 극단적으

4　일본고고학에서 도구는 기술의 발전이라는 측면에서 주로 이야기되어 왔으며(佐原眞 2005), 최근에 와서는 타제석기를 중심으로 도구의 기능분화와 더불어 도구 제작의 조직화라는 측면에서 연구가 진행되고 있기도 하다(阿子島香 2007).

로는 토굴의 기능을 가진 도구가 없어졌다고 판단할 수도 있게 된다. 이러한 점을 방지하고 죠몽시대에서 야요이시대로의 전환에 있어서 도구의 변화를 파악하기 위해, 목기 역시 조성의 변화를 포함해 검토해야 한다는 점을 그 중요한 포인트로 두고 있는 것이다. 이것은 석기와 목기의 관계 뿐 아니라 토기와 목제 용기의 관계에도 역시 그러한 점을 생각해 볼 수 있다.

이러한 점을 고려해서 토기와 목기, 이후에는 금속기 등을 모두 고려해 전체적인 도구 양상을 파악해야 할 것이다. 이것은 석기가 일반적인 연구 대상인 선사시대에서 목기가 많이 고려되지 않는 것과 마찬가지로 금속기가 사용되는 시기에 지석과 같은 석기가 거의 고려되지 못하고 있다는 점 역시 동일한 문제점으로 지적할 수 있다.[5]

그러나 여기에도 역시 문제점은 있다. 기본적으로 석기의 조성은 특정 기종 또는 기형의 유무를 가지고 이야기하는 경우도 있으나 일반적으로는 출토 수량을 가장 기초적인 정보로 하고 있다. 그러나 석기와 목기는 그 재질 만큼이나 잔존율에 있어 큰 차이를 보이고 있기 때문에 단순 출토 수량을 가지고 석기와 비교할 수는 없을 것이다.

6. 결론

이상에서 일본 죠몽시대와 야요이시대의 석기를 대상으로 기종 구성, 제작 기술의 변화를 살펴보고, 그 중 도구의 변화에 있어서 사용 석재를 포함한 재질의 변화를 중심으로 검토하고, 도구의 연구에 있어서는 특정 재질의 도구 - 석기, 목기, 청동기 등의 구분된 연구가 아닌, 당시의 문화에서 사용된 모든 재질의 도구를 고려한 '도구론' 의 측면에서 접근해야 할 것임을 지적하였다.

지금까지 살펴본 일본 고고학에서의 연구 경향은 아직까지 여러 가지 면에서 한국 고고학에 그대로 적용하기는 어려운 것이 사실이다. 최근에 무문토기시대 목기의 출토

---

5 석기의 소멸과 더불어 금속기가 등장하는 과정에 대해서는 아직까지 명확하지 않다. 석기 기종에 따라 소멸되는 시기는 서로 다르며, 또한 석기의 소멸과 금속기의 등장에 있어서는 일정 정도의 시간적인 공백이 존재하고 있다. 이러한 점을 일본에서는 '보이지 않는 철기(見えざる鐵器)' 로 이야기 하고 있다(禰宜田佳男 1998).

가 늘어나고 있기는 하지만 아직 석기와 비교할 정도는 되지 못하고 있다는 점, 그리고 무엇보다도 가장 중요한 점은 석기의 세부 편년이 결정되지 못해 석기 조성의 비교에 있어 대략적인 경향성 밖에 알 수 없다는 점을 들 수 있을 것이다.

그러나 위와 같은 문제점은 시간의 흐름에 따라 연구결과가 축적되면 일정 부분 해결 될 수 있는 것으로 기왕에 이루어지고 있는 일본 고고학의 연구방향과 사례를 파악하는 것은 매우 중요한 선행 작업이라고 할 수 있다.

參考文獻

참고문헌

이기성, 2006, 「석기석재의 선택적 사용과 유통 - 일본 오사카평야 지역을 중심으로」, 『湖西考古學報』15.

이기성, 2008, 「일본 죠몽·야요이전환기의 석기변화 - 킨키지방(近畿地方)을 중심으로」, 『한국상고사학보』59.

家根洋多, 1984, 「繩文土器から彌生土器へ」, 『繩文から彌生へ』, 帝塚山考古學研究所.

高橋健自, 1908, 「熱田貝塚の發見につきて」, 『考古界』7-2.

關西繩文文化研究會, 2004, 『繩文時代の石器Ⅲ - 關西の繩文後期·晚期』, 關西繩文文化研究會.

國立歷史民俗博物館, 1996·1997, 『農耕開始期の石器の組成』1~4.

菊地徹夫, 1979, 「道具」, 『世界考古學事典』.

禰宜田佳男, 1998, 「畿內地域『特集』地域ごとの石器使用の終焉」, 考古學ジャーナル 433.

大山柏, 1927, 『神奈川縣下新磯村字勝坂遺物包含地調查報告』, 史前研究會.

大野雲, 1902, 「埴甕土器に就いて」, 『東京人類學雜誌』17-192.

大野雲, 1907, 「銅鏃に就いて」, 『東京人類學雜誌』22-253.

藤森榮一, 1950, 「日本原始陸耕の諸問題」, 『歷史評論』4-4.

網谷克彦, 2007, 「木器製作のムラ」, 『繩文時代の考古學 6 ものづくり』.

梅崎惠司, 1989, 「福岡縣北九州市の彌生時代石器の素材」, 『研究紀要』第13號.

梅崎惠司, 2000, 「彌生時代北部九州市の今山型と高槻型伐採石斧の生産と流通」, 『大塚初重先生頌壽記念考古學論集』.

梅原末治, 1922, 「鳥取縣下に於ける有史以前の遺跡」, 『鳥取縣史蹟勝地調查報告』1.

埋藏文化財研究會, 1992, 『彌生時代の石器 : その始まりと終わり』第 1 部第 1 分冊~第 2 部第 6 分冊.

白井光太郎, 1886, 「中村里介塚」, 『人類學會報告』4號.

山口讓治, 1988, 「繩文と彌生の石器」, 『季刊考古學』23.

山內淸男, 1934, 「石包丁の意義」, 『ドルメン』3-11.

山本正敏, 1990, 『北陸自動車道遺跡調查報告 -朝日町編 5 -』富山縣教育委員會.

森本六彌, 1929, 『日本靑銅器時代地名表』.

森本六彌, 1934, 「石包丁の諸形態と分布」, 『考古學評論』第 1 輯.

森貞次彌 · 岡崎敬, 1961, 「福岡板付遺跡」, 『日本農耕文化の生成』.

石川日出志, 1994, 「東日本の大陸系磨製石器」, 『考古學研究』41-2.

小林康男, 1983, 「組成論」, 『繩文文化の研究』7.

小田富士雄, 1986, 「北九州における彌生時代文化の出現序說」, 『九州文化史研究所紀要』31.

蒋田鎗次郎, 1896, 「彌生式土器(貝塚土器に以て薄手ものも)發見に付いて」, 『東京人類學雜誌』11 -122.

蒋田鎗次郎, 1902, 「大野雲氏の埴瓮說について」, 『東京人類學雜誌』17-196.

阿子島香, 2007, 「技術組織論と技術構造論」, 『考古學ジャーナル』560.

鈴木次郎, 1983, 「打製石斧」, 『繩文文化の研究』第7卷, 道具と技術.

鳥居龍藏, 1908, 「滿洲の石器時代遺跡と朝鮮の石器時代遺跡との關係に就いて」, 『東京人類學雜誌』262.

鳥居龍藏, 1917, 「畿內の石器時代に就いて」, 『人類學雜誌』32-9.

佐原眞, 2005, 『道具の考古學』.

酒井龍一, 1985, 「磨製石包丁」, 『彌生文化の研究』5, 道具と技術.

中山平次郎, 1917, 「九州北部に於ける先史原始兩時代中間期間の遺物について」, 『人類學雜誌』32-9.

中島庄一, 2007, 「磨製石斧の製作」, 『繩文時代の考古學』6 , ものづくり.

泉拓良, 1991, 「彌生時代はいつ始まったか」, 『爭点 日本の歷史①』.

秋山浩三 · 仲原知之, 1998, 「近畿における石包丁生産 · 流通の再檢討(Ⅰ) -池上曾根遺跡の石包丁製作
　　　　工程-(上)」, 『大阪文化財研究』第15號.

秋山浩三 · 仲原知之, 1999, 「近畿における石包丁生産 · 流通の再檢討(Ⅰ) -池上曾根遺跡の石包丁製作
　　　　工程-(下)」, 『大阪文化財研究』第17號.

土屋みづほ, 2004, 「彌生時代のおける石器生産と流通の變遷過程 -東北部九州を中心として-」, 『考古學
　　　　研究』50-4.

八木裝三郎, 1906, 「中間土器(彌生式土器)の貝塚調査報告」, 『東京人類學雜誌』22-248.

平井勝, 1991, 『彌生時代の石器』.

下條信行, 1977, 「九州における大陸系磨製石器の生産と展開」, 『史渕』114.

下條信行, 1984, 「彌生時代石器生産體制の評價」, 『古代學論叢』.

下條信行, 1986, 「日本稻作受容期の大陸系磨製石器の展開」, 『九州文化史研究紀要』31.

黑崎直, 1985, 「くわとすき 彌生文化の研究」5, 道具と技術Ⅰ.

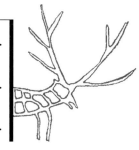

05 한국 선사시대 사회와 문화의 이해

수렵·채집 경제에서 농경·목축 경제로의 轉移 과정에 대한 이론적·방법론적 고찰

이 준 정 서울대학교

1. 서론

　한반도의 선사시대를 이해하는 데 있어 가장 핵심적인 연구 주제를 하나만 꼽으라고 한다면, 많은 연구자들이 서슴없이 '농경 사회의 출현' 또는 '도작 농경의 시작', '수도작의 도입 및 전파' 등과 관련된 주제를 열거할 것이다. 이는 또한 '신석기시대에서 청동기시대로의 전환 과정'이나 '송국리 문화의 기원 및 전개'와 같이 최근 한국고고학계에서 많이 다루고 있는 주제들과도 밀접하게 연결되어 있다.

　사실 '농경의 기원 및 전개 과정'에 대한 연구는 '인류의 기원과 진화', 그리고 '계급과 국가의 발생'과 더불어 고고학에서 다루는 다양한 연구 주제 가운데 가장 핵심적인 위치를 차지하여 왔기에, 한반도를 넘어 전 세계적으로 인류문화사를 이해하는 데 있어 중요한 주제로 다루어져 왔다. 이러한 사실은 이 주제와 관련하여 전 세계적으로 많은 학문적 논의와 구체적인 연구 결과가 축적되어 왔음을 의미한다.

　'농경의 기원'을 밝히려는 학문적 시도는 19세기 중반에 고고학과 생물학 분야가 공동으로 시작한 이래, 주로 '언제', '어디서', '어떤 種'으로 농경이 시작되었는지와 같은 기본적인 사실을 밝히는 데 역점을 두고 진행되어 왔다. 전 세계적으로 많은 자료가 축적된 1980년대 이후에는 '채집경제에서 생산경제로의 전이 과정'이 '어떻게' 진행되었는지, 그리고 이러한 생계경제의 근본적인 변화가 '왜' 일어났는지 등의 새로운 주제로 학문적 관심이 이동하게 된다. 특정 지역에서 농경이 전격적으로 시작된 시점을 밝히고자 했던 '起源'의 관점에서, 생계경제 양식의 변화 과정을 통시적으로 연구하는 맥락에서 수렵·채집인들이 무엇 때문에, 어떤 과정을 거쳐서 농경·목축을 시작하게 되었는가를 밝히고자 하는 '轉移'의 관점으로 연구의 주제가 전환된 것이다.

한국고고학계의 '농경의 기원'에 대한 연구는 최근 수년 간 식물유존체 자료에 대한 분석 결과가 축적되면서 그 어느 때보다도 탄탄한 연구 기반이 마련되었다. 그러나 이러한 분석 결과를 토대로 한반도에서 농경이 어떻게 시작되고 전개되었는지를 논의하는 연구는 아직 미흡한 상태이다. 이는 한편으로는 학계 전반에 걸쳐 채집경제에서 생산경제로의 전이 과정에 대한 이론적·방법론적 이해가 미진하기 때문이며, 다른 한편으로는 농경의 생계경제적인 측면과 사회·정치적인 측면에 대한 이해가 포괄적으로 이루어지지 못한 채 어느 한 측면만을 강조하는 연구가 각각 이루어지고 있기 때문이라고 판단된다.

이 글에서는 이러한 문제의식에 기초하여, '채집경제에서 생산경제로의 전이 과정'이라는 연구 주제를 다루는 데 있어 필수적인 이론적·방법론적 측면을 살펴보고자 한다. 특히 학계 전반에 걸쳐 서로 다른 용어 및 개념이 혼용되면서 혼란을 불러일으키고 있는 사실을 주시하며, 본 연구 주제와 관련된 주요 개념 및 용어에 대한 고찰을 강조하고자 한다. 이러한 개념 및 용어에 대한 이해는 실제 채집경제에서 생산경제로의 전이 과정이 어떻게 이루어지는지를 이해하는 데 결정적인 역할을 할 것인데, 인근 중국대륙 및 한반도의 고고학적 사례에 이를 대입하여 살펴봄으로써 구체적이고 실질적인 이해를 돕고자 한다.

2. 주요 개념

1) 재배종화, 경작, 농경

농경과 관련하여 반드시 이해해야 하는 핵심적인 개념으로 재배종화(domestication), 경작(cultivation), 그리고 농경(agriculture)을 들 수 있으며, 각각의 개념을 구분하여 실제 고고학적 사례를 살펴보는 관점이 필요하다.[1]

먼저, 栽培種化(domestication)[2]란 야생의 식물이 인간의 개입에 의해 유전적 형질과 외형적 형태에 변화를 일으켜 새로운 種으로 변모하는 생물학적 과정을 의미한다. 많은 연구 결과가 축적된 서남아시아의 밀과 중앙아메리카의 옥수수의 예를 살펴보면, 야생종과 재배종의 차이를 구체적으로 알 수 있다. 예를 들어, 밀의 경우 이른바 '비옥한 초승달 지역'의 산간 지대에서 자연 서식하던 야생밀을 인간이 지속적으로 채집하는 과정에서 비교적 이삭의 크기가 크며, 이삭이 줄기의 윗부분에 집중되어 있고 낟알이 쉽게 흩어지지 않아 수확에 유리한 개체들이 다른 개체들에 비해 선호되며, 그 결과 이러한 형질이 발달되는 방향으로 유전적 변화가 일어나게 된다. 이 과정이 오랜 기간에 걸쳐 축적되면서 밀은 이전의 야생종과는 확연히 구별되는 새로운 재배종으로 변모하게 되는데 이 과정이 곧 재배종화이다(Hillman and Davies 1990, Zohary 1996).

반면, 耕作(cultivation)이란 야생종이든 재배종이든 상관없이 특정 식물군의 생장 환경을 조작하는 인간의 문화적 행위를 의미한다. 이러한 경작의 증거는 수렵·채집 경제에서도 다양하게 확인되는데, 소극적으로는 다른 종류의 식물을 제거하는 것으로부터 시작해서 적극적으로는 야생식물을 파종하거나 옮겨 심고 물을 대는 작업에 이르기까지 다양하다(Harris and Hillman 1989). 식물의 재배종화는 이러한 경작 행위의 결과로 일어나는 것이지만, 경작 자체는 야생식물을 대상으로 할 수도 있다는 점을 유의할 필요가 있다.

마지막으로 農耕(agriculture)은 생계의 전부 또는 대부분을 작물(재배종화된 식물)에 의존하는 생산경제 체계를 가리킨다. 경작과 비교하면, 이미 재배종화가 되어 그 생육 과정을 인간에게 의존하게 된 식물을 대상으로 하는 경우만을 일컫는다는 점에서 차이가 있을 뿐만 아니라, 본격화된 생산경제 체계를 일컫는다는 점에서도 근본적으로 구분된다.

재배종화, 경작, 농경의 개념을 구분하여 이해하는 것은, 농경의 발생 과정을 오랜 기간에 걸쳐 이루어진 연속적 과정으로 파악하기 위해 특히 중요하다. 이와 관련하여 데이비드 해리스(David R. Harris)는 소규모 경작(small-scale cultivation), 대규모 경작(larger-scale cultivation), 그리고 농경(agriculture)이라는 개념을 사용하여 농경으로의

---

1 이하의 내용은 李俊貞(2001)을 토대로 하였으며, 기본 개념에 대한 다양한 의견 가운데 Harris(1996b)와 Price and Gebauer(1995)를 따랐다.
2 이 글에서는 식물의 재배종화 과정과 동물의 가축화 과정을 서로 다른 용어로 구분하여 표현하였으나, 생물학적 용어로는 馴化(domestication)라는 동일한 개념이다.

전이 과정을 연속적인 시각으로 바라볼 수 있는 틀을 제시하였다(Harris 1989 · 1996a · 1996b). 소규모 경작이란 아직 야생식물의 채집이 절대적 비중을 차지하고 있는 가운데 그 중 일부의 식물에 대해 특별히 개간한 지역에서 재배를 하는 경우를 일컫는다. 대규모 경작은 이러한 재배의 범위가 좀더 확대되는 경우이다. 이때는 소규모 경작보다 야생식물의 이용도는 감소하는 반면 재배 식물의 이용도는 증가한다. 이에 비해 농경은 재배종화된 식물이 생계의 전부 또는 대부분을 차지하게 되는 경우를 일컫는다.

여기서 특히 주목해야 할 점은, 각 과정은 하나의 독립적인 단계가 아니라, 연속선상에서 농경의 전이 과정을 이해하기 위한 연속적 단계(continuum)로 설정하고 있다는 점이다. 농경으로의 전이는 단기간에 갑작스럽게 이루어진 '혁명'이 아니라, 오랜 기간에 걸쳐 여러 다양한 단계를 거치면서 일어난 과정임을 고려해야 한다는 사실을 강조하고 있는 것이다.

2) 가축화, 사육, 목축

한국 고고학계에서는 농경의 개시 및 전개 과정에 대하여는 많은 논의가 이루어지고 있는데 반해 가축 사육의 문제에 대해서는 농경과 동시에 전개되었으리라는 막연한 추정 속에 별다른 관심을 받지 못하고 있다.[3] 그러나 생산경제로의 전이 과정을 온전히 이해하기 위해서는 가축 사육의 문제는 반드시 함께 살펴보아야 할 연구 주제이다.[4]

가축이란 인간에 의해 서식환경, 먹이, 번식 과정 등이 관리된 결과, 야생의 原型種과는 확연히 구별되는 형질적, 생리적, 행동적 특성을 지닌 새로운 종으로 변화된 동물을 일컫는다(Clutton-Brock 1999 : 29~39). 식물의 경우와 유사하게, 목축으로의 전이

---

3 지역에 따라 다소 차이가 있기는 하나 대부분 야생식물의 재배종화가 다소 일찍 시작되며 뒤이어 야생 동물을 길들여 가축화하는 양상이 관찰된다. 그러나 다양한 식물에 대한 재배종화가 이루어진 이후에도 동물에 대한 가축화는 전혀 시도되지 않은 경우도 있고, 가축 사육이 작물 재배보다 훨씬 먼저 이루어진 경우도 있다. 또한 순화 과정이 독립적으로 이루어진 1차 중심지가 아닌, 외부에서 순화종 또는 순화에 대한 개념이나 기술 등이 전해진 지역의 경우는 여러 환경적, 기술적, 문화적, 사회적 원인으로 인해 특정 작물이나 가축이 선택적으로 전달되거나 선택적으로 수용되는 경우가 많다(Smith 2001 등). 따라서 특정 지역에 작물과 가축이 항상 동시에 등장하는 것은 아니다.
4 이하의 내용은 이준정(2009)을 토대로 하였다.

과정은 가축화, 사육, 목축이라는 각각 생물학적, 문화적, 사회·경제 체계적 개념으로 구분되며, 이 과정 또한 연속적인 단계로 이해하는 것이 필요하다.

동물의 가축화 과정은 식물의 재배종화 과정에 비해 더욱 복잡한 양상을 띠는데, 種에 따라, 또는 지역 및 시대에 따라 다양하기는 하나 주로 인간이 야생동물의 일부를 자연적인 무리에서 고립시켜 먹이를 제공하고 보호하면서 번식 과정에 개입하여 특정 형질을 인위적으로 선택하는 과정을 통해 이루어진다. 이 과정에서 야생동물의 행동, 형질, 생리 등에 변화가 발생하며, 궁극적으로는 야생종과 구별되는 특성들이 특화되어 유전적으로 구분되는 사육종이 탄생된다. 종에 따라 차이가 있기는 하나 대부분의 경우 공격성과 경계심의 감소, 힘과 속도의 감소, 전체 또는 특정 부위의 크기 감소, 지방 함량의 증가, 털의 질 개선, 젖의 양 증가, 질병에 대한 반응 변화 등이 일어난다(Clutton-Brock 1999 : 29-48, Reitz and Wing 1999 : 279-305, Zeder 2006b).

이러한 다양한 변화 양상은 일률적으로 진행되는 것이 아니라, 가축화 과정의 각각 다른 시점에 각각 다른 속도로 이루어진다. 일부 양상은 가축화 과정 초기에 급속히 이루어지는가 하면, 어떤 양상은 가축화 과정이 진행되면서 서서히 변화되는 경우도 있다. 또한 종에 따라 다르게 나타나며, 동일종이라 할지라도 인간의 개입 정도에 따라 다양한 양상을 보이기도 한다(Zeder 2006b 등).

3. 주요 방법론의 한계와 대안

1) 야생종과 순화종의 판별 기준

식물의 경우이든 동물의 경우이든 야생종이 순화종으로 순화되는 과정은 오랜 기간에 걸쳐 이루어진다. 따라서 순화 과정이 일어나기 전과 순화 과정이 완료된 이후에는 완전한 야생종과 완전한 순화종의 원형을 찾을 수 있으나, 그 과정이 진행되는 기간에는 야생종과 순화종의 중간 단계에 해당하는 형태가 수없이 관찰된다. 이로 인해 고고학 유적에서 출토된 식물유존체나 동물유존체 자료를 통해 야생종인지 순화종인지를 구분하는 것은 결코 쉽지 않은 작업이다.

한반도의 경우, 초기 농경의 대상인 작물(조, 기장, 쌀, 보리, 밀 등) 대부분이 한반도 내에 야생종이 서식하지 않았으며 순화 과정이 한반도 내에서 이루어지지 않았기 때문에 유적에서 출토되었을 경우 야생종인지 순화종인지를 판별하는 문제로 고민할 필요가 별로 없다. 그러나 동물의 경우는 개, 소, 말 등 대부분의 경우는 작물과 마찬가지로 별 문제가 없으나, 야생종인 멧돼지가 서식할 뿐만 아니라 수렵의 주 대상이었다는 점으로 인해 사육종 돼지의 경우는 야생종과의 구분에 유의할 필요가 있다. 따라서 돼지(*Sus scrofa*)의 예를 들어, 야생종과 순화종의 판별에 관련된 문제를 살펴보자.

고고학 유적에서 출토된 동물유존체가 야생종인지 사육종인지를 가려내기 위해서는 보통 유전적인 요인에 의해 결정되는 부위의 특징을 관찰하고 그 크기를 측정하는 생물측정학적 방법을 이용한다. 가장 적극적으로 활용되는 방법은, 가축은 야생의 원형종에 비해 형태적인 측면에서 크기의 소형화와 골격의 연약화가 이루어진다는 특징에 기초한다. 특히 두개골, 치아, 사지골의 특정 부위를 측정하여 사육종과 야생종을 구별하는 방법이 광범위하게 활용되고 있다(Meadow 1989, Zeder 2006a 등).

돼지의 경우 가축화가 진행되면서 두개골의 길이가 급격히 감소하는 현상이 나타나며 이는 바로 대구치 길이의 감소로 연결된다는 점에 착안하여 제3대구치의 길이를 기준으로 야생종과 사육종을 구분하는 방법이 개발되어 널리 사용되고 있다(Hole, *et al*. 1969, Mayer, *et al*. 1998). 서남아시아 지역의 여러 유적에서 출토된 돼지의 하악 제3대구치의 길이를 측정한 결과, 야생종은 40mm 내외, 사육종은 30~35mm의 분포를 보이는 것으로 보고하였다. 한편 유라시아 지역의 야생돼지와 사육돼지에 대한 자료를 집성한 결과, 야생종 하악 제3대구치의 최소 길이는 38.3mm인 반면 사육종 하악 제3대구치의 최대 길이는 34.5mm라는 사실이 밝혀졌는데, 이는 앞의 연구 결과와 유사한 범위이다.

그러나 최근 이러한 크기 감소가 가축화뿐만 아니라 기후 변화, 과도한 사냥, 암컷 개체 선호 등 여타 다양한 요소에 의해서도 일어날 수 있다는 점이 지적되었다(Helmer, et al. 2005, Zeder 2006a). 따라서 특정 부위의 크기뿐만 아니라, 동물유존체의 집단 구성, 건강 상태와 먹이의 변화, 지역적 분포, 부위별 분포 양상, 고고학적 정황 등을 종합적으로 고려하여 가축화 여부를 판단해야 한다는 점이 강조되고 있다.

최근에는 골화학 분석(bone chemistry)을 활용하여 사육종과 야생종을 판별하는 방법이 활발히 적용되고 있다. 이는 야생 상태의 동물이 자연에서 섭취하는 식료와 인간에 의해 가축으로 사육되면서 제공받는 식료 간에 차이가 있다는 점에 착안하여, 유적에서 출토된 동물이 생존 시 섭취하였던 식료의 종류를 밝혀냄으로써 사육종 여부를 판별하고자 하는 시도이다. 인간이나 동물의 뼈에는 일생동안 섭취한 식료로부터 각 식료 특유의 안정동위원소 정보가 축적되어 있다. 따라서 이를 적절한 방법을 통해 추출할 수 있다면 생존 시의 식생활을 알아낼 수 있다. 이 방법은 주로 돼지를 대상으로 적용되고 있는데(예를 들면 Matsui, et al. 2005, Richards, et al. 2002), 이는 돼지의 경우 야생의 상태에서는 주로 초식을 하는 반면 인간에 의해 사육되면서 인간과 유사한 잡식을 하는 등 식생활 상의 차이가 뚜렷이 구분되며 이러한 차이가 안정동위원소 값에 반영되기 때문이다.

또한 DNA 분석을 이용하여 동물의 사육화 과정을 연구하는 방법도 있는데, 이는 주로 유전적 거리와 그 분포상을 토대로 사육화가 이루어진 지역과 야생 원형종을 밝혀내거나 야생종과 사육종의 분기 시점을 추정하는 데 주로 사용된다(안승모 · 이준정 2009, Bradley 2006 등 참조).

2) 경작/사육의 단계인가? 농경/목축의 단계인가?

고고학 유적에서 출토된 식물유존체나 동물유존체 자료가 순화종임이 밝혀졌다고 해서 이를 곧 농경이나 목축의 증거로 받아들이는 것은 학문적으로 성급한 판단이다. 앞서 언급하였듯이, 농경 또는 목축이라 함은 순화종에 대한 의존도가 상당히 높은 수준을 일컫는 것으로 그 사회가 이미 생산경제 단계에 다다랐음을 의미하는 것이기 때문에 섣불리 결론에 도달하기 힘든 문제이다. 순화종이 대량 확인되었다고 하더라도, 수렵 · 채집 경제 체제에서 일정 부분의 생계경제를 작물 재배나 가축 사육을 통해 활용한 결과일 가능성도 충분히 고려해야 한다.

따라서 농경 또는 목축 경제에 대한 고고학적 연구는 순화종의 존재 여부와 더불어 그 사회가 농경 또는 목축에 대한 의존도가 상당히 높았음을 보여주는 다양한 고고학적 자료를 토대로 다각적인 관점에서 이루어져야 한다. 동 · 식물유존체 가운데 순화종 대 야생종의 비율, 생계활동과 관련된 시설 및 도구의 성격 및 구성비 등이 일차적인 자료가 될 수 있으며, 주거지 및 마을의 구조를 통한 주거 체계에 대한 이해, 생산-가공-저장-소비에 이르는 일련의 경제활동을 보여주는 유구 및 유물의 존재, 생산경제를 기반으로 한 사회구조를 반영하는 고고학적 자료 등도 주로 활용된다.

이와 관련하여 최근 이루어진 중국 양쯔강 유역의 초기 벼농사에 대한 연구 사례

(Fuller, *et al*. 2009)는 시사하는 바가 크다. 일부 중국학계에서는 가장 이른 벼 순화종의 연대를 토대로 중국에서의 농경의 시작을 기원전 9,000년 경 이전으로 주장하는 경우도 있으나, 양쯔강 하류 지역에 위치한 몇몇 유적에서 출토된 벼 유존체 자료에 대한 체계적인 분석 결과 실제 벼의 순화 과정은 장기간에 걸쳐 이루어졌으며 기원전 4,000년경에 이르러서야 완성된 것으로 밝혀졌다. 이 연구에 의하면, 양쯔강 유역에서 진정한 의미의 도작 농경은 빨라야 기원전 4,000~3,500년경에 시작된 것으로 볼 수 있다.

4. 새로운 관점과 모색

이상에서 살펴본 내용을 토대로, 한반도에서 수렵·채집 경제에서 농경·목축 경제로의 전이 과정을 이해하는 데 있어 고려해 보아야 할 점 몇 가지를 함께 살펴보도록 하자.

1) 식물채집에서 농경으로

한반도는 앞서 언급한 중국과 달리, 농경의 일차 기원지로부터 재배 식물이 전파되어 농경이 시작된 지역이다. 따라서 그 지역에서 야생종이 순화된 일차 기원지와는 다른 방식으로 농경으로의 전이 과정이 이해되어야 한다.

농경의 전파는 농경민의 이주에 의한 일차적 전파(primary diffusion 또는 demic diffusion)와 농경에 대한 지식, 기술, 그리고 재배종화된 식물들이 전달된 것을 수렵·채집인들이 수용하여 일어나는 이차적 전파(secondary diffusion 또는 cultural diffusion)로 나누어 이해할 수 있다(Harris 1996b). 한반도의 경우, 대부분의 연구자들이 농경민의 이주에 의한 일차적 전파를 기정사실화하고 있다. 그러나 최근 들어, 적어도 일부 지역에서는 기존 수렵·채집인들이 농경을 수용하여 자체적으로 생계경제 양식을 변화시켰을 가능성도 제기되고 있다. 농경의 전파에 대해 가장 활발히 연구가 진행되고 있는 유럽의 경우, 일차적 전파에 의한 농경의 발생이 절대적 지지를 받아 왔으나, 근래에는 다양한 기제들이 복합적으로 작용하는 가운데 지역에 따라 이차적 전파를 통해 농경이 시작되었을 것이라는 주장이 대두되고 있다(Price 2000 참조). 한국에서도 유사한 상황이 있었을 가능성을 염두에 둘 필요가 있다.

한반도의 경우 다음과 같은 다양한 가능성을 생각해 볼 필요가 있다. 첫째, 기존의 인식대로 농경민의 이주로 인해 빠른 속도로 농경이 확산되는 경우이다. 이 경우에는 농경민들이 이주하게 된 주원인은 무엇인지, 기존 수렵·채집인들은 어떤 상황에 놓여 있었기에 이러한 농경의 전격적 확산이 가능하였는지, 그리고 농경민과 수렵·채집인들 간에는 어떠한 상호작용이 이루어졌는지에 대한 설명이 요구된다.

둘째, 재배종 식물이 수렵·채집 경제에 일찍이 도입되어 보조 자원으로 오랫동안 사용되어 오면서 그 중요도가 점진적으로 증가하여 농경으로 완전히 생계경제가 변화하였을 가능성이다. 부산 동삼동 패총 등 수렵·채집 경제 단계의 유적에서 재배종 식물유존체가 다량 확인되는 등, 신석기시대의 수렵·채집 경제 내에 재배종 식물이 수용되었을 가능성을 보여주는 자료가 증가하고 있다. 이 경우, 재배 식물이 처음 받아들여지는 과정, 그 중요도가 점차 증가하는 과정, 그리고 농경으로 생계경제 전략이 완전히 전환되는 과정에 작용하는 기제가 각각 다를 수 있음을 염두에 두어야 한다.

셋째, 지역에 따라 서로 다른 양상이 나타날 가능성도 생각해 볼 수 있다. 예를 들어 해안 지역과 내륙 지역은 수렵·채집 생계경제 양상이 서로 다르기 때문에 농경의 전파 과정도 차이가 날 수 있다. 북유럽과 일본의 경우, 내륙 지역은 비교적 농경이 빠른 속도로 파급된 데 반해 자원이 풍부한 해안 지역은 농경을 수용하기를 오랫동안 거부하는 양상을 보이고 있다. 한국의 경우도 남해안처럼 해양 자원이 풍부한 지역과 여타 내륙 지역은 서로 구분하여 살펴볼 필요가 있다. 또한 지역에 따라 이주와 전파가 복합적으로 작용하였을 가능성 등도 고려해 보아야 할 것이다.

2) 수렵에서 목축으로

한반도에서 이제까지 출토된 가축 유존체 자료를 토대로 가축의 등장 시점을 살펴보면, 개는 일찍이 신석기시대 중기부터 전국적으로 나타나는데 반해 나머지 가축의 도입은 상당히 늦다. 소와 말은 기원전 2~3세기 경에 처음 등장하며, 돼지의 경우는 최근 강원도지역 및 영남지역의 몇몇 원삼국시대 유적에서 사육종일 가능성이 큰 자료가 확인되기는 하나 삼국시대에 이르기까지 야생종이 주를 이루고 있다(이준정 2009).

개, 소, 말의 경우는 육류 공급이 주요 사육 목적이 아니었던 것으로 추정되는데, 이처럼 별도의 목적으로 이용된 가축들이 비교적 일찍 등장하는데 반해 육류의 안정적 공급원이라는 측면에서 다른 가축보다 장점을 지니고 있는 돼지의 사육은 이보다 늦게 시작되었다는 점이 주목된다. 이러한 양상은 삼국시대에 이르기까지 여전히 대표적 야생동물인 사슴과 멧돼지의 수렵을 통해 동물성 식료를 획득하였다는 맥락에서 이해할 수 있다. 한반도의 자연환경 상, 개체수가 풍부한 야생동물을 수렵하여 동물성 식료를 획득하는 것이 가축 사육에 요구되는 비용과 이로 인해 야기되는 다양한 문제를 감당하는 것보다 유리하였기 때문에, 가축 사육이 농경에 비해 늦게 시행된 것으로 추정된다. 본격적인 가축 사육은 농경의 잉여생산물이 축적되어야만 가능한 경우가 많은데, 한반도의 경우 전반적인 농경 실행도가 가축 사육을 본격화할 정도에는 미치지 못했기 때문일 가능성도 고려해 보아야 할 것이다.

참고문헌

안승모 · 이준정, 2009, 「DNA 분석을 통해 본 구대륙 곡물과 가축의 기원」, 『선사 농경 연구의 새로운 동향』, 안승모 · 이준정 편, 사회평론.

李俊貞, 2001, 「수렵 · 채집 경제에서 농경으로의 轉移 과정에 대한 이론적 고찰」, 『嶺南考古學』 28.

_____, 2009, 「또 하나의 저장 수단, 가축의 이용 : 한반도 지역 가축 이용의 역사」, 『선사 농경 연구의 새로운 동향』, 안승모 · 이준정 편, 사회평론.

Bradley, D. G., 2006, Documenting domestication: reading animal genetic texts, In *Documenting Domestication: New Genetic and Archaeological Paradigms*, M. A. Zeder, D. G. Bradley, E. Emshwiller, and B. D. Smith, eds. pp. 273-278, Berkeley: University of California Press.

Clutton-Brock, J., 1999, *A Natural History of Domesticated Mammals*, Second edition, Cambridge: Cambridge University Press.

Fuller, D. Q., L. Qin, and E. Harvey, 2009, An evolutionary model for Chinese rice domestication; reassessing the data of the Lower Yangtze region, 『선사 농경 연구의 새로운 동향』, 안승모 · 이준정 편, 사회평론.

Harris, D. R., 1989, An evolutionary continuum of people-plant interaction, In *Foraging and Farming: The Evolution of Plant Exploitation*, D. R. Harris and G. C. Hillman, eds., pp. 11-26, London: Unwin Hyman.

_____, 1996a, Domesticatory relationships of people, plants and animals, In *Redefining Nature: Ecology, Culture and Domestication*, R. Ellen and K. Fukui, eds. pp. 437-463, Oxford: Berg.

_____, 1996b, Introduction: theme and concepts in the study of early agriculture, In *The Origins and Spread of Agriculture and Pastoralism in Eurasia*, D. R. Harris, ed. pp. 1-9, Washington, D.C.: Smithsonian Institution Press.

Harris, D. R. and G. C. Hillman, eds., 1989, *Foraging and Farming: The Evolution of Plant Exploitation*, London: Unwin Hyman.

Helmer, D., L. Gourichon, H. Monchot, J. Peters, and M. S. Segui, 2005, Identifying early domestic cattle from Pre-Pottery Neolithic sites on the Middle Euphrates using sexual dimorphism, In *The First Steps of Animal Domestication*, J.-D. Vigne, J. Peters and D. Helmer, eds., pp. 86-95, Oxford: Oxbow Books.

Hillman, G. C. and M. S. Davies, 1990, Measured domestication rates in wild wheats and barley under primitive cultivation, and their archaeological implications, *Journal of World Prehistory* 4(2): 157-222.

Hole, F., K. V. Flannery, and J. A. Neely, 1969, *Prehistory and Human Ecology of the Deh Luran Plain*, Memoirs of the Museum of Anthropology, University of Michigan 1, Ann Arbor: University of Michigan.

Matsui, A., N. Ishiguro, H. Hongo, and M. Minagawa, 2005, Wild pig? or domesticated boar? An archaeological view on the domestication of Sus scrofa in Japan, In *The First Steps of Animal Domestication*, J.-D. Vigne, J. Peters and D. Helmer, eds., pp. 148-159, Oxford: Oxbow Books.

Mayer, J. J., J. M. Novack, and I. L. Brisbin Jr., 1998, Evaluation of molar size as a basis for distinguishing wild boar from domestic swine: employing the present to decipher the past, In *Ancestors for the Pigs: Pigs in Prehistory*, ed. by S. Nelson, pp. 39-53, MASCA Research Papers in Science and Archaeology Volume 15, Philadelphia: Museum Applied Science Center for Archaeology, University of Pennsylvania Museum of Archaeology and Anthropology.

Meadow, R. H. 1989, Osteological evidence for the process of animal domestication, In *The Walking Larder: Patterns of Domestication, Pastoralism, and Predation*, J. Clutton-Brock, ed., pp. 80-90, London: Allen and Unwin.

Price, T. D., ed., 2000, *Europe's First Farmers*, Cambridge: Cambridge University Press.

Price, T. D. and A. B. Gebauer, 1995, New perspectives on the transition to agriculture, In *Last Hunters First Farmers: New Perspectives on the Prehistoric Transition to Agriculture*, T. D. Price and A. B. Gebauer, eds., pp. 3-19, Santa Fe: School of American Research Press.

Reitz, E. J., and E. S. Wing, 1999, *Zooarchaeology*, Cambridge: Cambridge University Press.

Richards M., K. Dobney, U. Albarella, B. Fuller, J. Pearson, G. Muldner, M. Jay, T. Molleson, and J. Schibler, 2002, Stable isotope evidence of *Sus* diets from European and Near Eastern sites, Paper presented at the 9th Congress of the International Council of Archaeolozoology, Durham, UK.

Smith, B. D., 2001, The transition to food production, In *Archaeology at the Millennium: A Sourcebook*, G. M. Feinman and T. D. Price, eds., pp. 199~229, N.Y.: Kluwer Academic/Plenum Publishers.

Zeder, M. A., 2006a, A critical assessment of markers of initial domestication in goats (Capra hircus), In *Documenting Domestication: New Genetics and Archaeological Paradigms*, M. A. Zeder, D. G.

Bradley, E. Emshwiller, and B. D. Smith, eds., pp. 181~208, Berkeley: University of California Press.

_____, 2006b, Archaeological approaches to documenting animal domestication, In *Documenting Domestication: New Genetics and Archaeological Paradigms*, M. A. Zeder, D. G. Bradley, E. Emshwiller, and B. D. Smith, eds., pp. 171~180, Berkeley: University of California Press.

Zohary, D., 1996, The mode of domestication of the founder crops of Southwest Asian agriculture, In *The Origins and Spread of Agriculture and Pastoralism in Eurasia*, D. R. Harris, ed., pp. 142-158, Washington, D.C.: Smithsonian Institution Press.

06 한국 선사시대 사회와 문화의 이해

韓半島 靑銅器時代 開始期의 이해

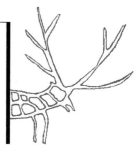

배 진 성 부산대학교

1. 서론

최근 10년간 한반도 청동기시대고고학에서 다루어진 주요한 내용을 들자면 새로운 시기구분, 각목돌대문토기를 통한 조기의 설정, 농경과 취락 연구, 전기 무문토기에 대한 다양한 논의, 전기의 비파형동검, 송국리유형의 기원 논쟁, 구획묘와 같은 새로운 묘제의 증가 등이 떠오를 것이다. 이 가운데 특히 2000년을 전후한 시점부터 새롭게 주목을 끈 자료가 각목돌대문토기인데, 이로 인해 그간 본격적으로 다루어지지 못했던 신석기시대에서 청동기시대로의 전환기에 대한 연구가 구체화되기 시작하였고, 이른바 청동기시대 조기라고 하는 새로운 시기구분도 생겨나게 되었다. 또 이전보다 정밀해진 방사성탄소연대측정으로 청동기시대의 시작을 기원전 1500년경까지 올려보는 경향 역시 청동기시대의 시작에 대한 관심을 고조시켰다. 앞으로 더욱 구체화시켜 나가야하겠지만, 각목돌대문토기는 전환기는 물론 청동기시대 연구 전체에 큰 활력소가 되었고, 최근 출간된 개설서에도 청동기시대 조기가 반영되기에 이르렀다(한국고고학회 2010: 90).

이 글은 한반도 청동기시대 개시기를 주제로 한 2010년 중앙문화재연구원 특강자료에 근거한 것으로, 토기를 중심으로 연구 현황 정리에 중점을 둔 것이다. 연구 논문이라기보다는 강의자료를 바탕으로 한 것인 만큼 청동기시대 '조기'와 관련한 여러 연구들과 주요 유적들을 중심으로 진행하였음을 밝혀둔다.

2. 청동기시대의 開始에 대한 연구 현황

필자는 拙稿에서 전환기의 연구 현황을 1980년대까지의 종족·주민교체설을 포함하여 근래의 고고학적 논의를 정리한 바 있다(裵眞晟 2007). 그 내용을 요약해 보면, 즐문토기와 무문토기는 태토나 문양이 달라서 서로 다른 시대의 사람들이 사용한 토기로보고, 이를 곧바로 서로 다른 종족이 사용한 토기라고 하는 것이 초창기의 인식이었다(三上次男 1951·1952). 나아가 신석기시대 말기에 청동기시대의 문화를 소유한 종족들이 들어왔는데(도유호 1960), 前者가 고아시아족이고 後者가 퉁구스족 혹은 예맥족으로 비정되고(金貞培 1973), 이러한 경향으로 인해 신석기시대에서 청동기시대로의전환을 새로운 종족에 의한 이주·정복·혼합·동화·흡수 등으로 인식하게 되었다(金元龍 1986, 金廷鶴 1985). 이후 주민교체설의 비판적 검토(李鮮馥 1991)를 계기로 고고자료를 특정 종족에 대입시키는 경향은 쇠퇴하게 된다.

반면, 1990년대 후반부터는 고고학적 측면에서 구체화되기 시작하는데, 하남 미사리유적과 진주 대평리유적의 각목돌대문토기를 비롯한 일련의 자료가 학계에서 크게주목받았다. 진주 대평리 어은1지구에서 즐문토기와 각목돌대문토기가 공반되어 이것을 즐문토기에서 무문토기로의 과도기적 자료로 인식하고(李相吉 1999), 미사리의 공반 자료와 함께 기존의 前期에 앞서는 早期를 설정함으로써(安在晧 2000) 청동기시대연구 전체에 큰 영향력을 미치게 된다. 이어서 전환기와 관련한 이론적 모델의 연구(金壯錫 2002) 및 조기의 지역성 규명과 같은 연구가 잇따르게 되었다(裵眞晟 2003).

여기까지가 拙稿에 있는 '전환기 연구의 현황'을 요약한 것인데, 여기서는 안재호(2000)의 조기 설정 이후 현재에 이르기까지 각목돌대문토기와 조기를 다룬 연구들을정리해 보기로 한다.

안재호(2000)가 전기에 앞서는 조기를 설정한 근거로는 미사리와 대평리 어은1지구등에서 확인되는 石床圍石式爐址가 있는 방형·장방형주거지, 거기서 출토되는 각목돌대문토기, 兩刃의 반월형석도, 圓底의 심발형토기, 鏃身이 짧고 횡단면 중앙이 凹狀인 무경식석촉 등이다(그림 01·02). 기존의 가락동·역삼동·흔암리유형과는 다른이러한 물질자료가 남한에 등장한 것은 요동~압록강유역의 농경민이 南下한 것이며,이로 인해 남한에서는 신석기시대에서 청동기시대로 전환하게 되었다는 것이다. 이 견해는 새로운 시기의 설정에 그치지 않고 남한의 신석기시대에서 청동기시대로의 전환을 고고학적으로 가장 구체화시킨 것이기도 하였다. 이어서 조기 무문토기의 지역별

성립과정과 계통의 차이 및 다양성을 고려하고(裵眞晟 2003·2007), 각목돌대문토기의 형식분류와 계통문제를 상세히 다룬 연구(김재윤 2004, 千羨幸 2005) 등이 이어지면서 조기의 설정 및 각목돌대문토기에 대한 연구가 이어졌고, 국립박물관에 의한 전환기의 선사토기 자료의 정리 및 집성으로(국립김해박물관 2005·2006) 인해 비교적 짧은 시간에 청동기시대 혹은 무문토기시대 조기는 학계에서 큰 공감대를 형성하면서 정착되어 가는 듯(千羨幸 2007) 했다. 그리고 渼沙里類型(李亨源 2002, 朴淳發 2003) 역시 기존의 전기 무문토기보다 앞선 시점에 위치하기 때문에 조기 설정론과 무관하지 않다.

이러한 분위기 속에서 조기 설정의 타당성을 보완하는 연구들이 계속된다. 개별 유적의 시기 비정에 동의할 수 없는 부분들도 있지만, 전국적인 유적의 분포를 통해 조기 설정에 동의하거나(이건무 2007), 더 나아가 조기를 전반과 후반으로 나누는 연구도 있다(김현식 2008).

위와 같이 진행되어 온 조기 설정론은 최근 청동기시대뿐만 아니라 한국고고학 전체에서 차지하는 학사적 의의가 적지 않다. 그런데 한편으로 이에 대한 비판적 검토 또한 영향력을 발휘하고 있음을 부인할 수 없다. 바로 김장석(2008)의 연구이다. 이 연구는 조기 설정론의 확산 및 정설화 과정에 대한 문제 제기인데, 새로운 시기의 설정은 여러 측면을 고려한 안정적인 토대에 기반해야 함을 강조하였다. 그는 조기 설정 자체의 可否를 논하려는 것은 아니라고 하였지만, 남한에서 각목돌대문토기와 기존의 전기 무문토기-가락동·역삼동·흔암리식토기- 간에 엄밀한 시간차를 인정하기 어렵다는게 그의 견해인 것은 분명하며, 각목돌대문토기 기원지와 남한 간의 차이를 주된 근거로 설명하면서[1] 역삼동식토기의 남한 내 자생 가능성도 타진하였다.

한편 이와는 약간 다른 입장도 각목돌대문토기와 관련한 견해의 한 줄기를 이루고 있다. 각목돌대문토기를 조기가 아닌 전기 속에서 논하는 점은 위의 김장석과 같지만, 독립된 시기로 설정하기보다는 前期의 이른 단계에 두는 입장으로 渼沙里式土器를 前期 前葉으로 한 庄田愼矢(2008) 등이다.[2]

위와 같이 각목돌대문토기 및 조기와 관련해서 유사하면서도 다양한 견해들이 나오

---

1 서북지방에서 동시기로 편년되는 돌대문토기와 이중구연사선문토기가 왜 남한에서는 선후관계로 편년되는지에 대한 의문은 김현식(2008)도 언급했던 바이다.

2 李亨源(2002)도 미사리유형을 前期로 다룬바 있지만, 최근에는 그의 미사리유형 I기를 전기에 앞선 早期로 독립시켰다(李亨源 2007).

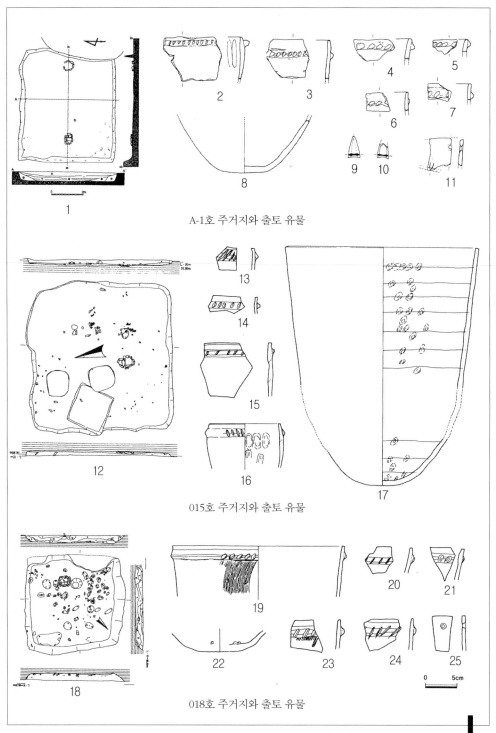

A-1호 주거지와 출토 유물

O15호 주거지와 출토 유물

O18호 주거지와 출토 유물

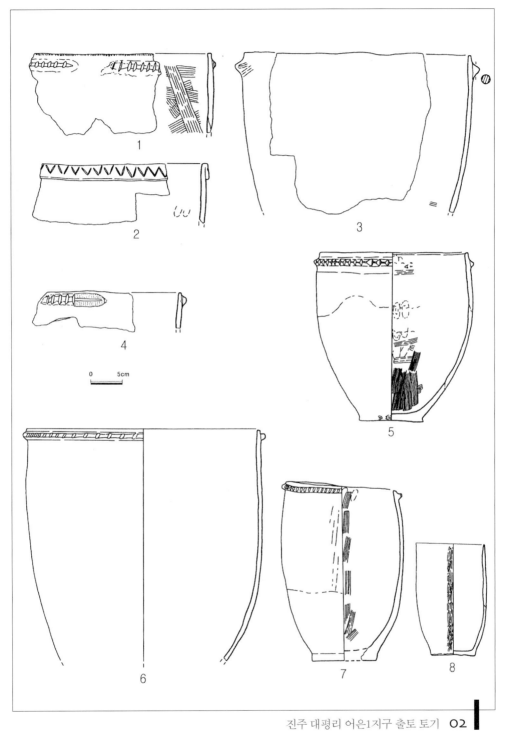

1

2

3

4

0   5cm

5

6

7

8

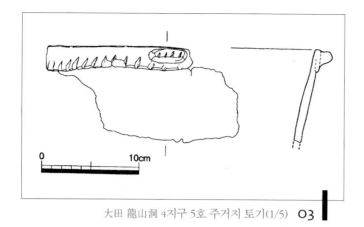

大田 龍山洞 4지구 5호 주거지 토기(1/5) O3

는 데에는 청동기시대의 개시기에 대한 관심이 그만큼 높다는 것을 의미할 것이다. 현재 조기 설정론이 대세이기는 하지만, 조기론의 정설화 과정에 대한 지적 및 재검토 주장(김장석 2008)에 대해 앞으로 '조기론' 측의 탄탄한 立論이 분발되는 시점이 아닌가 한다. 최근 안재호(2009 : 51)가 대전 용산동 4지구 5호 주거지 출토 토기를 언급한 것도 이에 대한 반응이라 할 수 있겠다. 이 토기는 사선문이 새겨진 이중구연부에 절상돌대가 부착된 것인데, 이중구연은 동체 기벽에서 완전하게 융기되었다. 즉 가락동식토기의 이른 형식에 각목돌대문보다 늦은 절상돌대문이 결합되므로, 각목돌대문토기는 전기 무문토기에 앞선 것으로 볼 수 있는 자료라는 것이다. 아마도 이를 시작으로 앞으로 조기와 관련하여 더 새롭고 다양한 의견들이 표출될 것으로 기대된다.[3]

이처럼 남한에서도 청동기시대의 개시기에 대한 논의가 새로운 국면을 맞이하면서 기존에 연구의 공백처럼 되었던 신석기시대에서 청동기시대로의 전환을 직접적인 자료를 통해 논의하기 시작하였고, 이러한 연구는 앞으로 더욱 발전해 나갈 것임에 틀림없다. 하지만 그렇다고 해서 남한 청동기시대의 개시가 중국 동북지방~북한과 같이 연속적이지는 않다.

이하에서는 주요 유적을 중심으로 한반도 청동기시대의 개시기를 살펴보고자 한다.

---

3 이외에도 청동기시대 개시기와 관련하여 가락동식토기의 출현 시기, 각목돌대문토기의 계통에 대한 상반된 의견들이 있다.

3. 압록강 · 청천강 · 두만강유역의 양상

한반도, 특히 남한 청동기시대의 시작을 논할 때 북한으로부터의 영향을 고려하지 않고서는 한걸음도 나아가기 어렵다고 해도 과언이 아니다. 그 중에서도 압록강 · 청천강 · 두만강유역의 토기와 편년 등이 최근 더욱 세부적으로 검토되면서 남한과의 관련성이 구체화되고 있다. 따라서 남한 청동기시대 개시기의 고고학적 양상에 앞서 남한과 관련되면서도 신석기시대에서 청동기시대로의 전환이 남한에 비해 대단히 연속적인 양상을 보여주는 이 세 지역의 현황을 살펴보자.

1) 압록강유역

이 지역은 압록강 하류역과 중 · 상류역으로 구분된다. 먼저 하류역은 신암리 I →신암리3-1→신암리 II 기로 대표되며, 신암리유적과 압록강을 사이에 두고 마주하는 丹東市 東溝縣 일대도 같은 토기문화권에 속한다. 신암리 I 기는 신석기시대 마지막 단계인 동시에 청동기시대 시작 단계도 일부 포함하는 것으로 인식되어 왔으며, 雷文이라든지 長頸의 호형토기가 등장하고 壺 · 甕 · 鉢 · 臺附土器로 이루어지는 기종구성에서도 이전과는 구분된다. 청동기시대의 이른 시기를 포함하는 신암리 II 기는 頸部와 口緣部의 돌대문, 절상돌대문, 횡침선+점열문, 臺附土器 등을 특징으로 한다. 신암리 I 기에서 II 기로 오면서 전반적으로 문양이 소멸하는 가운데 문양과 기형에서의 연결성이 인정된다(그림 04).

압록강 중 · 상류역은 중강군 토성리와 장성리유적에서 뇌문과 동체부 돌대문이 확인되어 신암리 I 기 단계를 포함하는 유적으로 판단된다. 청동기시대 이른 시기로는 공귀리 下層(2 · 3 · 6호)과 심귀리 1호주거지가 있는데, 구연부 각목돌대문토기와 縱狀把手가 붙은 공귀리형토기가 표지적이며(그림 05), 신암리 II 기와 상당부분 병행한다.

2) 청천강유역

이 지역은 당산상층 · 세죽리 II 1 · 구룡강 I 기를 통해 전환기의 양상을 파악할 수

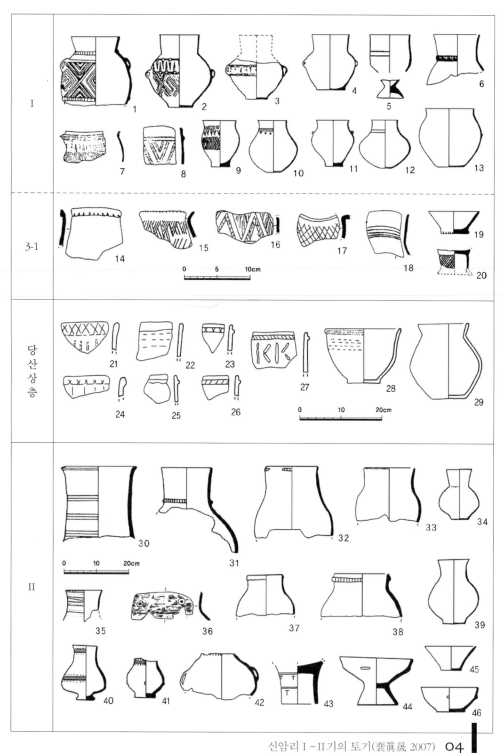

신암리 I ~ II기의 토기(裵眞晟 2007) O4

(1~4 · 30 · 31은 1/10, 7 · 8은 축척부동, 14~17 · 21~27은 1/5, 나머지는 1/8 축소)

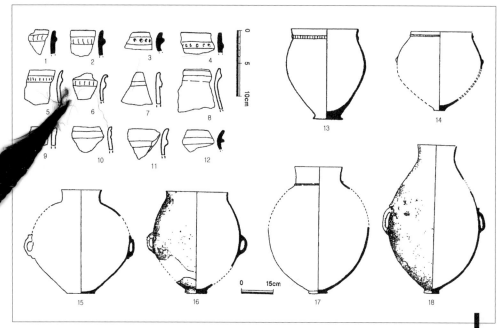

공귀리 하층(1~12) · 심귀리 1호 주거지 토기(13~18) 05
(1~13은 1/5, 14~18은 1/15 축소)

있다. 당산상층(그림 04)의 시간적 위치에 대해서는 이견도 있지만, 1974년에 조사된 신암리 제4지점의 층위와 그에 따른 출토 토기를 근거로 신암리3-1기와 Ⅱ기 사이로 판단한다(裵眞晟 2007). 세죽리Ⅱ1과 구룡강Ⅰ기는(그림 06) 이중구연각목문, 경부와 동부 경계의 돌대문, 절상돌대문 등에서 압록강유역과도 유사하다.

통되기 때문에 두 지역이 함께 논의되는 경우가 많았다. 그렇 ~~~~~~~~직 압록강 중·상류역의 신석기시대 마지막 시기의 양상은 다소 불명확하며, 압 ~~~~~~류역의 臺附土器가 청천강유역에는 보이지 않는 등 청동기시대 이른 시기 토기에서도 신암리와 대비 ~~~~~~이점도 보인다. 따라서 청천강유역은 압록강유역과 공통점이 있지만 지역성도 존재한다.

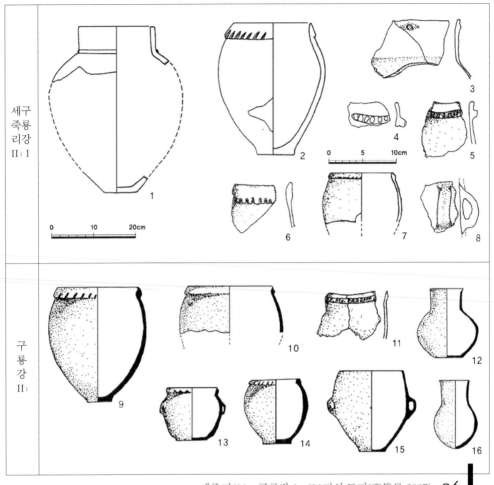

세죽리II1·구룡강 I ~ II1기의 토기(裵眞晟 2007)   06

3) 두만강유역

두만강유역의 전환기는 호곡 I 기 및 서포항V기 등이 대표적이다.

호곡 I 기는 즐문토기와 무문토기가 혼재하며, 뇌문을 비롯하여 短斜集線文과 突瘤
文이 시문된 토기 및 臺附土器 등을 표지로 한다(그림 07). 한반도 동북지역에서 신석
기시대에서 청동기시대로의 전환기를 대표하는 자료이다. 그리고 자료가 영세한 서포
항V기는 관점에 따라 IV기에 이어지거나(서국태 1986, 宮本一夫 1986) 공백기를 두기
도(大貫靜夫 1992, 裵眞晟 2003) 하는데, 보고문에 제시된 도면만으로 보면 즐문토기와

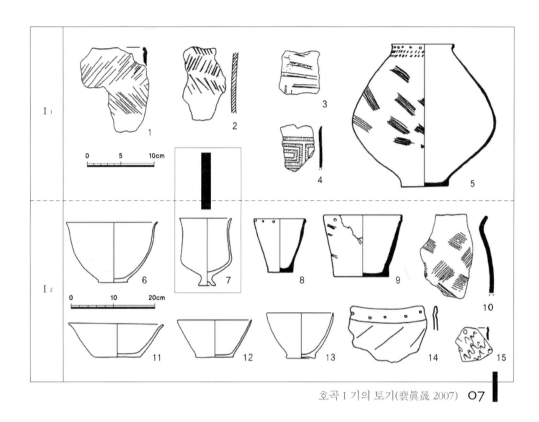

호곡 I 기의 토기(裵眞晟 2007)　**07**

무문토기가 혼재하는 것처럼 보이지만 Ⅴ기의 16호주거지는 보고문에 의하는 한 즐문
토기는 없는 것으로 판단된다.

4. 남한의 말기 즐문토기와 조기 무문토기

1) 말기 즐문토기

　남한에서 신석기시대 마지막 시기의 자료는 아직 지역에 따른 자료의 多寡가 비교
적 큰 편이어서, 연구가 축적되고 있는 중서부지역과 남해안지역을 살펴보기로 한다.
　중서부지역의 신석기시대 마지막 시기인 중서부 Ⅳ기는 횡주어골문 위주의 단순한
문양구성에 사선대문, 구연부 공렬문, 소량의 이중구연토기를 들 수 있으며(그림 08),

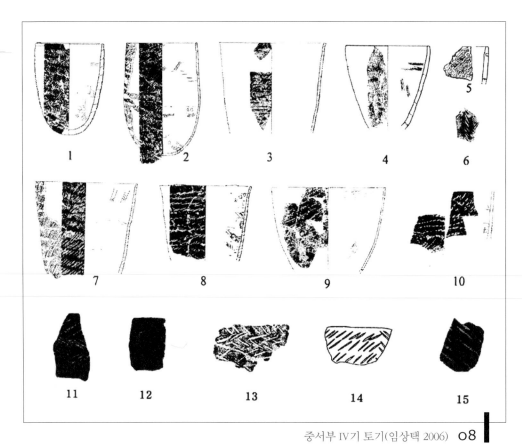

중서부 IV기 토기(임상택 2006) **08**

(1~3 · 7 · 8 · 10 : 모이도, 4 · 6 : 뒷살막, 5 · 9 : 삼목도 I , 11 · 12 : 용반리, 13 : 남산, 14 : 덕안리, 15 : 군량리)

문양의 단순화와 난삽화로 정리되었다(임상택 2006).

남해안지역의 말기를 대표하는 것은 단연 이중구연토기이며, 이와 함께 단사선문토기 등을 포함한 일군의 토기들이 율리식토기, 수가리III식토기, 이중구연계토기(그림 09) 등으로 지칭되었다(河仁秀 2006). 종래 남해안지역에 주로 분포하였던 이중구연토기는 최근 들어 군산 가도 · 진안 갈머리 · 대전 송촌동 등 분포 범위가 갈수록 확대되고 있다.

이러한 즐문토기들은 앞 장에서 보았던 북한지역에 비해 무문토기와 직접적인 관련성이 대단히 약한 편이어서, 양 시대의 전환이 북한에 비해 단절적인 양상은 분명하다. 하지만 미사리유적의 원저토기(그림 01-17)에서 양자의 계승성이 부분적이나마 인정되며, 또 이견은 있지만 상촌리식토기 등 영남지역 이른 시기의 이중구연토기에서 말기 즐문토기의 영향을 생각하기도(裵眞晟 2007) 하였다. 남한 청동기시대의 개시에 있어

기 종
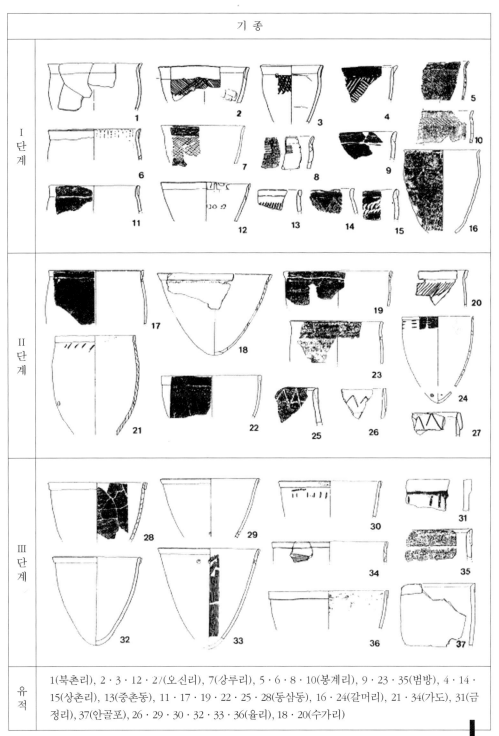

I 단 계	
II 단 계	
III 단 계	
유 적	1(북촌리), 2·3·12·2/(오신리), 7(상루리), 5·6·8·10(봉계리), 9·23·35(범방), 4·14·15(상촌리), 13(중촌동), 11·17·19·22·25·28(동삼동), 16·24(갈머리), 21·34(가도), 31(금정리), 37(안골포), 26·29·30·32·33·36(율리), 18·20(수가리)

이중구연계토기 편년표(河仁秀 2006) **09**

한반도 서북지역의 영향이 크다는 것이 학계의 대세이지만, 지역에 따라서는 말기 즐문토기와 관련된 재지적 요소가 어느 정도는 작용하고 있을 것이다. 특히 남한 청동기시대 개시기부터 지역적 다양성을 인정하려는 의견들이 갈수록 증가하는(裵眞晟 2007, 김장석 2008, 金權中 2010) 경향을 보더라도 앞으로는 북한 각 지역으로부터의 영향과 함께 재지적 요소에 대한 고찰도 적극 진행되어야 할 것이다.

2) 조기 무문토기

현재로서 남한 청동기시대의 시작은 각목돌대문토기와 함께 한다고 해도 과언이 아니다. 그만큼 각목돌대문토기는 청동기시대 조기·무문토기의 개시·농경문화·주민 이주 등에서 대표성을 띠는 자료가 되었고, 남한에서의 분포 범위도 갈수록 넓어지고 있다. 여기서는 앞에서 거론한 유적들 외에 최근 보고된 자료들을 살펴보고자 한다.

동남지역에서 각목돌대문토기가 출토된 유적으로 경주 충효동유적(신라문화유산조사단 2009) 2호·3호·23호 주거지가 있다.[4] 단사선문토기나 장경호(그림 10-26) 등이 있기는 하지만, 석상위석식노지를 갖춘 평면 방형의 주거지·각목돌대문토기·무경식석촉이 공반하는 2호 주거지는 조기 설정 당시의 기준과 어긋나지 않는다. 23호 주거지 역시 마찬가지이며, 단사선문토기가 있지만 이것은 사방향과 횡방향을 번갈아 시문한 것으로(그림 10-22) 전기의 일반적인 단사선문과는 다르고, 이중구연부가 두터운 토기(그림 10-20)도 공반한다. 3호를 전기로 내리더라도 2호·23호는 조기로 볼 수 있을 것이다. 이 외의 주거지는 대부분 검단리단계에 속하기 때문에 각목돌대문토기 출토 주거지가 이후 시기 주거지와 중복되지 않았다고 해서 동시기로 볼 수는 없을 것이다.

화성 정문리유적은 평면 방형의 주거지에서 각목돌대문토기가 출토되었는데 노지는 수혈식이며(그림 11-13~15) 조기에서 전기로 이행하는 단계로 보고되었다(高麗文化財研究院 2009). 이 주거지는 미사리나 대평리 등 기존의 돌대문토기 출토 유적의 입지와는 달리 구릉 정상부에 위치한다.

가평 대성리유적(京畿文化財研究院 2009)과 연하리유적(한백문화재연구원 2009)

---

4 慶州 金丈里遺蹟의 각목돌대문토기는 전기 후반으로 보고되었다(聖林文化財硏究院 2006).

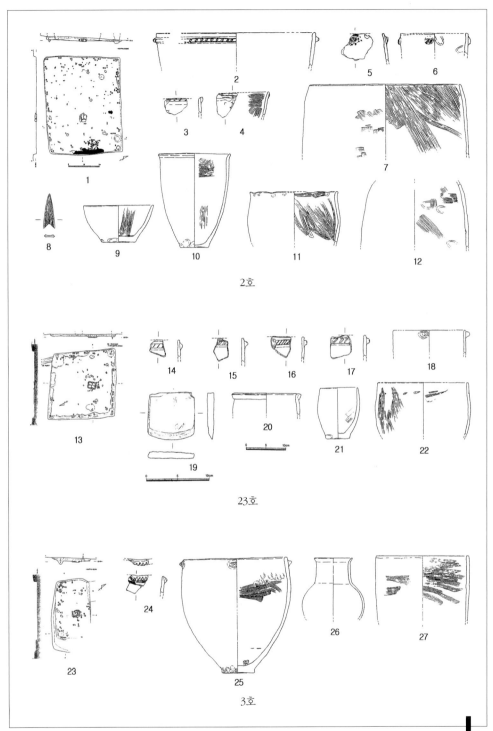

2호

23호

3호

경주 충효동유적(배진성 2010: 주거지 1/300, 토기 1/8, 석기 1/5 축소)　10

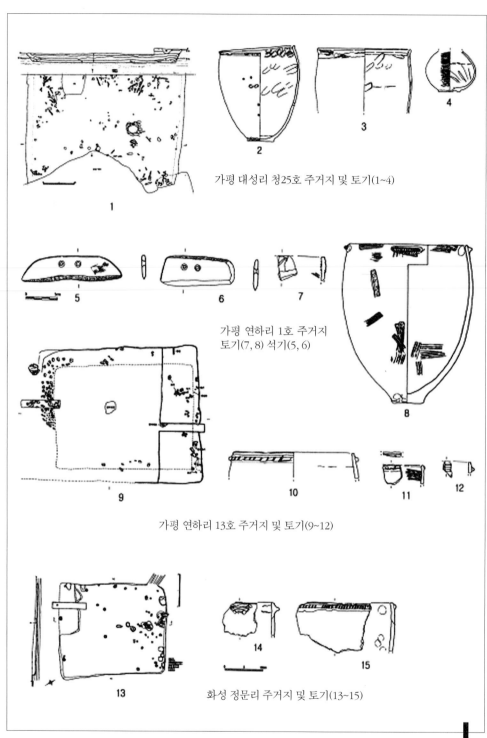

가평 대성리 청25호 주거지 및 토기(1~4)

가평 연하리 1호 주거지
토기(7, 8) 석기(5, 6)

가평 연하리 13호 주거지 및 토기(9~12)

화성 정문리 주거지 및 토기(13~15)

가평 대성리 · 연하리, 화성 정문리유적(주거지 1/200, 5~7은 1/5, 나머지 1/8 축소) **11**

에서도 이른 시기의 사례가 확인되었다. 대성리는 석상위석식노지를 갖춘 주거지에서 돌대부착흔이 있는 토기편, 이중구연토기, 소성 후 투공된 有孔文土器(그림 11-2), 적색마연호 등이 공반되었다. 연하리의 경우 석상위석식노지는 확인되지 않았지만, 각목돌대문·절상돌대문·이중구연거치문토기(그림 11-7) 및 兩刃의 반월형석도(그림 11-5·6) 등이 공반한다.

그밖에도 정선 아우라지유적과 인천 동양동유적을 비롯하여 연기 대평리유적에서도(양지훈 2010) 유사한 시기의 자료가 알려지고 있다.

이와 같은 유적들은 前期로 알려진 가락동·역삼동·흔암리유형에는 속하지 않으며, 출토 유물이나 주거지 구조 등에서 각 보고서에 언급된 바와 같이 조기와 관련된다. 만약 조기를 인정하지 않는다면 기존의 세 유형 외에 다른 유형이 설정되든지, 이들 유형과 동시기의 다른 집단으로 파악하든지, 시기는 전기로 묶고 그 속에서 시간적으로 다소 이른 것으로 파악하든지 해야 할 것이다. 그렇지만 앞의 두 가지 안은 사실상 성립되기 어렵다고 보면 조기로 분리하거나 전기의 이른 시점으로 보거나 둘 중 하나이다.

조기 설정에 있어 약점으로 지적되기도 한 전기 주거지와의 중복관계가 보이지 않는 것은 위의 최근 자료에서도 마찬가지이다. 경주 충효동유적은 위에서 언급하였듯이 검단리단계의 주거지와 중복되지 않았다해서 시기차가 없다고는 할 수 없을 것이다. 화성 정문리유적은 조사 범위 내에서는 주거지 한 기만 확인되었고, 가평 연하리유적은 세 기의 주거지 모두 같은 시기이므로 중복을 논할 여지가 없다. 가평 대성리유적은 청동기시대 다른 시기의 주거지도 조사되었지만, 현 조사 구역으로 판단하는 한 이른 시기에 해당하는 청25·26호주거지는 청동기시대의 다른 주거지와는 분포 구역이 구분된다. 하남 미사리유적(고려대) 역시 중복은 없지만 전기 주거지와 분포 구역은 구분해 볼 수 있다. 이러한 현상을 좀 더 적극적으로 받아들인다면 전기 주거지와 중복되지 않았다고 해서 조기와 전기를 구분하기 어렵다거나, 조기 설정의 큰 약점이라고는 할 수 없지 않을까 한다. 아직 자료의 증가를 더 기다릴 필요가 있지만, 같은 유적 내에서 분포 구역이 구분되고 토기를 중심으로 한 공반 유물에서 차이가 있다면 시기를 구분하여 보는 것이 좋다. 이는 청동기시대는 물론 여타 시대에도 적용되어 왔던 가장 기본적인 방식의 하나이다. 물론 시기구분이 토기만으로 되는 것은 아니고 전반적인 자료에 의한 성격이나 특징으로 구분되어야 함은 말할 것도 없지만, 그 출발점 혹은 토대는 토기에 많은 비중이 있음은 부인하기 어려울 것이다.

위의 유적에서는 대부분 각목돌대문토기와 절상돌대문토기가 공반하며, 가평 연하리에서는 세장방형주거지에서 절상돌대문토기와 兩刃의 반월형석도가 출토되기도 하였다. 이러한 경우는 조기의 늦은 시점 혹은 조기에서 전기로 이행하는 시점으로도 파악할 수 있는데, 어쨌든 기존의 전기 무문토기와는 공반하지 않는다는 점이 중요하다. 이런 관점에서라면 돌대문토기와 공렬문토기가 공반하는 홍천 외삼포리 3호주거지는 전기로 볼 수 있을 것이다. 각목돌대문토기가 전기에도 존재하는 것은 조기 설정 당시부터 언급되어 왔다.

조기 설정 여부에 관계없이 각목돌대문토기와 석상위석식노지가 가장 이른 시점에 해당한다는 점, 그리고 기존의 전기 무문토기와 공반하는 각목돌대문토기는 전기에 속한다는 데에는 대부분 동의할 것이다. 그렇다면 각목돌대문토기와 석상위석식노지를 표지로 하는 일련의 자료가 전기 무문토기와 공반하지 않는 단계를 '조기', 석상위석식노지 대신 수혈식이나 위석식노지와 기존의 전기 무문토기가 출토되는 단계를 '전기'로 구분하는 것이 남한에서 청동기시대 개시기의 성격을 정립해 나가는데 좀 더 유리하지 않을까. 물론 김장석(2008)의 지적처럼 동시기 북한과 남한의 차이, 역삼동식토기의 자체 발생 및 상한에 대한 문제는 앞으로 노력해 나가야할 과제임은 분명하다.

5. 결론

청동기시대의 대표적인 특징으로는 무문토기의 출현, 定住의 강화와 농경사회로의 진입, 정형화된 마제석기의 전성기, 청동기의 사용, 본격적인 분묘 축조의 시작 등을 들 수 있는데, 이러한 요소들은 모두 농경문화라는 큰 틀 속에 포함된다. 여기에 각목돌대문토기를 필두로 한 새로운 문화가 큰 역할을 하였음이 분명하다고 할 때, 청동기시대 조기와 각목돌대문토기는 '농경사회의 서막'이라는 단어로도 정의할 수 있을 것이다.

이제까지 주로 조기를 인정하는 입장에서 청동기시대의 개시기를 보려 하였는데, 2장에서 살펴본 것처럼 현재 청동기시대 조기에 대해 비판적 검토를 포함하여 유사하면서도 다양한 견해들이 나오고 있으며, 관련 유적도 갈수록 증가하고 있어 이에 대한 논의는 앞으로 더 구체화될 것이다. 더불어 청동기시대 조기~전기에 대한 연구의 폭과 깊이도 확대될 것으로 기대된다.

高麗文化財研究院, 2009, 『華城 旌門里 遺蹟』.

국립김해박물관, 2005, 『전환기의 선사토기』, 부산, 龍 디자인.

_____, 2006, 『轉換期의 先史土器 資料集』, 부산, 龍 디자인.

京畿文化財研究院, 2009, 『加平 大成里 遺蹟』.

金權中, 2010, 「청동기시대 중부지방의 시·공간적 정체성」, 『중부지방 고고학의 시·공간적 정체성
        (Ⅰ)』, 2010년 중부고고학회 정기학술대회.

金元龍, 1986, 『韓國考古學槪說』, 서울, 一志社.

金壯錫, 2002, 「남한지역 후기신석기 - 전기청동기 전환」, 『韓國考古學報』 48.

_____, 2008, 「무문토기시대 조기설정론 재고」, 『한국고고학보』 69.

김재윤, 2004, 「韓半島 刻目突帶文土器의 編年과 系譜」, 『韓國上古史學報』 第46號,

金貞培, 1973, 『韓國民族文化의 起源』, 서울, 高麗大學校 出版部.

金廷鶴, 1985, 「文獻 및 考古學的 考察」, 『韓國史論』 14, 국사편찬위원회.

김현식, 2008, 「남한 청동기시대 조기-전기 文化史的 意味」, 『考古廣場』 2, 부산고고학연구회.

도유호, 1960, 『조선원시고고학』.

朴淳發, 2003, 「渼沙里類型 形成考」, 『湖西考古學』 第9集, 호서고고학회.

裵眞晟, 2003, 「無文土器의 成立과 系統」, 『嶺南考古學』 32.

_____, 2007, 『無文土器文化의 成立과 階層社會』, 서울, 서경문화사.

_____, 2010, 「청동기시대의 울산과 두만강유역」, 『청동기시대의 울산 태화강문화』, 울산문화재연구원
        10주년기념논문집.

서국태, 1986, 『조선의 신석기 시대』, 사회과학출판사.

聖林文化財研究院, 2006, 『慶州 金丈里 遺蹟』.

신라문화유산조사단, 2009, 『慶州 忠孝洞 都市開發事業地區 遺蹟』.

安在晧, 2000, 「韓國 農耕社會의 成立」, 『韓國考古學報』 43, 한국고고학회.

_____, 2009, 「南韓 靑銅器時代 研究의 成果와 課題」, 『동북아 청동기문화 조사연구의 성과와 과제』,

서울, 학연문화사.

양지훈, 2010, 「연기 대평리유적 B지점」, 『移住의 고고학』, 제34회 한국고고학전국대회.

이건무, 2007, 「韓國 靑銅器時代 早期設定에 대한 小考」, 『畿甸考古』 제6호, 기전문화재연구원.

李相吉, 1999, 「晉州 大坪 漁隱1地區 發掘調査 槪要」, 『남강선사문화세미나요지』.

李鮮馥, 1991, 「신석기·청동기시대 주민교체설에 대한 비판적 검토」, 『韓國古代史論叢』 1.

李亨源, 2002, 『韓國 靑銅器時代 前期 中部地域 無文土器 編年 硏究』, 忠南大學校 碩士學位論文.

_____, 2007, 「南韓地域 靑銅器時代 前期의 上限과 下限」, 『韓國靑銅器學報』 創刊號, 韓國靑銅器學會.

임상택, 2006, 『한국 중서부지역 빗살무늬토기문화 연구』, 서울대학교 박사학위논문.

千羨幸, 2005, 「한반도 돌대문토기의 형성과 전개」, 『韓國考古學報』 57.

_____, 2007, 「無文土器時代의 早期設定과 時間的 範圍」, 『韓國靑銅器學報』 創刊號, 韓國靑銅器學會.

河仁秀, 2006, 『嶺南海岸地域의 新石器文化 硏究』, 釜山大學校 博士學位論文.

한국고고학회, 2010, 『한국 고고학 강의』, 개정 신판, 서울, (주)사회평론.

한백문화재연구원, 2009, 『가평 연하리 유적』.

宮本一夫, 1986, 「朝鮮有文土器の編年と地域性」, 『朝鮮學報』 121.

大貫靜夫, 1992, 「豆滿江流域を中心とする日本海沿岸の極東平底土器」, 『先史考古學論集』 2.

三上次男, 1951, 「穢人とその民族的性格について」, 『朝鮮學報』 二.

_____, 1952, 「東北アジアに於ける有文土器社會と濊人」, 『朝鮮學報』 三.

청동기시대 사회조직의 역동성

김 범 철 충북대학교

1. 서론

'사회~'에 대한 관심이 고고학의 주요한 주제가 되기 시작한 것, 즉 소위 '사회고고학(social archaeology)'의 시작은 고든 차일드부터라고 한다(Meskell and Preucel 2007). 이후 많은 학자들이 고고학적 해석에서 가장 본질적인 부분이 '사회~'라고 생각하게 되었다(Clark 1957, Chang 1958). 신고고학 혹은 과정고고학의 등장 이후 '사회~'는 광범위한 문화체계(cultural system)의 하부(혹은 亞)체계로 인식되기 시작한다. 사회연구에 체계이론(system theory)의 적용이 본격화(Flannery 1968)되고, 소위 아체계 간의 연동성이 강조되면서 사회조직에 대한 연구는 사회문화적(sociocultural) 변동의 핵심에 있게 되었다.

복원된 사회조직이 문화체계의 다른 영역, 즉 경제, 종교, 예술 등을 대변하는 요소들의 분포와 어떠한 연관이 있는지를 밝히는 것은 우리가 관심거리로 상정할 만한 많은 주제들에 대해 핵심적이고 기초적인 해답을 제시할 뿐만 아니라, 자칫 정적으로 흐를 수도 있는 사회조직 복원이라는 작업에 역동성을 가미하기도 한다.

본고에서는 취락고고학이나 가구고고학 등 사회고고학적 접근을 시도하는 주된 분야에서 사회조직 복원을 수행하면서 전제하는 이론과 방법에 대해 살펴보도록 하겠다. 아울러, 한반도 중서부지역 청동기시대 중기 사회의 사례를 중심으로 당시 사회조직을 복원하고 그 위계적 성격이 水稻經濟의 두 측면과 어떻게 관련될 수 있는지 분석해봄으로써, 특정 시기 사회조직이 가지는 역동성의 일면에 대한 이해를 시도해 본다. 이러한 과정에서 사회조직 복원이나 여타 문화체계와의 관련성을 파악하는 몇 가지 기법에 대해서도 소개하기로 한다.

2. 취락고고학과 가구고고학 -사회조직에 대한 고고학적 이해-

1) 취락고고학 -취락분포정형에 기초한 사회조직 복원-

지리학에서 취락은 흔히 "거주를 위한 구조물인 동시에 공동생활의 단위인 가옥의 합"으로 좁게, "가옥뿐만 아니라 주변의 토지, 수로, 공지 등을 포괄하는 공간"으로 넓게 정의될 수 있다(洪慶姬 1985). 어떤 경우라도 개념을 수용하기에 별다른 어려움이 없다. 그러나 이를 고고학의 자료에 적용하기란 그리 녹록치 않다. 주거지, 분묘, 저장공 등 인지가 용이한 유구만을 포괄하는 개념을 적용하자면 상대적으로 쉬울지 모르겠으나 경계가 불명확한 주변의 경관이 모두 포괄되는 경우 분석적인 단위로 설정하기는 거의 불가능할 수도 있다.

광역적 취락분포유형 연구에서 취락은 대체로 俠義의 定義에 기초하는 듯하다. 취락체계 수립의 중요한 기준으로 '면적'을 들고 있는 점이 그 대표적인 증거가 되겠다. '면적'은 지표상의 유물분포 범위에 의거하는 바, 결국 인간 활동이 가장 밀도 있게 발생했던 공간이 취락이 되는 셈이다. 이 경우, 경관 전체를 포괄하지는 않는다. 결국 유물의 연속적인 분포가 끝나는 공간이 취락이 되는 셈이다.

우리 고고학계에서는 단일의 유물(유구)밀집분포지역을 '유적'이라고 부른다. 무리 없이 적용될 수 있는 예도 있지만, 인접한 취락을 별도의 유적으로 부르는 사례도 적지 않다. 반경 몇 백 미터 내에서 유적 혹은 단위 취락의 군집이 확인되는 예도 적지 않다. 이 경우, 개별 유적이나 취락을 분석이나 사회조직 인지의 단위로 삼기는 석연치 않다. 사실, 대부분의 사례연구들은 취락분포유형의 분석과 취락체계의 복원에 있어 '遺蹟' 혹은 '협의의 聚落' 대신 '共同體(community)'를 전제하고 있다(Hegmon 2002, Peterson and Drennan 2005, Varien 1999).

물론, 공동체의 물리적 범위를 정하는 작업은 취락을 규정하는 것보다는 훨씬 많은 논쟁거리를 내포하고 있다. 이 또한 일차적으로는 연구자들마다 상이한 '공동체'의 개념을 이용하는 데에서 오는 현상이다. 개별 주민이나 개개 가구 간 대면관계, 주거의 인접성에 주목하는 고전적 정의(Murdock 1949)에서부터 理想化된 觀念的 공동체를 강조하는 최근의 정의들(Hegmon 2002, Isbell 2000, Marcus 2000, Preucel 2000, Yaeger and Canuto 2000)까지, 범위가 매우 넓다. 다양한 정의가 나타날 수밖에 없는 현상은 공동체의 내재적 속성에 그 원인이 있다.

'공동체'는 그것을 구성하는 가구(혹은 개인) 간 '交流(interaction)'의 바탕 위에 형성되는데 그러한 교류야말로 日常의 요체가 되는 것이다. 뿐만 아니라, 사회변화의 동력 또한 이러한 교류를 모태로 형성되는 바, 복합사회의 등장과 같은 광역적 사회조직의 변화 또한 그러한 교류를 구조하는 새로운 방식의 출현으로 이해되기도 한다. 과거의 취락분포유형에 대한 고고학적 분석에서 '공동체'의 화두가 꾸준히 제기되어왔던 것은 그러한 인식이 저변에 자리하기 때문이다(Yaeger and Canuto 2000, Flannery 1976, Hegmon 2002, Kolb and Snead 1997, Peterson and Drennan 2005, Trigger 1968).

고고학이 대상으로 하는 사회의 개개구성원 혹은 개별 因子家口가 참여하는 교류는, 일상의 농업생산과 관련된 매우 긴밀하고 소규모의 것에서부터 交易이나 儀禮, 정치활동, 婚姻網 등과 관련된 광역적인 것까지, 그 종류와 범위가 매우 다양하다. 그러한 바, 특정 개인이나 가구가 서로 다른 형태의 교류를 전제로 하는 공동체들에 多重的으로 소속되게 된다. 따라서 어떠한 교류에 주목하느냐에 따라 연구자 간 공동체의 정의와 범위는 달라지게 마련이다.

선사·고대의 취락분포로부터 특정형태의 공동체를 규정 혹은 범위지을 수 있는 것은 두 가지 요인에 근거한다. '거리'와 '교류의 중요도(혹은 강도)'가 바로 그것이다. 근대적인 발달된 교통기술의 혜택이 없는 상태에서 '거리'는 빈번하고 중요한 교류를 직접적으로 제한하는 요소이다. 따라서 필수불가결하고도 日常的인 교류일수록 參與家口의 居住를 근접하게 한다는 점이다.

개념은 그렇다하더라도 과연 그러면 어떻게, 지표에 분포하는 고고학자료로부터 공동체의 범위를 설정해야 할까? 유적과 공동체의 관계는 그다지 일괄적이고 직선적이지 않다는 비판(Dunell and Dancy 1983, Ebert 1992)에 직면한 상황에서 공간적으로 공동체를 규정하는 일은 그 자체가 분석의 과제가 되어왔던 것도 사실이다. 이러한 측면에서 몇몇 연구들은 근접한 유적 혹은 단위취락을 묶어 공동체로 파악하는 작업을 해왔다. 대표적인 예로 手記나 단순 그래픽 작업으로 근접한 유적들을 한 공동체로 묶는 작업이 있었으나 다소 주관성이 강하게 작용하는 경향이 있어 최근의 연구들은 잘 이용하지 않는다. 다음으로 개별유적의 주변 일정 거리의 완충지역(buffer)을 설정하는 방법인데, 이 또한 획일적으로 '일정거리'를 정하는데 주관성이 크게 작용할 뿐만 아니라, 공동체의 (교류)범위에 영향을 미치는 중요한 요소를 간과하는 경향이 있어 적용가능성이 제한적이다. 즉, 인구규모가 큰 취락과 작은 취락 간에는 교류의 강도나 영향력이 미치는 범위, 혹은 교류 상대를 흡인하는 능력에서 차이가 있는 바(Ananya et al. 2003, Hodder and Orton 1976, 188), 아무리 교통수단의 제약이 절대적인 전근대사회라 할지라도 규모나 출토유물의 밀도가 다른 유적들에 일률적으로 동일한 완충거리를 적용하는 것은 다소 설명능력이 떨어지는 제안이 될 것이다. 결국, 공동체를 공간적으로 설정하는데 있어 전가의 보도와 같은 방법은 없다고 결론 내릴 수 있을 것이다. 부정하고 싶은 생각은 없다. 그러나 체계적이고 일관적이며 위의 전제들을 십분 수용한 기준 적용은 필수적임을 주지했으면 한다.

일단, 분석단위를 규정하고 나면 취락의 체계를 파악하는 작업이 후속되어야 한다. 흔히 구미식의 취락분포유형 연구는 '면적'의 대소를 일차적 기준으로 삼는 경우가 많다. 여기서 면적은 인구규모의 의사지표로 인식되고 있어, (유물밀도의 차이가 심하게 보이지 않는다면?) 면적의 차이는 인구규모의 차이를 반영하는 것으로 간주한다. 인구규모의 차이는 기본적으로 기능적 차이를 담보한다는 생각 또한 널리 공유되는 바이다. 한 지역 내에 분포하는 여러 취락들 중 특정취락에 인구가 집중된다는 점은 그 취락이 다른 취락이 제공하지 못하는 사회·정치·경제적 혜택이나 서비스를 제공하고 있다는 점을 반영하는 것이다. 따라서 대형취락은 정치, 교역, 각종 수공품 생산, 군사적 행위, 혹은 농업생산의 중심지로서 이미 주변 소규모 취락들과는 기능적으로 구별된다. 한편으로, 만약 그러한 취락이 주변의 잠재적 농업생산력에 의해 유지되기 어려운 큰 인구규모를 가지고 있다면, 자연히 주변의 농업생산자적 취락에 생계자원을 의존하게 되며, 반대급부로 농업생산물 이외의 서비스를 제공하게 되는데, 이 경우, 대형취락은 비농업적 서비스의 공급자이며, 동시에 일차적 농산물의 소비자가 되는 것이다. 이러한 차별화된 기능적 관계, 즉, 특정의 산물을 대상으로 형성되는 생산자-소비자 관계 또한 인구규모의 차이, 보다 단순하게는 취락면적의 차이에 반영된다.

현재 취락자료에 근거하여 위계적 체계나 상호작용의 네트워크를 복원하는 일은 청동기시대 고고학에서 보편화되어 있다. 그러나 대부분은 이론적 논의나 방법론적 고민에 기초하기보다는 단순 관찰수준의 분석을 통해 위와 같은 과정을 대신하고 있는 듯

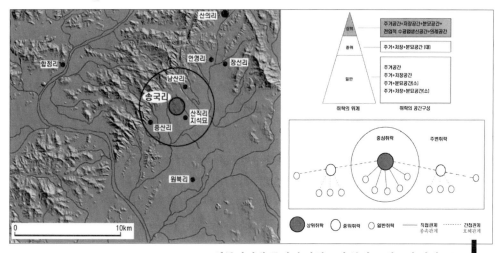

청동기시대 중기의 사회조직 복원 모식도의 일례 **01**

송국리유적 주변의 지형과 유적분포(左)와 계층화 및 관계에 관한 모식도(右)

하다. 일례로 취락의 구성요소에 따라, 취락의 등급을 매기거나 기능의 복합도를 측정하는 체크리스트식 접근(안재호 2004, 이형원 2009)을 들 수 있다. 결과적으로는 그럴 듯한 설명을 한다고 할 수도 있지만 발굴의 범위가 제한적일 수도 있는 상황에서 기능의 복합도를 설명하는 것은 다소 위험하다.

더더욱 위험한 작업은 지나친 모식화이다. 지극히 제한적인 정보를 바탕으로 모식도에 확인되지도 않은 사실을 첨가하여 가상의 관계도(그림 01)를 만들고 이를 일률적으로 전 남한의 상황에 적용하는 사례이다.

사실 이러한 작업은 역사고고학에서 문헌에 따라 모식도를 만드는 작업을 모방한 것인 듯 하다. 어찌 되었건, 취락고고학의 기본적 문제의식도 고려하지 않고 있다는 문제점을 지적하지 않을 수 없다. 삼한의 읍락체제를 모식적으로 복원한 작업(그림 02)을 예로 들어 그런 류의 접근이 가질 수 있는 문제점을 지적해보도록 하겠다.

첫째, 취락체계의 파악은 지극히 경험적인 지식에 기초한다는 사실이다. "村落共同體"의 모태가 되었다고 생각하고 있는 "邑落共同體"의 형성에 대한 취락고고학적 설명은 삼한 취락체계 연구의 핵심적인 부분일 것이다. 이러한 설명모형(李熙濬 2000)은, 等位의 구성인자 간 관계에 대한 배려가 없다는 측면에서는 樹枝型(dendritic) 모형과 유사하지만, 中心地 주변에 소규모 취락이 분포한다는 점은 중심지이론(central place theory)의 六角形 모형과 유사하다.

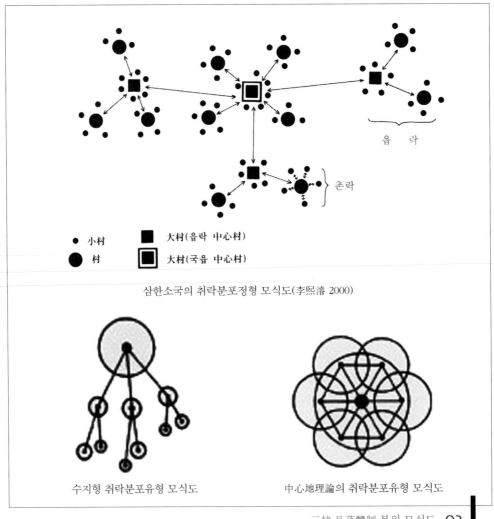

삼한소국의 취락분포정형 모식도(李熙濬 2000)

수지형 취락분포유형 모식도　　　　中心地理論의 취락분포유형 모식도

三韓 邑落體制 복원 모식도　**02**

　　그런데, 과연 그것이 얼마나 경험적 자료와 일치할지는 의문스럽다. 마치, 國勢調査
에서 직접 조사하지 않고는 인구수나 인구의 구성을 알 수 없는 것처럼 체계적인 실제
조사를 통해 취락의 규모와 입지에 대한 실질적인 정보를 확보하지 않고 취락체계를
복원하는 작업은 매우 피상적인 것이 되고 말 것이다. 특히, 현재의 관행상 발굴구역의
설정이 부분적이고 선택적이라는 점을 감안한다면, 단편적인 발굴 정보에 근거하여 그
러한 시도를 하는 것은 더욱 위험할 수밖에 없다. 물론 그러한 시도에서 이용되는 자료
를 마치 통계학의 표본과 같은 존재라고 인식할 수도 있을 것이다. 우리가 이해하고자

하는 고대 사회의 실재적 모습 혹은 그 반영물로서 잔존하는 전 물질문화유산이 모집단이 된다면 고고학자료는 기본적으로 표본일 수밖에 없다. 표본으로 모집단을 추정하기 위해서는 모형(model)을 설정하여 접근하는 것이 어느 정도 필요할 것이다. 그러나 그러한 모형이 일반적으로 적용되기 위해서는 그러한 표본이 일정한 정도의 통계적 대표성과 신뢰도를 가져야 한다. 위의 모형을 수립하기 위해 취락분포자료를 분석하는 과정에서 그러한 통계학적 배려가 있었는지 분명하지 않다.

한편, 정치적 위계나 공납의 이동경로를 제외한다면, 위의 모형에서 等位因子 간 관계가 제시되지 않았다는 점 또한 쉽게 납득하기 어렵다. 중앙 위주의 시각에서 한 걸음 더 나아가 지방의 역동성을 현재의 연구에 포함시키자면, 그러한 등위인자 간 관계에 대한 설명이 있어야 할 것이다. 뿐만 아니라, 산지지형이 많은 영남지역에서 과연 중심 취락 주변에 소규모 취락이 분포하는 응집력이 확인될 지는 의문이다. 이러한 개념적 모형은 政治組織編制圖로서는 타당할 수도 있겠으나 실제 취락분포와는 거리가 있어 보인다.

둘째, 취락의 위계형성과 관련하여, 국소적 혹은 광역적 인구의 (재)배치는 큰 취락으로부터의 分枝的 過程이라기보다는 특정 취락에의 차별적 인구집중으로 발생하는 현상이다. 따라서 '母村(mother village)'으로부터 '子村(daughter village)'이 분리된다는 설명모형은 특정지역 농경 발생 초기에 대한 설명으로는 개연성을 가질지 모르겠으나 복합사회의 취락형성에 대한 일반적인 설명과는 전혀 다르다. 복합사회에서 인구의 분산은 사회 전체의 와해 혹은 해체(decentralization)를 의미하는 것으로 받아들여지고 있다. 한편, 대·소취락 혹은 상·하취락 간의 관계는 단순화하자면, 소규모(혹은 하위)취락으로부터의 1차 생산물(staple)의 유입, 대규모(상위)취락으로부터의 政治的, 文化的, 儀禮的, 軍事的 2차 산물(수공생산품)이 위주를 이루는 經濟的 혜택의 제공 혹은 재분배로 요약될 수 있다. 결국, 혈연적 母子간의 관계와는 전혀 다르다. 따라서 명칭 또한 문제가 될 수 있겠다.

셋째, 취락의 위계는 당연히 상대적 개념이며, 특정 취락들을 대상으로 범문화적(cross-cultural) 공통형식을 설정하는 작업은 매우 소모적이라는 점이다. 흔히, 취락의 규모를 기준으로 할 때, 3단계 이상의 위계가 보이는 사회를 단순 수장사회(simple chiefdom), 4단계 이상의 위계를 보이는 사회를 복합 수장사회(complex chiefdom)로 보는 것이 광역적 지표조사를 통한 취락고고학적 연구에서 일반화되어온 것이다. 3단계의 위계가 보이는 사회에서 각 단계에 속하는 취락을 "상위중심지 - 하위중심지 - 일반부락"으로 暫稱한다고 할 때, 규모나 내부 구조 등의 측면에서 등급화된 개별취락의 범문화적인 공통성을 찾는 작업이 과연 의미가 있을지는 무척이나 의문스럽다.

비슷한 경우로, 'hamlet', 'village', 'town' 등 취락의 형태를 개념화한 틀에 근거하여 특정 취락들을 이들에 일대일 대입하는 것은 다소 위험한 발상이다. 사실, 사례연구에서 제시하는 각 등급의 취락은 인구규모나 구조에 있어 현격한 차이를 보이는 점을 간과해서는 안 될 것으로 판단된다. 적어도 선사·고대의 취락체계 복원은 일차적으로 고고학자료—광역적 취락분포유형(regional settlement patterns)자료—에 근거하여야 한다.

경험적 지식에 근거하여 취락체계를 복원한 연후에 어떤 것이 邑이고, 村이고, 落이고를 정해야 할 것이다(李熙濬 2000). 문헌기록에 모호하게 제시된 취락의 규모를 근거로 특정 유적의 취락체계상의 위치와 구조, 역할을 규정하는 것은 논리적으로도 모순이다. 삼국 촌락의 모태가 되었다고 여겨지는 삼한 읍락체제의 예를 들어보자. 개별 소국은 그 규모에서 차이가 있었을 것이다. 특정 小國의 邑落이 다른 小國의 大邑보다 클수도 있고, 특정 소국의 소촌이 다른 소국의 촌보다 클 수도 있다. 이것이 실상이라면, 선험적 모형으로 경험적 지식을 왜곡하는 것이 된다.

2) 가구고고학 -가구에 대한 고고학적 인식과 활용-

개념적으로 규정된 '취락'을 고고학 자료에 적용하는 취락고고학만큼이나 가구고고학(household archaeology)에서 물질자료에 기초하여 분석단위로서 가구를 규정하는 작업은 다소 혼란스러운 경우도 있다. 일차적으로 그러한 혼란은 연구자 간 가구의 정의가 상이한 탓이기도 하다.

연구자에 따라 가구를 '家族(family)', '營屬集團(corporate group : Hayden and Cannon 1982)', '同居의 任務集團(co-residential task group : Hammel and Laslett 1974)', '개별구성원의 관념상 이미지(constructs in individual's minds : Yangisako 1979)', 혹은 단순히 구성원들이 '거주하는 공간(Renya 1976)' 등으로 다양하게 정의하고 있다. 이러한 다양한 정의들이 나타나게 되는 이유는 연구대상이 되었던 사회마다 가구의 기본적인 양태나 그 주된 기능이 다르기 때문이기도 하다.

그럼에도 불구하고, 同居(co-residence), 家事(domestic activity), 가족관계(familial relations), 생산 및 분배·소비(distribution), (사회적·생물학적) 재생산(reproduction), (재산, 지위, 혹은 정보의) 계승(transmission) 등은 많은 사회에서 '가구'라는 실체를 특징짓는 공통적인 기능이나 속성들로 자주 언급되어온 것들이다(Bender 1967, Wilk and Netting 1984 : 5, Wilk and Rathje 1982 : 621). 결국, 사회 단위로서의 가구를 정의하는 것은 그 기능 혹은 속성 중 특정사회에서 의미있게 작용할 일부를 강조하는 작업이라 할 것이다.

특정 형태의 주거 건축물 내의 '동거집단'이 수행하는 기능에 초점을 맞추다보면, 사회 간 가구 형태와 기능의 차이를 쉽게 설명할 수 있는 장점이 있기도 하다. 사회마다 가장 기초적인 조직인 가구가 주되게 수행하는 기능이 다를 수 있기 때문이다. 이점을 확대 적용하여 보면, 사회조직의 기초단위로서 가구의 기능이나 형태가 변화한다는 것은 어떠한 형태이든지 보다 높은 차원의 변화─예를 들어, 지역 차원(regional-level)의 사회·정치·경제적 변화─를 반영하거나 혹은 반대로 그러한 변화를 창출하는 요인이 될 것이다.

사회조직 혹은 그 변동을 고고학적으로 연구하는 과정에서, '가구'가 주요한 분석 단위로 채택되는 이유로 다음과 같은 몇 가지를 생각해 볼 수 있겠다(Bermann 1994, Hirth 1993).

우선, 인류학, 사회학, 경제학 등 사회과학의 諸 분야에서 家□가 여러 사회의 가장 일상적이고 기초적인 조직 중 하나라는 점이 인정되고 있기 때문이다. 그러한 특성 때문에 가구 차원에서의 연구는 지역적 차원의 거대변화를 매우 미시적 관점에서 바라볼 수 있을 뿐만 아니라, 그것이 일상의 각종 행위들과 어떻게 관련되어 있는지도 살펴볼 수 있게 되는 것이다.

예를 들어 보자. 가구는 대부분 선사·고대사회에서 기본적인 농업생산조직인 바, 지역적 차원의 경제적 변화는 일상적 혹은 장기적 '가내 생산행위'의 양상에 영향을 미치게 된다. 그 결과, 가구의 생산도구조합에도 매우 가시적인 변화를 유발할 것이다. 고고학적 연구는 주거지 출토의 도구, 특히 석기도구조합의 기능적·양식적 변화를 통해 그러한 가구의 생산양식 변화를 역으로 추적하고, 더 나아가서 지역적 차원의 경제적 변화도 인지할 수 있게 된다.

둘째, 가구는 거의 모든 사회에서 공통적으로 발견되는 바, 시공에 걸쳐, 사회조직의 복원, 혹은 생태적 적응이라는 주제를 비교문화적으로(cross-culturally) 연구할 수 있다는 점 등의 유리함이 인식되었기 때문이다. 이 경우, 사회 간 가구 비교는 사회 간 상사 · 상이성을 연구하는데, 새로운 혹은 대체적인 영역(dimension)으로 작용할 수 있다.

비단, 거시적 관점에서 인지되는 변화만이 '중요한' 사회적 변화(Binford 1964)는 아니다. 예를 들어, 엘리트 간 威勢品 교역을 통하여, 신분상징을 강화하려 한다고 하자. 특정 위세품의 광역적 분포에 대한 조사를 통해 威勢品交易網 혹은 동맹관계의 강화 등의 상황을 복원할 수 있을 것이다. 하지만 우리는 당시 인구 피라미드 구조상 매우 한정적인 사회구성원 일부가 시도한 변화만을 본 것일 뿐 이러한 변화와 궤를 같이 하는 대다수 사회구성원의 변화를 본 것이라고 보기는 어렵다.

셋째, 가구는 고고학적 물질자료를 통해 인지하기가 쉽다는 점인데, 이야말로, 실제 분석단계에서 고고학자들이 가구를 주요한 사회조직의 분석단위로 생각하게 하는 주요 요소인 듯하다. 사실, 단일 구조물—한 지붕 혹은 한 울타리—내부에 거주하는 모든 사람은 가족일수도 있지만, 아닌 경우도 많다(崔在錫 1990, Bender 1967, Netting, Wilk and Arnould 1984). 많은 연구들에서 합의하는 바와 같이 가족과 가구는 엄밀히 구분되어야 하는 개념이다. 가족 구성의 요체가 '血緣'과 '婚姻'이라면, 가구의 경우, 무엇보다 중시되는 특징은 '同居' 이기 때문이다. 따라서 선사 · 고대의 주거지를 바로 '확대 / 핵가족' 혹은 '가족공동체'와 직접적으로 연결시키는 작업은 매우 세련된 논증을 필요로 하는 작업으로서, 유보되어도 좋을 듯하다. 결국, '가구' 개념은 구성원의 기거를 주된 목적으로 하는 한정된 공간으로서의 주거구조물—고고학 자료로서 주거지—이라는 물적 실체와 개념적, 실증적으로 매우 잘 부합된다고 하겠다.

넷째, (표본전략이 담보된) 소규모 발굴조사로도 많은 연구과제들에 대해 답할 수 있다는 장점이 있다. 일부 학자들은 지난 30년 간 가구고고학이 정교화되어 발굴을 하지 않고 지표상 흔적의 면밀한 관찰 및 민족지조사를 통해서도 가구의 과정(process)을 파악할 수 있다고 한다(Hayden and Canyon 1983, Wright, Redding and Pollock 1989).

가구고고학은 주거구조물과 출토유물의 관찰과 분석을 통해, '가구'라는 사회조직의 기본단위를 고고학적 입장에서 복원하고, 거기에서 벌어지는 각종의 가사행위—생산, 분배와 소비, 재생산—등을 탐구하는 것에서 출발하여 ① 지역적 차원에서는 잘 인지되지 않는 변화를 기술하고, ② 가구변화에 유발되는 사회진화를 연구하며, ③ 사회진화나 문화변동의 새로운 분석 단위로서 가구에 대한 방법론적, 이론적 틀을 제공할 뿐만 아니라, ④ 개별 사회 간 변이를 설명할 새로운 차원을 제시하는 등의 측면까지 그 연구의 영역을 넓혀가고 있다.

가구고고학의 가장 고전적인 형태는 취락 내 개별주거지 간 관계—예를 들어 상대적 빈부차나 위계—를 복원하는 취락고고학의 시도들이었다. 이러한 시도는 다소 정적인(static) 면이 있으며, 또한 비용이라는 측면에서, 취락 전체를 발굴해야 하기 때문에, 다소 소모적이라는 지적이 있다. 최근 20년의 가구고고학 방법론의 발달은 굳이 주거지 자체를 발굴하지 않아도 가내 행위의 양태를 추론할 수 있는 수준까지 발달하게 되었다(Hayden and Cannon 1982, Wright, Redding and Pollock 1989). 이러한 발달은 단연, 고고학조사와 병행되는 민족지조사의 성과라 할 수 있다. 그러하다보니, 단순한 복원의 측면을 넘어서, 거주 공간 내·외부에서 벌어지는 인간의 각종 행위나 그 변화에 따른 가구양태의 변화에 보다 역동적인 접근이 가능하게 되었다.

가구양태의 변화에 대한 역동적인 설명은 자주 지역적 차원의 변화와의 관련 속에서 연구된다. 분명, 가구양상의 변화는 지역적 차원의 거대변화를 반영한다. 그러나 계층, 소속된 공동체의 위계와 기능 등 다양한 사회적 구분에 따라, 가구의 반응은 사뭇 다르다. 따라서 가구고고학적 접근에는 가구 자체가 '능동적으로 취사선택할 수 있는 주체(agent)'라는 관점이 강하게 투영되어있다. 또한 이는 과거 중심지 중심의 연구에서 벗어나 주변적 혹은 지방적 양상에도 관심을 기우려야 한다는 주장(local perspective)들과도 잘 부합하는 이론적 배경을 갖고 있다.

일례로, 특정 공동체 내부의 가구 간 빈부차 / 위계는, 그 공동체가 전체지역의 취락체계 내에서 정치·경제적 중심지에 속하느냐 혹은 변두리의 일반부락에 속하느냐에 따라 달리 나타날 수도 혹은 같게 나타날 수도 있으며, 위계상 같은 부류에 속하더라도 다르게 나타날 수도 있다. 따라서 중심지의 양상뿐만 아니라, 소규모 일반부락의 양상도 기술하고, 이를 비교함으로써 위계를 달리하는 공동체 간 변이가 발생하는 원인을 설명하려는 시도는 지역적 차원에서 인지 가능한 변화를 보다 심도 있게 이해하기 위해서 매우 중요한 것이라 하겠다.

3. 사회조직 복원의 방법론적 전제 -단위와 범위-

사회조직 복원의 첫걸음은 우선 고찰과 분석의 단위와 범위를 설정하는 일이다. 앞서 언급한 것처럼, 취락을 분석의 '단위'로 설정하고 분포유형에 의거하여 사회조직을 복원하고자 했던 연구들 중 적지 않은 수가 '유적'과 '취락'을 핵심개념인 '공동체'와

等値로 상정할 수 있을 것인가의 문제로 고민하였다. 그러나 우리 고고학계의 조사관행상 이 세 가지 개념은 등치로 간주될 수 없다. 우선, 소위 '~유적'의 명명과정은 그것이 취락분포유형 분석의 개념적 혹은 분석적 단위로 사용될 수 없음을 보여주는 극명한 예가 된다. 주지하다시피, 유적명은 용역조사의 사업범위와 행정구역상의 구분에 의거하여 이루어지는 것이 일반적으로, 어떤 경우에는 특정 시기 취락의 극히 일부만을, 어떤 경우는 그를 훨씬 초과하는 범위를 포괄하기도 한다. 한편, '~취락'이라고 명명되는 것 또한 불분명하고 실상에서 벗어난 경우가 많다. 취락분포유형의 복원에서 전제하고 있는 협의의 취락 개념을 적용하더라도, 발굴된 일부, 소위 '~유적'으로 지칭되는 범위를 당시의 취락으로 상정하고 있어 실상을 반영하지 못하고 있기도 하고, 어떤 경우는 주변의 광대한 지역을 소위 '경관'이라고 부르면서 과연 그 취락의 범위가 어느 정도인지를 불분명하게 하기도 한다.

이러한 상황에서 취락분포유형 분석의 핵심개념인 공동체를 실제 고고학자료에서 인지하기란 쉽지 않은 작업이 될 수밖에 없으며, 적지 않은 논쟁의 소지를 제공하기 마련이다. 물론, 고고학 연구에서 단위 설정의 작업이 어렵고 어떤 경우라도 논란의 소지가 있는 점은 비단 공동체와 관련된 문제만은 아니다. 그러나 그러한 소지를 조금이라도 줄이기 위해서는 단위설정의 분명한 방향 및 절차를 천명하고, 방법 적용의 일관성을 유지하는 노력이 필요하다.

한편, 분석과 고찰의 '범위'를 정하는 작업은 명백히 해당사회의 성격에 대한 대략적인 이해에 기초한다. 즉, 그 당시 가장 큰 사회 단위의 규모가 어떠했는가에 대한 생각이 전제되어야 한다. 본 강연에서 다루는 중서부지역 청동기시대 중기 사회처럼, 이미 복합적이고 광역적인 사회조직이 등장한 단계에서 그 범위는 몇몇 취락의 범위를 초월하는 광역적인 것이 되어야 한다. 그것은 '복합사회의 등장'이라는 문제가 개념적 혹은 경험적으로 이미 개별 취락의 수준을 넘어서는 지역정치체와 그것을 통제하는 정치엘리트의 발생, 지역정치체의 구성요소인 단위공동체들 간의 집단적 관계 등을 전제로 하기 때문이다(Drennan 2000). 복합사회의 등장과 발전이라는 대주제와 관련된 여러 문제들을 다루고자 할 때 '地域的 接近(regional approaches)'이 중요시되어 온 경향은 그러한 점에서 원인을 찾을 수 있다(Bermann 1994, de Montmollin 1988). 체계이론과 결합된 지역적 접근은 '지역적 정치체를 이루는 다양한 차원의 구성단위—예를 들어, 개별가구, (국소적) 공동체, 지역정치체[1]—들은 유기적으로 연관되어 있어, 특정 차원에서의 변동은 다른 차원의 변화와 밀접한 관련이 있는 바, 지역 차원(regional-level), 즉 광역적 범위가 탐색되어야 한다' 는 관점에 기초한다. 물론 선사 및 고대사회에 대한 연구패러다임으로서의 지역적 접근은 구체적인 연구방법론으로서의 광역적 취락분포유형(regional settlement patterns) 조사와는 전혀 다른 것이다. 하지만 많은 고고학자들은 연구관점으로서의 지역적 접근을 달성하기 위한 일차적이고 가장 효과적인 방법으로서 광역적인 지표조사를 통한 지역적 취락분포유형 복원을 강조하고 있다.

4. 사례연구 -중서부지역 청동기시대 중기 사회조직의 역동성-

다음에서는 중서부지역 청동기시대 중기의 송국리형 취락의 광역적 분포유형을 분석하여 당시의 사회조직을 복원하고 그것이 水稻經濟(생산과 분배)와의 관계 속에서 어떻게 역동적으로 설명될 수 있는지 살펴보도록 하겠다. 그러는 과정에서 자연스레 사회조직 복원의 몇 가지 기법을 소개하는 기회도 가져보도록 하겠다.

1) 광역적 취락체계의 복원

본고에 청동기시대 중기 취락체계를 복원하기 위해 사용되는 자료는 중서부지역의 남단인 금강 중·하류유역에서 수집된 지표 및 발굴조사를 통해 축적된 것이다. 언뜻 보기에도 어떤 취락은 고립적으로 분포하지만 어떤 취락은 서로 인접하여 분포하는 것을 알 수 있다(그림 03). 고립적으로 분포하는 취락을 하나의 분석단위로 상정하는 데에는 별다른 논쟁의 소지가 없지만 인접하여 분포하는 복수의 개개 취락들을 개별 단위로 인식하기에는 석연치 않음이 남는다. 더구나 앞서 살펴 본 바와 같이, 광역적 취락분포유형의 분석을 통해 취락체계를 복원하고자 하는 연구에서 주민 간의 상호교류에 초점을 맞춘 '공동체' 개념을 전제하고 있다. 따라서 인접한 취락들을 하나의 공동체

---

1 형태와 규모면에서 개별 취락들은 더 세분될 수 있을 것이다. 그런데 이러한 물리적 구분을 사회조직의 복원문제와 결부시킨다면, 이와 같은 세 수준정도가 타당할 것으로 보인다(Parsons 1972, Trigger 1968).

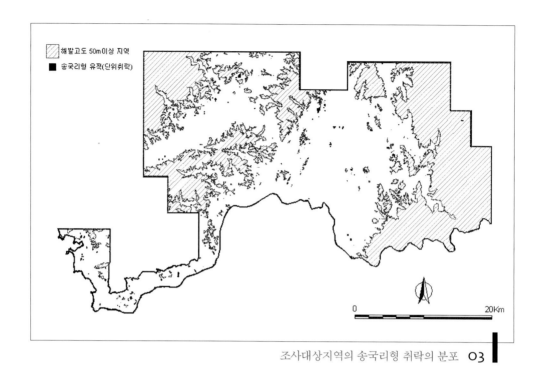

해발고도 50m 이상 지역
송국리형 유적(단위취락)

0   20Km

조사대상지역의 송국리형 취락의 분포 03

로 묶는 작업이 필요하다. 그러한 작업은 우선, 상호작용의 종류를 설정하는 일에서부터 시작된다. 그것은 공동체라는 개념이 다의적·다중적으로 작동(金範哲 2005a·b)하는 바, 교류의 내용을 지정하지 않으면, 특정 분석을 위한 단위로 설정하기 어렵다.

일단 교류의 내용이 정해지면, 다음으로 수행할 작업은 체계적이고 일관적으로 인접한 (단위)취락들을 묶어가는 작업이다. 이러한 작업을 위해 몇몇 방법들이 제시되어 있고 그들의 한계 또한 앞서 지적한 바 있다. Peterson과 Drennan(2005)이 제안한 점유표면분석(occupational surface analysis)에서는 그러한 한계가 어느 정도 극복된 듯하다. 이 방법은 실제 취락의 분포에 의거하여 분석단위가 될 (단위)공동체를 찾아내는 과정에서 유연화(smoothing)의 역거리배율(inverse distance power)을 줄여주는 작업을 되풀이하면서 가능해진다. 그림 04는 배율을 달리한 표면이다. 역거리배율을 낮추면, 높을 때―예를 들어 (f) 표면―단독으로 존재했던 봉우리의 저변이 합쳐져 가는 것을 알 수 있다[2]. 따라서 최고봉에 포함되어 버리는 낮은 봉우리의 개수가 많아지게 되는 것이다. 배율이 0.001―그림 04의 (a) 표면―로 매우 낮아졌음에도 불구하고 하류군, 중류서군, 중류동군 사이에는 확연한 골짜기가 존재한다. 따라서 세 개의 단위 공동체 군을 상정해 보도록 한다. 하지만 여기에서 끝나는 것이 아니라, 특정 배율을 반영하는 바닥 쪽 등고선을 보는 과정을 한 번 더 되풀이하여야 보다 신뢰할 수 있는 영역을 찾을 수가 있다. 필자는 그림 04의 (a)표면을 택하여 바닥 쪽 등고선을 살펴보았다. 결국 바닥 등고선과 유연화된 봉우리 간의 계곡을 비교분석하는 방식으로 찾아낸 세 개

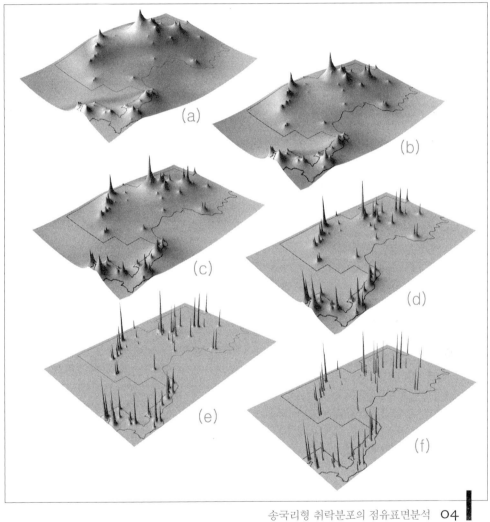

송국리형 취락분포의 점유표면분석 **04**

---

2 유연화작업은 높은 봉우리를 포함하는 봉우리 밀집을 중심으로, 산발적으로 분포하는 주변 봉우리들을 합쳐가는 과정을 의미한다.

의 공동체 군 혹은 지역정치체는 그림 05와 같다. 세 개 군을 각각 A정치체(하류군), B 정치체(중류 서군), C정치체(중류 동군)로 정한다. 이러한 세 개 정치체는 50개 단위공동체 중 44개의 공동체를 포괄하며, 이들은 전 공동체가 점유하는 면적 중 89%에 해당하는 185.2ha를 차지하고 있다. 제외된 6개의 공동체는 '고립부락'으로 暫稱하고 이후의 분석에서는 언급하지 않는다(그림 06).

각 정치체를 구성하는 단위공동체들의 면적분포에 근거하여 판단하건대 B와 C정치체는 각각 3단계의 위계[3]가 보이는 한편, A정치체에는 확연한 2단계 위계가 확인된다

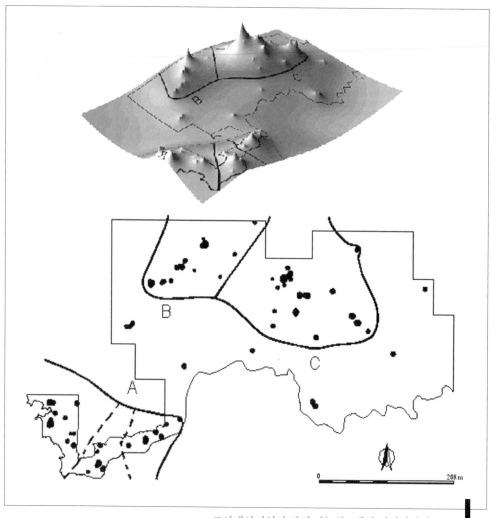

조사대상지역의 상정 가능한 3개의 지역정치체 **05**

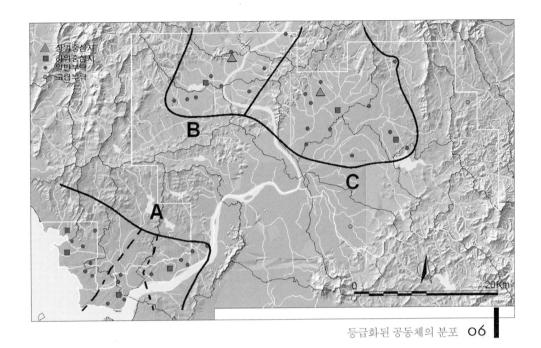

(그림 06). B와 C정치체에는 각각 최상위중심지, 하위중심지 및 일반부락이 모두 존재하는 반면, A정치체에는 최상위중심지 없이 4개의 하위중심지와 15개의 일반부락이 존재하는 것으로 보인다. 이 경우, B정치체는 1개의 최상위중심지, 1개의 하위중심지, 10개의 일반부락으로, C정치체는 1개의 최상위중심지, 2개의 하위중심지, 12개의 일반부락으로 구성된다. 그림 06은 등급화된 단위공동체들의 분포를 보여준다.

　등급화된 정보에서 간취되는 취락체계의 위계성과 유사한 양상은 개별 정치체의 내부구조에서도 확인된다. 여기서 내부구조란 중앙집중화의 양상이나 통합도를 의미하는데, 주로 개별 정치체 내 취락 간 인구분포에 의거하여 분석이 가능하다. 흔히, 順位 - 規模分析(rank-size analysis)으로 불리는 이 방법은 원래 지리학에서 사용되는 것으로,

---

3 공동체(혹은 취락)의 면적에 근거하여 지역적 취락분포체계를 수립하는 작업은 취락고고학에서 매우 보편적인 작업일 뿐만 아니라 검증을 거친 이론에 바탕한 시도이다(자세한 내용은 金範哲 2005a : 89. 참조). 물론, 공동체(혹은 취락) 내부의 자세한 유구 상황을 고려하는 것도 좋겠으나, 이러한 유형의 접근이 추구하는 바는 대략적이고 개략적인 양상을 일목요연하고 상대적으로 신속히 파악하고자 하는 것일 뿐이다. 개별 보고서의 유구 · 유물의 양상을 파악하는 작업이 병행된다면, 더욱 공고한 이해를 도모할 수 있을 것은 분명한 일이다.

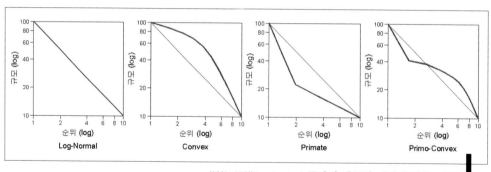

특정 지역 내에 인구가 얼마나 고르게 혹은 고르지 않게 분포하느냐를 대략적으로 보여주기 위해 단위취락의 순위와 규모의 관계를 살펴보는 것이 주를 이룬다.

표 1.　順位-規模 곡선의 이탈유형에 대한 다양한 해석(金範哲 2005b, Savage 1997)

곡선유형	해석	인용문헌
Primate	Zipf의 q값이 1미만으로, 정상적인 경우에 비해 인구결집의 경향보다 강하게 작용함.	Moore(1959)
	"획일적이고 단순한" 경제·정치적 발전단계, 혹은 초기 도시화 단계	Berry and Garrison(1958); Berry(1961)
	최상위 취락에서의 저비용 노동력의 집중 가능성 반영	Berry(1973)
	비교적 소규모 영역내의 취락체제 반영	Morrill(1970)
	식민적 제국의 상황과 부합	Blanton(1976); Smith(1976); Johnson(1977)
	전반적 양상이 아닌 부분적 혹은 표본적 양상 반영	Johnson(1977)
	전체체계 내에서 중추적 지역의 양상을 반영	Smith(1976); Paynter(1982)
	주변지역의 양상 반영	Smith(1976)
	엘리트교역, 외교, 전쟁에 주목하는 거대정치체의 중심지의 존재를 반영	Kowalewski(1982)
Convex	중심지이론의 체제 반영	Johnson(1977)
	복수 체제의 혼합	Johnson(1977)
	낮은 수준의 통합도 반영	Johnson(1980)
	주변지역(periphery)을 반영	Paynter(1982)
	primate 유형을 반영하는 중심지의 외곽지역	Johnson(1980); Paynter(1983)
Primo-convex	복수체제의 결합	Johnson(1980)
	복수체제의 이원적 작용	Falconer & Savage(1995)

　　順位-規模法則(rank-size rule)에 따르면, 2순위 취락의 (인구)규모는 1순위 취락의 절반에, 3순위 취락은 1순위 취락의 1/3에 해당한다. 이러한 방식으로 계산하다 보면, 6

순위 취락은 1순위 취락의 6분의 1의 규모여야 한다.[4] 이 유형은 順位-規模 그래프의 전형적인 log-normal 곡선의 분포를 반영하는 것이다. 하지만 현실세계 특히, 선사·고대의 맥락에서는 그런 정형화된 log-normal 분포를 찾기는 지난하다. 이러한 이유로, 실제자료로부터 얻어지는 패턴이 log-normal 분포에서 어느 방향으로 얼마나 이탈해 있는지를 구분하고 그 원인을 제시해왔는데 그러한 이탈의 유형은 네다섯 가지정도로 대별된다(그림 07).

〈표 1〉에서도 언급된 바와 같이, 각각의 변이적 유형들은 서로 다른 사회조직의 양태 즉, 통합도(degree of integration)나 중앙집중화(centralization)를 반영한다는 점은 경험적으로, 또 이론적으로 확인되었다. 비록, 분석지역의 범위, 지리·지형적 조건에 따라 개별 변형들이 발생한 원인을 다소 상이하게 설명하는 예가 보이기는 하지만, 범문화적으로 특정 지역 내의 취락체계 구성의 특징에 대한 대략적인 설명기제로서의 유용성은 널리 인정되고 있다.

뿐만 아니라, 최근 몇몇 연구들은 개별 이탈유형들을 판단·비교할 경우, 작용할 수 있는 주관성이나 통계적 오차를 보정하기 위한 시도를 제안하고 있어 그 효용도를 提高하고 있다(Drennan and Peterson 2004, Savage 1997). 특정지역 내의 통시적 취락분포유형 연구에서 나타나는 바처럼, '가' 시대의 취락분포체제가 '나' 시대의 그것보다 (얼마나) 'primate하다' 또는 '그렇지 않다(혹은 convex하다)' 라는 것을 판단함에 있어, 이를 수치로 보여줄 수 있다면, 보다 객관적인 설명이 되지 않을까? 한 걸음 더 나아가 현재 우리의 발견과 관찰로 획득된 고고학자료가 기본적으로 우리가 확인하고자 하는 모집단의 상황—예를 들어 특정시기의 취락분포체계의 통합도 혹은 중앙집중도—을 반영하는 표본이라는 점을 감안하고 거기에 오차범위를 표시한다면, 우리가 그 결과를 어느 정도 신뢰할 수 있는지를 객관적으로 평가할 수 있지 않을까? 이러한 것들이 최근 이러한 시도들의 요점들이며, 이들을 통해 우리는 보다 객관적인 정보를 얻을 수 있게 되었다.

이러한 의도를 구체화한 것이 A계수(coefficient A)와 오차범위를 병기하는 방법이다(Drennan and Peterson 2004). A계수란 예측곡선—log-normal 곡선—과 실제 관찰·

---

4 이는 수학적으로 r × Pq = K로 표현된다(Zipf : Savage 1997). 여기서 r은 특정지점(또는 취락)의 순위, P는 그 지점의 인구규모, K는 1순위 지점의 인구규모, q는 '인구분산' 대 '인구집결' 動因 간의 비율을 의미한다. 그런데 대체로 고고학자나 지리학자들은 q값을 1로 상정하는 것이 일반적이다.

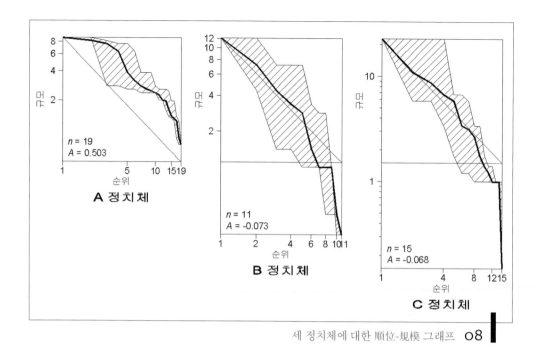

확인된 곡선사이의 면적을 의미하며 이는 이론적으로 -1에서 1까지의 특정 숫자로 표시된다. Convex의 경향이 두드러지면, 그 값이 1에, primate의 경향이 두드러지면 -1에 가까워지며, 예측곡선, 즉 log-normal의 선은 0으로 표시되게 된다. 이러한 일련의 분석의 결과는 일반적인 통계 패키지들(예를 들이, SYSTAT, SPSS 등)과 順位-規模分析 전용 그래픽 프로그램인 RSBOOT (Drennan 2004)를 통해 기계적으로 얻어질 수 있다.

앞부분에서 연구대상지역에서 세 지역정치체를 상정한 바 있으며, 이 부분에서의 주된 목적은 順位-規模分析을 통해 이들의 내부의 조직상 특징, 즉 내부통합도나 중앙집중도를 개략적으로 살펴보고자 하는 것이다.

그림 08[5]에서 보듯이, B와 C정치체는 상당히 안정적으로 log-normal 곡선에 근접하고 있는데, 이는 두 정치체의 통합이 꽤 잘 이루어져 있었다는 점을 시사하고 있다. 취락체계의 전반적인 양상이나 지리적 배경(금강중류 내륙지역) 등의 측면에서 양 정치체는 매우 유사한 양상을 보이고 있다. 이외에도, 양 정치체의 최상위중심지의 점유면적율은 31.6%로 거의 동일한데 이는 최상위중심지로의 집중화 경향이라는 측면에서도

---

5 해칭(hatching)된 부분은 90% 신뢰구간을 표시한다.

양자가 매우 흡사함을 반영하는 것이라 하겠다.

　반면, A정치체의 곡선은 확연한 convex유형이다. 이 유형은 내부에 어느 정도 독립적이고 자치적인 하위 정치체가 병존(때로는 경쟁)하고 있을 때, 즉, 複數體制상황에서 나타나는 현상이라고 한다(Johnson 1977 · 1981). 이러한 주장의 가능성을 검토해보기 위해 A정치체로 그림 04의 표면에 나타난 계곡을 따라 3개의 하위정치체 또는 광역공동체를 설정하고 이들을 順位-規模 그래프로 비교하여 보았다. 그림 09[6])에서 보는 바와 같이 A1을 제외하고는 매우 안정적으로 log-normal곡선에 근접하면서 앞서 살핀 B · C정치체와 유사해짐을 알 수 있다.

2) 취락체계의 위계성과 水稻의 생산 · 분배

　여러 연구자들에 의해 지적되어 온 바와 같이, 중서부지역 청동기시대 중기 사회는 다양한 사회정치적 변화를 경험하게 된다. 그러한 변화를 한마디로 요약하자면, 복합사회의 등장이다. 이러한 사회정치적 변화가 농업집약화의 한 형태인 수도작과 밀접한

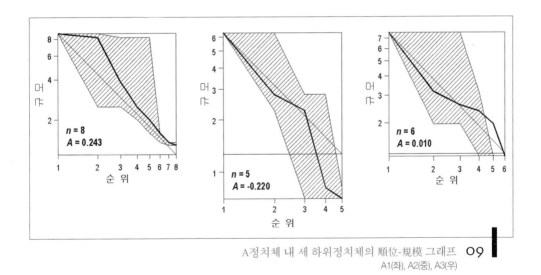

A정치체 내 세 하위정치체의 順位-規模 그래프　**09**
A1(좌), A2(중), A3(우)

---

6 해칭한 부분은 90% 신뢰구간을 표시한다.

관련이 있다는 것 또한 공통된 의견이다. 그러나 그러한 사회정치적 변화와 경제적 변화의 관련이 어떠한 모습을 가졌는지 구체적이고 체계적으로 언급한 연구는 많지 않다. 따라서 그 양자의 관계를 광역적인 범위에서 탐색해 보는 시도는 앞서 살핀, 사회조직의 위계성이 수도의 생산 및 분배와 어떤 관련이 있는지를 구체화시키는 작업일 뿐만 아니라, 다소 정적으로 흐를 수 있는 사회조직의 복원작업에 역동성을 가미할 수 있는 기회를 제공하기도 한다.

내부구조—위계, 통합도 및 중앙집중도—와 자연환경—내륙 입지—면에서 유사한 양상을 보일 뿐만 아니라 지리적으로도 인접한 B정치체와 C정치체를 수도의 생산 및 분배의 측면에서도 비교해 보는 일은 매우 흥미로운 시도가 될 수 있다.

수도의 생산이라는 측면과 사회조직상의 위계성을 비교해 보는 작업은 등급을 달리하는 단위공동체—상위중심지, 하위중심지, 일반부락—의 잠재적 생산성을 파악함으로써 일부나마 달성될 수 있다. 즉, 단위공동체 주변(중심으로부터 반경 1km의 지역)의 토양분포로 그 의사지표를 삼을 수 있겠다. 구체적으로는 수도작에 적합한 토양—논 1·2등급 토양—을 '논토양'으로 설정하고 그 면적을 산출하여, 그 생산성을 단위공동체의 면적—등급의 의사지표—과 비교함으로써, 위계성과 생산성의 변이 간 관계를 복원해 볼 수 있겠다.

한편, 수도의 분배라는 측면과 사회조직상의 위계성을 비교해 보는 작업은 잉여의 수집에 용이한 지점들이 중심지들 주변에 어떻게 분포하는지를 살펴봄으로써 가능할 것이다. 잉여수집의 용이성에 대한 평가는 고대교통로상의 주요결절지—대동여지도상의 주요결절지—가 단위공동체의 주변에 얼마나 분포하는지를 살펴보는 작업으로 대신한다. 그것은 한반도 중서부지역 청동기시대 중기 사회와 같은 복합사회에서 수장층에 의한 잉여의 專用이나 일반 취락들로부터 인구가 집중된 중심지로의 1차 생산품의 유입은 보편

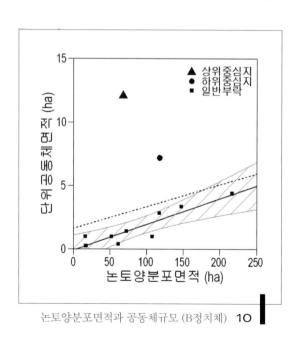

논토양분포면적과 공동체규모 (B정치체) **10**

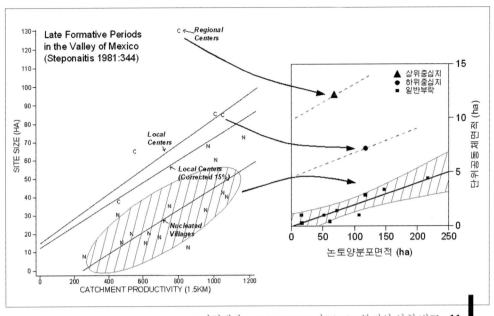

적으로 관찰되기 때문이다.

수도경제의 중요한 두 측면에서 두 정치체를 비교한 결과, 양자는 매우 상이한 양상을 보인다. B정치체의 양상은 전체 소속 단위공동체를 대상으로 했을 때, 통계적으로 유의한 비례관계를 설정할 수 없다. 그런데, 상·하위중심지들을 제외한 일반부락들만을 대상으로 했을 때는, 공동체규모와 논토양분포면적 사이에 통계적으로 상당히 유의한 비례적 관계(γ=0.909, Y=0.02X-0.602, p=0.001)를 볼 수 있어, 사뭇 다르다(그림 10[7]).

이러한 양상은 보다 복잡하고 세심한 해석을 요하는데, Mexico분지의 Late Formative기 양상과의 비교는 흥미로운 해석의 단초를 제공할 것으로 보인다. Late Formative기 Mexico분지 사회는 복합수장사회(complex chiefdom)단계로, 4단계의 위계적 취락체계는 하위 취락으로부터 상위취락으로의 잉여(조세)의 이동을 바탕으로 유

7 그림 10의 산포도 그래프에서 파선은 전체 11개 단위공동체들을 대상으로 했을 때의 단위공동체규모와 분석역 내 논토양분포면적 간의 관계를 표현하는 최적선(회귀선)을 나타난다. 반면, 실선은 9개 일반부락만을 대상으로 했을 때 최적선을, 해칭된 부분은 95% 신뢰구간을 표시한다.

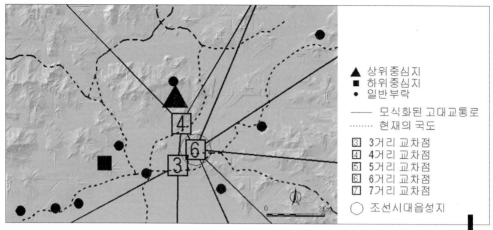

지되었던 것으로 설명되고 있다(Steponaitis 1981).

　이는 개별 취락의 면적에 근거한 인구규모와 반경 1.5km의 분석역 내 잠재적 농업생산량을 비교한 결과에 근거하고 있다. 등급을 달리하는 취락들—지역중심지(regional center), 지방중심지(local center), 인구밀집부락(nucleated village)—은 그 인구규모(면적)와 잠재적 농업생산량 간 관계에서 서로 다른 최적선을 나타내는 것으로 알려져 있다(Steponaitis 1981, 그림 11). B정치체의 경우, 중심지 특히 상위중심지가 비록 수도생산성은 떨어지지만 여러 일반부락으로부터의 잉여수집에 유리한 위치에 입지(그림 12[8])한 것을 보면, Mexico분지의 Late Formative기 사회들과 일맥상통하는 면이 있지 않았을까 한다.

　C정치체에 소속된 공동체들은 그 규모와 주변에 분포하는 논토양의 면적에서 B정치체와는 매우 상이한 양상을 보인다. 그림 13[9]에서 알 수 있듯이, 공동체의 규모와 분석역 내 논토양분포면적 간의 관계가 통계적으로 제법 유의한 비례적 관계를 보이고

8　그림 12는 대동여지도를 바탕으로 각종 GIS분석을 거쳐 복원된 고대교통로를 모식화한 것이다. 모든 소속 공동체를 연결하는 주요교통로가 6거리의 교차점 등 주요결절지로 수렴되고, 상위중심지는 반경 약 2.7km(도보거리 30이내) 내에 입지한다.

9　그림 13의 산포도에서 실선은 전체 15개 전체 단위공동체들을 대상으로 했을 때의 단위공동체규모와 분석역 내 논토양분포면적 간의 관계를 표현하는 최적선(회귀선)을, 해칭된 부분은 95% 신뢰구간을 표시한다.

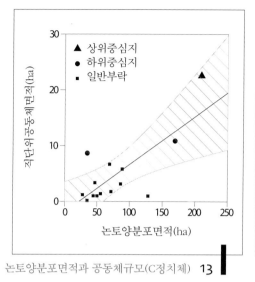

논토양분포면적과 공동체규모(C정치체)　**13**

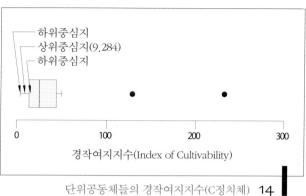

단위공동체들의 경작여지지수(C정치체)　**14**

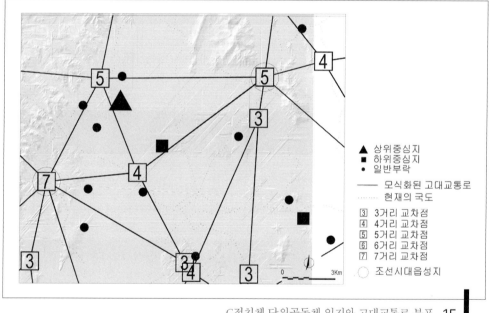

C정치체 단위공동체 입지와 고대교통로 분포　**15**

있다. 뿐만 아니라, 경작여지지수(index of cultivability)[10]로 판단컨대, 상·하위중심지
들 주변은 여타의 일반부락주변보다 훨씬 집중적으로 경작되었을 가능성이 다분하다
(그림 14).

수도 분배의 측면에서도 B정치체와는 사뭇 다르다. 물론, 상위중심지 인근에(5개 도로가 만나는) 중요한 교통결절지가 위치하지만 더 많은 교통로가 교차하거나 중요 결절지가 집중하는 지점이 정치체 내 다른 지역에 분포하고 있다. 상위중심지가 주요 교통결절지 근처에 위치하기는 하지만 유사한 혹은 더 비중이 높은 교통결절지들이 병존하고 있어 그 중요성은 상대적으로 감소된다고 하겠다(그림 15).

금강 중류역의 두 정치체는 유사한 환경적 배경과 조직상의 통합도(integrity)에도 불구하고 수도 생산의 측면에서는 상당히 상이한 양상을 보인다. 이러한 양상은 최근 제기된 청동기시대 중기에 상위유력층 혹은 수장층이 어떠한 과정을 거쳐 나타나게 되었는지에 대한 질문에 적지 않은 점을 시사해주고 있다. 몇몇 연구자들에 따르면, 증가한 인구의 부양을 목적으로 수도작을 수행하는 과정에서 노동력 동원 및 관리의 필요에 따라 수장층이 나타나게 되었다고 한다(김장석 2003). 이러한 과정, 즉 해당 사회가 당면한 문제—인구증가, 전쟁, 농업집약화, 대외교역—를 해결하여 공공의 이익을 증대시키고자 하는 과정을 구미고고학에서는 '관리자적' 수장층의 등장이라고 지칭하고 그러한 관점의 연원을 막스 베버에서 찾기도 한다. 이러한 수장층은 '관리자적 지도권(managerial leadership)'[11]을 행사하는 것으로 알려져 있다. 만약 중서부지역 청동기시대 중기 사회와 같이 인구문제(?)를 해결하기 위해 농업집약화를 이루어가는 과정에 있는데, 관리자적 지도권이 행사되었다면, 수장층이 거주하는, 뿐만 아니라, 인구가 집중된 '중심지'는 농업생산성을 좇아 입지하였을 것이다.

그러나 앞서 제시한 분석의 결과는 그렇지 못한 경우가 있다. 물론, C정치체의 경우, 부분적으로 그러할 수도 있지만 B정치체의 경우, 전혀 그렇지 못하다. 일괄적으로 관리자적 지도권을 상정한 기존의 설명모형으로는 설명이 어려운 다양성이 나타나고 있다고 할 수 있겠다. 그럼에도 불구하고, 상대적으로 많은 측면의 정보들이, 중서부지역 청동기시대수장층은 관리자적 역할을 했다기보다는 잉여의 수집에 더욱 주목했던 착취적 지도권을 행사했던 존재였을 가능성 쪽에 좀 더 무게를 싣는 것으로 판단된다.

그러나 수장층의 형성과정이나 존재양태와 수도작의 시작(혹은 확대)의 관계문제

---

10 경작여지지수는 전체논토양분포면적을 공동체의 면적으로 나눈 것이다.
11 김장석은 별고(2008)에서 관리자적 지도권을 상정하지 않았다고 주장하지만 그가 추정하는 수장층의 등장과정이 바로 관리자적 지도권을 옹호하는 측의 설명논리나 내용과 같다는 사실을 인지하지 못한 결과일 뿐이다.

는 개방형 연구주제로서 섣부른 해석을 시도하기보다는, 검증 가능한 가설을 바탕으로 본고에서 주목하였던 측면 외의 다양한 방면과 차원의 고고학적 정보를 더해가며, 신중하게 결론지어야 할 것으로 생각된다.

5. 결론

앞서 사회조직 연구와 관련된 분야인 취락고고학과 가구고고학의 이론 및 방법론상의 초점, 사회조직에 대한 고고학적 복원에서 전제되어야 할 분석 범위와 단위의 문제, 중서부지역 청동기시대 중기 사회의 사례에서 보이는 사회조직의 역동적 측면 등에 대해 살펴보았다.

각 절의 내용이 어떠한 주장을 피력하기 보다는 주의사항(cautionary tales)이거나 소개의 측면이 강하고 본고의 목적도 청동기시대 사회를 예로 삼아, 사회조직 연구에서 어떠한 것들을 할 수 있고 해야 하는지에 대한 논의의 장을 구축하는 것이어서 특별한 주장을 결론으로 삼는 것은 적절하지 않아 보인다.

단지, 앞서 제시한 내용이(어떤 시대이건 상관 없이) 앞으로 사회조직에 대한 연구를 계획한 연구자들에게 미력이나마 도움이 되었으면 하는 바람을 피력할 뿐이다.

金範哲, 2005a,「錦江下流域 松菊里型 聚落의 形成과 稻集約化 -聚落體系와 土壤分布의 空間的 相關關係에 대한 GIS 分析을 中心으로-」,『송국리문화를 통해 본 농경사회의 문화체계』, 高麗大學校 考古環境研究所 편, 서울 : 서경문화사, pp.84-120.

_____, 2005b,「錦江 中・下流域 靑銅器時代 中期 聚落分布類型 研究」,『韓國考古學報』57.

金壯錫, 2003,「충청지역 송국리유형 형성과정」,『韓國考古學報』51.

_____, 2008,「송국리단계 저장시설의 사회경제적 의미」,『韓國考古學報』67.

安在晧, 2004,「中西部地域 無文土器時代 中期聚落의 一樣相」,『韓國上古史學報』43.

이형원, 2009,『청동기시대 취락구조와 사회조직』, 서울 : 서경문화사.

李熙濬, 2000,「삼한 소국 형성 과정에 대한 고고학적 접근의 틀 -취락 분포 정형을 중심으로-」,『韓國考古學報』43.

崔在錫, 1990,『韓國家族研究 (5刷)』, 서울 : 一志社.

洪慶姬, 1985,『村落地理學』, 서울 : 法文社.

Anaya-Hernandez, Armando, Stanley P. Guenter, and Marc U. Zender, 2003, Sak Tz'i', a Classic Maya Center: A Locational Model Based on GIS and Epigraphy. Latin American Antiquity 14(2) : 179-191.

Bender, Donald R.,1967, A Refinement of the Concept of Household : Families, Coresidence, and Domestic Functions. American Anthropologist 69(5) : 493-504.

Bermann, Marc Paul, 1994, Lukurmata : Household Archaeology in Prehispanic Bolivia. Princeton : Princeton University Press.

Binford, Lewis Robert, 1964, A Consideration of Archaeological Research Design. American Antiquity 29(4) : 425-441.

Chang, Kwang-chih, 1958, Study of the Neolithic Social Groupings: Examples from the New World. American Anthropologist 60(2) : 298-334.

Clark, Grahame, 1957, Archaeology and Society: Reconstructing the Prehistoric Past. London: Methuen.

de Montmollin, Olivier, 1988, Settlement Scale and Theory in Maya Archaeology. *In* Recent Studies in Pre-Columbian Archaeology. N.J. Saunders and O. De Montmollin, eds. Pp.63-101. BAR International Series, No. 421, Vol. 1. Oxford: B.A.R.

Drennan, Robert D., 2000, Games, Players, Rules, and Circumstances: Looking for Understandings of Social Change at Different Levels. *In* Cultural Evolution: Contemporary Viewpoints. G.M. Feinman and L. Manzanilla, eds. Pp. 177-196. New York: Kluwer Academic/Plenum Publishers. 2004, RSBOOT. Pittsburgh: Department of Anthropology, University of Pittsburgh (http://www.pitt.edu/~drennan/ranksize.html).

Drennan, Robert D., and Christian E. Peterson, 2004, Comparing Archaeological Settlement Systems with Rank-Size Graphs: A Measure of Shape and Statistical Confidence. Journal of Archaeological Science 31(5): 533-549.

Dunnell, Robert C., and William S. Dancey, 1983, The Siteless Survey: A Regional Scale Data Collection Strategy. *In* Advances in Archaeological Method and Theory. M.B. Schiffer, ed. Pp.267-287, Vol. 6. New York: Academic Press.

Ebert, James I., 1992, Distributional Archaeology. Albuquerque: University of New Mexico Press.

Flannery, Kent V., 1968, Archaeological Systems Theory and Early Mesoamerica. *In* Anthropological Archeology in the Americas (Revisions of Lectures Delivered at the Monthly Meetings from October 1966 through May 1967). B.J. Meggers, ed. Pp. 67-87. Washington: Anthropological Society of Washington.

1976, The Early Mesoamerican Village. New York: Academic Press.

Hammel, Eugene A., and Peter Laslett, 1974, Comparing Household Structure over Time and between Cultures. Comparative Studies in Society and History 16(1): 79.

Hayden, Brian, and Aubrey Cannon, 1982, The Corporate Group as an Archaeological Unit. Journal of Anthropological Archaeology 1(2): 132-158.

1983, Where the Garbage Goes: Refuse Disposal in the Maya Highlands. Journal of Anthropological Archaeology 2(2): 117-163.

Hegmon, Michelle, 2002, Concepts of Community in Archaeological Research. *In* Seeking the Center Place: Archaeology and Ancient Communities in the Mesa Verde Region. M.D. Varien and R.H. Wilshusen, eds. Pp. 263-279. Salt Lake City: University of Utah Press.

Hirth, Kenneth G., 1993, The Household as an Analytical Unit: Problem in Method and Theory. *In* Prehispanic Domestic Units in Western Mesoamerica: Studies of the Household, Compound, and Residence. R.S. Santley and K.G. Hirth, eds. Pp.21-36. Boca Raton: CRC Press.

Hodder, Ian, and Clive Orton, 1976, Spatial Analysis in Archaeology. Cambridge: Cambridge University Press.

Isbell, William H., 2000, What We Should Be Studying: The "Imagined Community" and "Natural Community". *In* The Archaeology of Communities: A New World Perspective. M.-A. Canuto and J. Yaeger, eds. Pp. 243-266. London: Routledge.

Johnson, Gregory A., 1977, Aspects of Regional Analysis in Archaeology. Annual Review of Anthropology 6: 479-508.

    1981, Monitoring Complex System Integration and Boundary Phenomena with Settlement Size Data. *In* Archaeological Approaches to the Study of Complexity. S.E. van der Leeuw, ed. Pp. 144-188. Cingula; 6. Amsterdam: Universiteit van Amsterdam.

Kolb, Michael J., and James E. Snead, 1997, It's a Small World after All: Comparative Analyses of Community Organization in Archaeology. American Antiquity 62(4): 609-628.

Marcus, Joyce, 2000, Toward an Archaeology of Communities. *In* The Archaeology of Communities: A New World Perspective. M.-A. Canuto and J. Yaeger, eds. Pp.231-242. London: Routledge.

Meskell, Lynn, and Robert W. Preucel, 2007, A Companion to Social Archaeology. Malden, MA: Blackwell Pub.

Murdock, George Peter, 1949, Social Structure. New York: Macmillan Co.

Netting, Robert McC, Richard R. Wilk, and Eric J. Arnould, 1984, Households: Comparative and Historical Studies of the Domestic Group. Berkeley: University of California Press.

Parsons, Jeffrey R., 1972, Archaeological Settlement Patterns. Annual Review of Anthropology 1: 127-151.

Peterson, Christian E., and Robert D. Drennan, 2005, Communities, Settlements, Sites, and Surveys: Regional-Scale Analysis of Prehistoric Human Interaction. American Antiquity 70(1): 5-30.

Preucel, Robert W., 2000, Making Pueblo Communities: Architectural Discourse at Kotyiti, New Mexico. *In* The Archaeology of Communities: A New World Perspective. M.-A. Canuto and J. Yaeger, eds. Pp.58-77. London; New York: Routledge.

Renya, S., 1976, The Extending Strategy: Regulation of Household Dependency Ratio. Journal of Anthropological Research 32(2): 189-199.

Savage, Stephen Howard, 1997, Assessing Departures from Log-Normality in the Rank-Size Rule. Journal of Archaeological Science 24(3): 233-244.

Steponaitis, Vincas P., 1981, Settlement Hierarchies and Political Complexity in Nonmarket Societies: The Formative Period of the Valley of Mexico. American Anthropologist 83(2): 320-363.

Trigger, Bruce G., 1968, The Determinants of Settlement Patterns. *In* Settlement Archaeology. K.-C.

Chang, ed. Pp.53-78. Palo Alto: National Press Books.

Varien, Mark, 1999, Sedentism and Mobility in a Social Landscape: Mesa Verde & beyond. Tucson: University of Arizona Press.

Wilk, Richard R., and Robert McC Netting, 1984, Households: Changing Forms and Functions. *In* Households: Comparative and Historical Studies of the Domestic Group. R.M. Netting, R.R. Wilk, and E.J. Arnould, eds. Pp. 34-41. Berkeley: University of California Press.

Wilk, Richard R., and William Rathje, 1982, Household Archaeology. American Behavioral Scientist 25(6): 617-640.

Wright, Henry T., Richard W. Redding, and Susan M. Pollock, 1989, Monitoring Interannual Variaviltiy: An Example from the Period of Early State Development in Southwestern Iran. *In* Bad Year Economics: Cultural Responses to Risk and Uncertainty. P. Halstead and J. O'Shea, eds. Pp. 106-113. Cambridge: Cambridge University Press.

Yaeger, Jason, and Marcello-Andrea Canuto, 2000, Introducing an Archaeology of Communities. *In* The Archaeology of Communities: A New World Perspective. M.-A. Canuto and J. Yaeger, eds. Pp. 1-15. London: Routledge.

Yanagisako, Sylvia Junko, 1979, Family and Household: The Analysis of Domestic Groups. Annual Review of Anthropology 8:161-205.

경관의 고고학적 이해[1]

김 종 일 서울대학교

1. 한국고고학에서 경관연구의 필요성

1990년대 이후 한국고고학은 이전 시기와는 비교할 수 없을 만큼 많은 연구 성과를 낸 바 있다. 특히 신석기시대부터 삼국시대에 이르기까지 대형 취락이나 저습지 등을 포함한 다양한 생활유적 등이 발굴되었다. 특히 청동기시대의 경우, 대규모 주거지 유적과 환호 취락, 그리고 농경유적의 발굴을 바탕으로 한반도 중남부 각 지역의 청동기시대 각 문화 유형간의 시공간적 관계를 확인할 수 있게 되었다. 이러한 연구는 이후 신석기 시대 초기농경의 도입과 생계경제의 변화, 신석기-청동기시대 전환에 대한 이론적 검토, 청동기시대 취락구조의 분석, 환호취락의 등장에 대한 검토, 그리고 중기 청동기 시대의 주요문화인 송국리 문화유형의 등장과 전국적 확산에 대한 연구 등으로 심

---

1 이 글은 필자가 지금까지 경관과 관련하여 발표했던 다음의 논문들을 바탕으로 일부를 새롭게 수정 보완한 글이다. 따라서 이 글에서는 기존의 논문들에서 이미 소개된 내용과 일부 중복되는 내용이 여러 군데 있음을 미리 밝혀둔다. 또한 이 글에서는 이 부분에 대해 일일이 각주를 다는 대신 관련 참고문헌을 자세히 제시하여 향후 이 주제의 심화된 연구에 대한 이해를 돕고자 한다.

김종일, 2006, 「경관고고학의 이론적 특징과 적용가능성」, 『한국고고학보』58.

김종일, 2009, 「삶과 죽음의 토포필리아」, 『선사농경연구의 새로운 동향』 안승모·이준정 편, 사회평론.

김종일, 2010, 「경관고고학의 이해」, 『제 38회 고고학연구 공개강좌』, 영남문화재연구원.

Kim, Jongil, 2008, Life and death in 'Life world' : the construction of symbolic landscape in the Korean Bronze Age. 6th World archaeological Congress. University of Dublin.

화, 확대되어 한국 신석기시대 및 청동기 문화에 대한 깊이 있는 이해가 가능하게 되었다. 또한 최근 일부 청동기 시대 유적에서는 무덤과 주거지 그리고 논을 비롯한 생산유적이 한 장소에서 발견됨으로써 당시 사람들의 일상적인 삶과 죽음을 종합적으로 이해할 수 있는 가능성이 열리게 되었다.

이러한 성과에도 불구하고 지금까지의 연구가 개별 유물이나 유구의 형식적 특징을 비교하여 그들간의 시공간적 경계와 상호관계를 추정하거나 각 문화유형의 개략적인 문화내용을 파악하는 정도에 그치는 한계를 갖고 있는 것도 사실이다. 이에 비하여 최근에는 저장시설이나 노지를 포함한 주거지 내부와 취락구조의 변화, 주거지와 취락의 구체적 분포 양상과 규모 혹은 입지 등을 분석하여 그 당시 사회형태를 권력이나 위계 등의 여러 개념적 틀에 비추어 시계열적으로 추적하려는 연구들이 시도된 바 있다. 또한 주거지나 취락의 구조에 대한 해석을 바탕으로 당시 사람들과 공동체의 정체성과 사회적 특징을 상징 구조의 차원에서 해명하려는 노력 또한 시도되고 있다. 즉 정치적 차원이나 경제적 차원 혹은 상징적 차원에서 고고학적 경관이 어떻게 형성되고 변화하는지를 고고학 유적의 분포와 입지의 재해석을 통해 규명하려는 시도가 진행되었다고 할 수 있다.

이러한 경관에 대한 관심과 연구는 단순히 자료의 재해석이나 새로운 연구 방법론의 적용에 의한 것이라기 보다는 고고학 자료에 대한 시각과 인식의 새로운 전환과 관련된 매우 중요한 변화와 깊은 관련이 있다. 다시 말해서 신석기시대 이래 전기 혹은 중기 청동기시대에 일어난 것으로 추정되는 장기적인 사회적 변화, 즉 소위 신석기화(neolithisation)는 단순히 고고학 자료의 형식학적 또는 유적 분포상의 특징에 대한 기술을 토대로 이해될 수 있는 것이 아니라 당시 사람들의 일상생활과 의례 등이 이루어지는 공간과 장소에 대한 인식의 변화, 즉 특정한 형태의 경관의 형성과 이에 대한 인식의 변화라는 보다 심층적인 차원의 설명과 해석에 의해 이해 가능하기 때문이다. 특히 농경의 시작과 본격적 확산은 단순히 하나의 생계경제 또는 하위체계나 토대로서 생산양식의 변화를 의미할 뿐만 아니라 외에 당시 사람들이 기존의 수렵채집경제와는 다른 방식으로 그들의 토지와 자원, 그리고 그들을 둘러싼 환경을 이해하고 이용했음을 의미한다.

따라서 한국 신석기시대와 청동기시대에 진행되었던 신석기화는 다양한 형태의 농경과 농업공동체들이 형성했을 특정 경관의 형성과 변화라는 관점에서 연구될 필요가 있다. 그렇다면 이러한 연구가 어떠한 방식으로 진행될 수 있을까?

2. 경관고고학의 주요 특징

주지하다시피 1990년대 이후 영국을 중심으로 한 유럽고고학에서 경관과 관련된 고고학 연구가 다양한 방식으로 활발히 진행된 바 있다. 그 결과 소위 경관 고고학 (Landscape Archaeology)이 고고학의 주요 연구분야로 자리잡게 되었다. 이와 아울러 경관고고학과 관련된 다양한 이론적 논의들이 진행되었는데 여기에서는 이러한 논의들 중 한국의 신석기화 과정을 경관의 측면에서 연구하기 위해 필요한 몇 가지 이론적 특징을 간략하게 살펴봄으로써 본격적인 연구의 출발점으로 삼고자 한다.

1) 경관과 의미화

무엇보다도 경관은 과거에 특정한 고고학적 행위가 일어났던 단순한 배경이 아니라 장기간에 걸쳐 인간의 다양한 행위에 의해 역사적으로 형성된 장소로서 의미를 갖는다는 점이 주목되어야 한다. 다시 말해서 경관은 인간의 사회적 행위와 관련하여 의미화된 '장소'이며 그러한 장소는 여러 세대에 걸쳐 인간의 행위가 다양한 흔적(고고학 유적 혹은 유물)을 남긴 일종의 양피지 같은 존재라는 것이다.

이를 좀더 부연하여 설명하면 다음과 같다. 경관은 산과 강, 대지 등으로 이루어진 자연환경과 집과 경작지, 그리고 기타 인공적인 건축물 등으로 구성된다. 이처럼 구성되는 가시적 경관의 형성은 그 자체로 하나의 의미화 과정이다. 다시 말해서 자연적 환

영국 케임브리지 부근 그란첸스터 마을(좌 : 집이 없는 경우, 우 : 집이 지어진 이후) **01**

경만으로 구성된 어느 한 지역의 (자연) 경관에 최초로 인공적인 건축물이 세워지거나 만들어지는 과정은 그 지역의 경관에 의미를 부여하는 과정이라는 것이다. 예를 들어 그림 01에서 볼 수 있듯이 어느 한 장소에 집을 만드는 과정은 집이 만들어지면서 그 집이 위치해 있는 장소의 경관이 바뀌는 동시에 그 경관의 이해나 해석 또한 바뀌게 되는 과정을 의미한다. 다시 말해서 집을 어느 한 특정한 장소에 세우거나 위치 짓는 것은 그 집을 짓거나 사는 사람들, 그리고 그 집을 바라보는 사람들이 경관에 대해 (새로운) 의미를 부여하는 일종의 의미화 작업이다. 그런데 여기에서 주목할 것은 자연환경 자체가 이미 의미화되어 있을 가능성이 크다고 하는 점이다. 산이나 강, 또는 대지는 그것들의 자연적인 형태나 혹은 지형적 특징에 따라 그 지역의 주변에 사는 사람들에게 은유의 방식으로 의미화되거나 상징화되어 있을 가능성도 충분하다는 것이다. 그림 02는 이러한 특징을 잘 드러낸다. 즉 산과 호수, 그리고 안개를 배경으로 축조된 석렬은 이미 신비화된 자연적 경관을 문화적 경관으로, 그리고 더 나아가 그러한 석렬로 대표되는 문화적 경관을 다시 자연적 경관으로 전환시키고 있다는 것이다. 만약 우리가 이러한 점을 받아들일 수 있다면 어느 한 지역에 집을 포함한 인공 건축물을 세우는 것은 기존의 경관에 부여된 의미를 재해석하면서 동시에 또 하나의 새로운 경관과 의미를 만들

거석기념물의 일례, Cork 지역(Ireland) 02

어 가는 과정이라고 할 수 있다. 또한 이러한 경관의 의미화 작업은 문화적인 것을 자연적인 것으로 또는 자연적인 것을 문화적인 것으로 만들어 가는 작업이기도 하다. 따라서 이렇게 만들어진 경관과 해석은 여기에 거주하거나 경험하는 사람들에게 일상적인 생활과 경험을 통해 끊임없이 기억되거나 이미지화 되면서 동시에 내재화된다.

2) 경관과 해석

경관은 다양한 방식으로 형성되거나 해석될 수 있으며 그러한 경관의 의미와 해석이 경쟁, 충돌하거나 타협할 수 있다. 또한 경관의 형성과 변화를 이끌었거나 경험했을 사람들은 그러한 경관의 형성과 변화 과정에서 서로 갈등하거나 타협했을 것이라는 점도 주목할 필요가 있다. 예를 들어 영국의 전통적인 경관에 대한 인식과 관심이 당시의 토지 소유주를 포함하는 부르주아 계급 또는 엘리트 계층의 공간에 대한 인식을 반영한다는 사실은 경관에 대한 인식 또는 경관에 부여되는(또는 내재하는) 의미가 인식주체의 사회적 위치에 따라 달라질 수 있으며 따라서 경관에 대한 해석은 다양하며 다층적일 수 있다는 점과 관련하여 매우 중요하게 받아들여질 수 있다. 물론 경관을 자연경관(Physical Landscape)과 (의미있게) 구성된 경관(Constructed Landscape), 개념화된 경관(Conceptualised Landscape), 이상적 경관(Ideational Landscape), 그리고 이들을 포괄하는 실제적 경관(Real Landscape) 등으로 구분하고 따라서 인간이 경험하고 관계하는 실재적 공간은 다층적으로 구성된다는 연구도 있지만, 이러한 논의를 굳이 염두에 두지 않는다 하디라도 이러한 경관이 갖는 복합적이고 다층적 의미화와 해석의 가능성은 다음의 사례를 통해 쉽게 짐작할 수 있다.

주지하다시피 영국의 신석기 시대를 대표하는 유적으로 스톤 헨지 유적을 포함한 헨지 유적을 들 수 있다. 그림 03에서 볼 수 있는 바와 같이 이러한 헨지 유적 (특히 우드 헨지 유적)은 전형적인 영국남부의 자연경관 위에 기원전 3000년을 전후한 시기에 축조된 것으로 그 안에서 다양한 제의 행위 즉, 가축을 도살하거나 장례 절차가 이루어지는 장소로 의미화되는 것을 볼 수 있다. 우드 헨지는 제의와 관련한 장소로 계속적으로 사용되면서 이 장소가 갖고 있는 의미 또한 제의가 행해질 때마다 반복적으로 재 기억된다. 하지만 여기에서 주목해야 할 것은 이 제의에 참가한 모든 사람들이 우드 헨지의 경관적 의미를 동일하게 받아들였을까 하는 점이다. 다시 말해서 이 제의에 참가하거나 보고 있는 사람들, 또는 이 제의의 경관을 기억하고 있는 모든 사람들이 이 경관이 갖고 있는 의미를 동일하게 인식 또는 해석하거나 기억했을 것인가 하는 점이다.

다시 말해서 제의에 직간접적으로 참여한 사람, 제의에 참여하지 못하고 구경만 하는 사람, 그리고 그 밖에 이 우드 헨지와 별 관련이 없는 제 3자에게 이 우드 헨지를 포함한 경관이 제의의 공간이라는 일차적 의미와 함께 다양한 부차적 의미를 가질 수 있는 것이다. 이러한 다층적 의미들은 그것을 해석하는 사람들의 사회적 관계에 따라 그리고 그 의미들이 이해되는 맥락에 따라 타협되고 조정되며 때로는 경쟁하거나 갈등을 빚기도 한다. 우리나라의 환호(그림 04 참조)도 비슷한 경우였을 것이다. 환호마을을

영국 남부 Durrington wall 의 복원된 모습과 우드 헨지내 제의 장면 **O3**

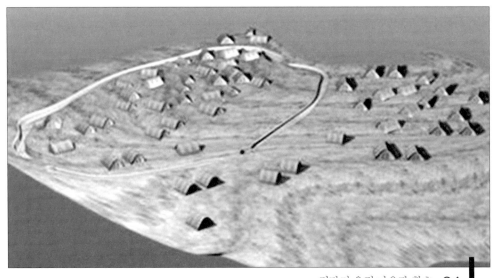

검단리 유적 마을과 환호 **O4**

포함한 경관은 환호로 둘러 싸인 마을 안에 사는 사람, 그 주위에서 환호마을을 보는 사람, 그리고 이 마을과 직접적인 관계를 맺지 않은 사람들에게 어느 한 맥락에서는 동일하거나 비슷하게 해석되지만 경우에 따라서는 각각 다른 맥락에서 서로 다르게 인식되고 해석되었을 것이다.

예를 들어 마을을 둘러싸고 있는 환호는 단순히 하나의 목적(예를 들어 방어의 목적)을 갖는다기 보다는 그것을 보는 주체에 따라 맥락에 따라 그 의미가 각각 다르게 해석되었을 것이다. 경우에 따라 안(마을)과 밖을 구분 짓는 경계로, 때로는 어느 한 집단을 의미하는 상징으로 해석되었을 것이다. 또한 그것을 보는 사람에 따라 그 집단구성원의 동일성을 표상하는 상징하는 것으로 또는 반대로 다름이나 차이를 표상하는 상징으로 여겨졌을 것이다. 이렇듯 하나의 경관은 다층적으로 이해되거나 해석될 수 있고 따라서 선사 및 고대사회의 경관도 이러한 가능성을 염두에 두고 해석해야 할 것이다.

3) 경관과 사회적 변화

이와 아울러 경관상의 변화는 단순히 어느 한 측면에서의 변화만을 의미하는 것이 아니라 경제적, 사회적, 또는 상징적 변화 모두를 포함할 수 있으며 따라서 경관에 대한 해석은 비록 경우에 따라 어느 하나의 변화 또는 맥락을 중심으로 이루어질 수 있지만 동시에 다양한 변화 모두가 동시에 고려되어 이루어져야 할 필요도 있다. 이는 예를 들어 우리나라의 경우, 농경의 도입과 확산이 가져온 경관상의 변화를 통해 쉽게 짐작해

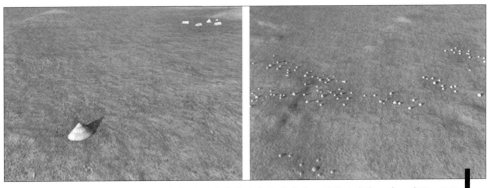

관창리 유적 전경(좌 : 신석기시대 주거지 우 : 청동기시대 A 와 B지구) 05

볼 수 있다. 즉 최근에 이루어진 대규모 발굴 조사를 통해서 관창리 유적이나 대평 유적 등의 경우처럼 주거지와 무덤, 그리고 생산 유적을 포함한 대규모 복합 유적이 발견되는 사례가 증가하고 있다.

이 가운데 관창리 유적(그림 05 참조)은 한국 청동기시대에 본격적인 농경의 시작과 함께 등장한 농업공동체의 형성과정과 특징을 경관의 측면에서 잘 보여준다고 할 수 있다. 이러한 경관상의 특징은 다음과 같이 요약될 수 있다. 신석기시대 이후 이 지역에 정착을 시작했던 청동기시대 송국리 유형에 속하는 사람들 가운데 방형 및 장방형 주거지를 축조했던 사람들은 세 개의 구역에 비슷한 규모의 주거지를 축조하면서 구역별로 혹은 구역을 아우르는 느슨한 형태의 공동체를 형성했을 것으로 추정된다. 이보다 후대에 속하는 원형 및 타원형 주거지를 축조했던 사람들은 첫째, 주거지와 무덤, 그리고 논 등으로 대표되는 삶과 죽음, 그리고 생산의 장소를 구분하여 의미화하고 이를 통해 경관을 형성해 갔으며, 둘째, 이렇게 구분된 장소들은 그것의 물질적 표현(주거지나 무덤 등)에 대한 일상적인 경험을 통해 개인과 공동체들에게 특정한 방식(예를 들어 조상과 과거의 장소)대로 인식되었고 사회적 행위와 권력행사의 근거가 되었을 것이다. 셋째, 이러한 경험과 인식과정에서 특정한 형태의 생성규범, 특히 무덤축조의 생성규범(예를 들어 평등성과 공동체성의 강조)이 개인과 공동체에게 영향을 끼쳤으며, 넷째, 이러한 주거지와 무덤, 논, 그리고 기타 생산 유적을 남긴 사람들은 B지구의 주거집단이 중심이 되는 상위의 공동체와 각 지구별 공동체 그리고 지구 내 소규모 주거집단으로 대표되는 하위의 공동체 등 다중의 공동체를 형성했던 것으로 파악된다. 따라서 관창리 유적으로 대표되는 청동기시대 중기의 농업공동체의 경관은 단순히 경제적 측면이나 정치적 측면 등 어느 특정 부분의 변화만을 반영하는 것이 아니라 이러한 변화들을 포함하는 동시에 당시 사람들의 삶과 죽음 그리고 일상을 특정한 방식으로 의미화하며 상징화되는 과정에서 형성되며 당시 사람들과 그들이 형성하는 공동체는 이러한 특정한 문화경관을 형성하고 인식하는 것을 통해 스스로의 정체성을 형성해 간다고 볼 수 있다. 이러한 점은 과거의 경관에 대한 해석을 통해 그러한 특정한 형태의 경관을 형성하거나 변화시켜 나갔을 사람들의 삶과 죽음, 그리고 그들의 경관에 대한 태도와 그들과 경관 간의 관계의 변화도 추정해 볼 수 있음을 잘 보여준다. 앞서 언급한 것처럼 시기와 지역에 따라 무덤과 주거지가 하나의 경관 안에서 위치하는 방식의 차이에 따라 그러한 무덤이나 주거지를 축조했을 사람들의 경관을 통한 삶과 죽음의 인식의 차이를 추정해 볼 수 있을 것이다.

무덤과 시간성(좌 : 마전리 C 지구 우 : 평라리 유적) **06**

4) 경관과 시간성, 그리고 장소성

경관은 또한 시간과 공간이 서로간에 관계를 맺는 장소이기도 하다(그림 06과 07 참조). 예를 들어 우리는 하나의 경관 안에 순서 지어 축조된 무덤들을 통해 과거로부터 현재로 이어지는 시간의 흐름을 경험하거나 해석할 수 있다. 즉 경관상의 무덤들의 축조를 통해 시간이 장소화되어 경관화된다고 할 수 있다. 이와 마찬가지 방식으로 장소 또한 경관 안에서 시간화 되어, 즉 시간의 순서에 따라 경험되기도 한다. 이러한 점은 청동기시대 지석묘나 삼국시대 고분군의 무덤 유적 입지와 분포를 통해서 쉽게 짐작할 수 있으며 이러한 점은 심지어 최근에 조성되는 가족묘의 경우에도 확인되고 있다.

고분과 시간성 (좌: 지산동 고분군 우: 영국 웨섹스 고분군) **07**

5) 경관과 권력

경관은 다양한 형태의 권력, 또는 권력관계가 작동하는 장이기도 하다. 특정한 형태의 경관 형성을 통해 정치적 또는 경제적 권력의 존재를 추정할 수도 있을 뿐 만 아니라 또한 그러한 권력이 어떻게 행사되었는지도 동시에 추론할 수 있다. 이와 아울러 그러한 권력 또는 권력관계가 어떻게 경관 안에서 상징화되는 지도 알 수 있는 단서를 제공한다. 예를 들어 거대한 규모의 거석기념물의 축조와 이를 둘러싼 경관의 해석을 통해 그러한 거석기념물을 축조했을 개인 혹은 집단의 존재 또는 그러한 개인이나 집단의 권력이 행사되고 상징화되며 기억되는 방식을 추정할 수 있을 것이다. 또한 그 당시 사람으로 하여금 이렇게 상징화된 경관을 특정한 방식으로 경험하거나 해석하도록 유도함으로써 경관을 통해 상징화된 권력이 행사되는 경우를 짐작해 볼 수도 있다.

이와 관련하여 지금까지 물질문화의 분석과 해석을 통해 권력, 또는 권력이 행사되는 방식을 찾고자 하는 연구는 고고학에서 이미 오래 전부터 진행된 바 있다. 그러한 연구가 갖고 있는 문제점은 권력의 존재를 위계화의 문제로 한정하여 이해한다는 점이며 따라서 일부 특징적인 고고학적 증거를 위계화를 증명해주는 일종의 반영물로만 본다는 점이다. 이러한 사실은 고고학적 증거의 능동적 성격을 무시하는 동시에 실제로 그러한 권력이 어떻게 작동하고 있는지에 대해서는 제대로 설명해주지 못하는 한계를 지니고 있다. 이러한 문제점은 권력과 위계화가 반드시 동시에 진행되거나 직접적인 양(positive)의 상관관계를 갖는 것은 아니라는 점, 따라서 어쩌면 위계화는 권력관계가 형성된 이후 그 권력관계가 정당화되거나 합법화되고 난 다음에, 즉 그 공동체 구성원들이 위계화를 자연스럽게 받아들일 수 있게 된 후에 가능할 수 있다는 점을 고려하면 더욱 분명해진다고 할 수 있다. 또한 위계화를 권력관계가 이미 형성되고 난 후에 가능한 것으로 만약 위계화만을 가지고 그 당시 사회의 권력의 발생여부를 살펴볼 경우, 위계화 이전에 그 사회에 존재했을 권력의 행사 방식을 파악할 수 없는 문제가 발생한다. 따라서 해당사회의 권력관계를 살펴보기 위해서는 단순한 위계화의 증거만을 찾는 대신 위계화 이전에, 혹은 위계화와는 관련 없이 그러한 권력관계의 형성과 권력의 행사를 보여줄 수 있는 고고학적 증거에 대한 연구가 진행되어야 한다. 경관이 바로 이러한 고고학적 증거의 좋은 예일 수 있다. 왜냐하면 비록 근대 시기 이후에 해당하지만 푸코 등에 의해 시선을 통해 타인의 행동을 통제하고 권력을 행사하는 예가 이미 제시된 바 있으며 경관 또한 기본적으로 이러한 시각적 경험을 전제로 하기 때문이다.

독일 남부 호이네부르크 유적 전경(기원전 7 세기 이후 서 켈트 지역 수장층의 성채 유적) **08**

　앞서 언급한 바와 같이 경관과 이에 대한 시각적 경험을 토대로 권력관계가 형성되거나 권력이 행사되는 방식은 여러 가지가 있을 수 있지만 그 중에서도 1) 특정한 형태의 경관을 형성하거나, 2) 이미 형성된 경관을 원하는 방식으로 해석하게 하는 경우가 특히 주목된다. 특정한 형태의 경관을 형성하는 경우는 예를 들어 앞서 언급한 바와 같이 자연 경관에 인공적 건축물을 세움으로써 가능하다(그림 08 참조). 그런데 만약 그렇게 형성된 가시적 경관이 권력과 관련해서 해석될 수 있다면, 즉 권력의 존재를 보여주거나 과시하는 것, 그리고 그것을 넘어서 권력관계를 자연적인 것처럼 정당화할 수 있으면 경관과 권력의 관계를 보다 쉽게 살펴볼 수 있게 된다. 이러한 측면에서 고고학적 경관과 권력간의 관계를 짐작해 볼 수 있는 예는 유럽의 경우, 환호나 헨지 유적, 그리고 거석기념물이나 주거지 등을 통해 매우 손쉽게 찾아 볼 수 있으며 우리나라의 경우에도 환호취락의 입지 등을 통해 그러한 예를 짐작해 볼 수 있다.

　경관을 통해 권력을 행사하는 또 다른 방식은 경관을 경험하는 몸의 움직임이나 시선을 통제하여 원하는 방식대로 경관을 해석하거나 체험하게 하는 것이다. 이러한 예는 영국 신석기시대 거석문화의 대표적인 유적인 에이브버리(Avebury) 유적의 경우를

영국 에이브베리 유적과 제의 복원 그림 **09**

통해 쉽게 찾아 볼 수 있다(그림 09 참조). 이 유적은 제의가 행해지는 헨지 유적뿐만 아니라 웨스트 케넷(West Kennet) 무덤 유적에서 헨지에 이르는 길(Avenue)을 표시하는 거석들도 포함하고 있다. 아마도 이 거석들은 헨지 유적에서 행해지는 제의에 참가하는 사람들을 안내하는 역할도 하지만 동시에 사람들의 움직임과 동선을 길을 만든 사람들의 의도에 따라 통제하는 역할도 했을 것이다. 다시 말해서 이러한 움직임과 동선, 그리고 여기에서 비롯하는 참여자의 시선을 통제하면서 원래 의도한 방식으로 헨지 유적을 포함한 경관을 경험하고 해석하게 했을 것이다. 따라서 자연스러움을 가장한 움직임과 동선, 그리고 시선의 통제는 통제를 받는 사람들의 경관에 대한 경험을 특정한 방식으로 제한했을 것이고 따라서 경관을 느끼거나 해석하는 방식도 제한되었을 것이다. 이렇게 움직임과 시선을 통제하여 의도된 방식대로 경관을 읽게 하거나 통제하는 방식을 통해 권력이 행사된다.

6) 경관과 이미지

경관의 이해와 해석은 단순한 암기나 기억이 아니라 이미지를 통해서 가능하며 그 이미지는 느낌과 움직임을 통해 형성되고 내재화된다. 우리가 일상생활에서 경관을 이해하고 해석하는 과정은 크게 두 가지 경로를 통해서이다. 첫 번째, 가시적 경관을 직접적으로 체험하는 경우와 두 번째, 그렇게 체험된 경관이 기억 속에 남게 되는 경우이다. 첫 번째 경우를 우선 살펴보면 우리가 가시적 경관을 경험하는 것은 단순히 어느 한 관

경주 서악동 고분군 **10**

점에서 경관을 '조망'하는 것이 아니라 실제로 그 경관을 여러 관점에서 그리고 그 경관 사이를 걷거나 움직이는 방식을 통해서이다. 다시 말해서 우리가 흔히 그림이나 사진에서 보는 것처럼 어느 특정한 관점에서 바라본 일종의 정지화면처럼 경관을 인식하는 것이 아니라 실제로 신체의 움직임을 통해 형성된, 따라서 다각적으로 변하는 시각적, 입체적 움직임을 통해 경관을 인식한다(그림 10 참조). 일상생활에서 원경과 근경, 앞과 뒤, 그리고 안과 밖의 각각에서 바라 보는 경관들과 그 경관들이 실제로 몸의 움직임과 함께 변화해가는, 즉 역동적이고 통합적인 경관을 인식하고 체험하는 것이다. 여기에는 시각적 체험뿐만 아니라 후각이나 촉각을 통해 얻은 느낌도 경관의 인식에 중요한 역할을 한다. 다시 말해서 사진이나 복사기와 같이 경관의 세세한 부분을 감각과 기억 속에 받아들여 이를 재생하는 것이 아니라 감각적 경험과 그것과 관련된 여러 상징과 의미의 연관을 우리의 기억과 마음속에 이미지로 전환하여 갖게 된다는 것이다. 만약 우리가 어느 특정한 경관에 대해 떠올리거나 기억한다면 그것은 우리 마음속에 내재화된 그 경관의 이미지일 것이고 이러한 이미지는 일상적이고 반복적인 경험과 담론의 형성과정에서 지속적으로 재생산될 것이다.

7) 경관과 기억

동일한 형태의 고고학 유적을 포함하고 있는 문화적(또는 역사적) 경관에 대한 인식

이 시대에 따라 달라질 수 있음도 주목되어야 한다. 예를 들어 과거의 특정한 무덤을 포함하고 있는 경관의 경우 그 무덤이 축조되어 지금 우리가 볼 수 있는 그러한 경관이 형성되었을 당시에는 죽음의 장소이자 쉽게 다가 갈 수 없는 장소가 되지만 일단 무덤이 완성되면 과거와 기억의 장소가 되기도 하고 그러한 기억이 오랜 시간이 흘러 잊혀 졌을 때에는 신비화되거나 전설화된 먼 과거의 장소로서 인식될 것이다. 이렇듯 시기에 따라 경관의 의미가 달라지고 다르게 해석되는 예는 그리스 아테네의 대표적인 유적인 파르테논 유적의 경우를 통해 쉽게 찾아 볼 수 있다(그림 11 참조). 그리스 아테네의 상징적 건축물이자 아테네의 힘과 권위를 대표하는 파르테논 신전은 그러한 과거의 의미가 잊혀진 채 오스만 투르크 제국 시기에 화약 창고로 쓰이는 동시에 베네치아 군의 포격에 의해 심각하게 훼손된 후 영국의 엘긴 백작에 의해 주요 조형물들이 뜯겨진 채 대영박물관에 보관되기도 한 아픈 역사를 갖고 있다. 현재는 고대 그리스 문명, 그리고 더 나아가 서구문명 자체를 상징하는 건축물로서 뿐만 아니라 주요 관광상품인 동시에 문화재 복원과 환수와 관련된 중요 상징물로 여겨지고 있다.

심지어 현대 자본주의 사회에 들어와서는 과거의 이미지가 상품화되어 관광산업 등

독일 퓌센의 노이슈바인쉬타인 성과 디즈니랜드 **12**

의 중요한 소재로 사용되기 조차 한다(그림 12 참조). 이러한 사례들을 통해 경관에 대한 인식과 태도의 변화뿐만 아니라 특정한 경관과 그 경관을 인식하는 사람들 사이의 관계의 변화 또한 추정해 볼 수 있을 것이다.

8) 경관과 정체성

앞서 일부 언급한 것처럼 특정한 형태의 경관은 그러한 경관을 인식하거나 경험했을 개인과 집단의 정체성 형성에 지대한 역할을 했을 것이라는 점도 고려되어야 한다. 런던의 빅벤이나 파리의 에펠 탑, 그리고 일본의 후지산이나 한국의 남산타워가 해당 국가의 이미지와 정체성을 나타내는 대표적인 상징물이듯이 과거의 개인과 집단에게도 그들을 상징화하거나 혹은 그들 스스로 자신과 가장 관련이 있었거나 자기 자신에 대해서 생각을 할 때 떠올릴 수 있는 대표적인 경관이 존재하는 경우가 대부분이다. 이 경우, 그러한 특정한 형태의 경관은 바로 그 개인과 집단의 정체성 형성과 깊은 관련이 있다고 볼 수 있으며 실제로 그러한 사례들은 위에서 언급한 현대 사회의 예를 통해서뿐만 아니라 과거의 고고학 사례를 통해서도 쉽게 찾아 볼 수 있다. 이러한 점은 자기 정체성(self-identity)을 과거의 일부와 그것의 기억으로 구성된 일종의 이야기(story)라고 정의하고 이러한 과거와 그에 대한 기억은 언어적으로 표현되고 따라서 사회적으로 구성되는 것이라는 점을 감안하면 쉽게 이해할 수 있다. 즉 여기에서는 자기 정체성을 기억이 현재에 통합되어 그 안에서 자신이 실체화되며, 현재 상황과 맥락에 따라 계속적으로 재해석되는 텍스트라고 보고있다. 과거 속에서 생산되고 유통되고 폐기되는 물질문화 또한 현재 속에서 끊임없이 재해석되고 과거를 우리의 마음속에 연상시키는 매개체의 역할을 한다. 과거와 현재에 존재하는 이러한 물질문화는 동시에 물질의 생산과 사용 계획을 통해 자신을 미래로 투사하는 매개물이 되기도 한다. 기억으로 대표되는 과거는 하나의 이야기로서 현재에 통합되어 끊임 없이 재해석되면서 개인의 정체성을 형성하는데, 물질문화 또한 그러한 과거와 기억의 재해석과 정체성 형성에 매개물이 되며 또한 이 물질문화의 사용과 생산 등을 통해 개인이 자신을 미래로 투사하는 매개체가 된다고 한다.

설화화되거나 상징화된 자연경관과 인공적 건축물로 구성된 고고학적 경관 역시 이러한 정체성 형성에 중요한 역할을 한다. 왜냐하면 경관도 물질문화의 영역에 포함시킬 수 있기 때문이다. 그러나 여기에서 주목할 것은 경관은 단순히 과거와 기억의 영역에 머무르는 것이 아니라 대부분의 경우 일상생활을 통해서 계속적으로 체험되는 등 현재에 속해 있고 이 과정에서 형성되는 이미지는 단순히 언어적으로만 환원되어 표현될 수는 없다는 점이다. 또한 어떤 의미에서 이미지로서의 경관은 사회적인 것인 언어와는 달리 감각적인 것이며 동시에 매우 사적인 것일 수 있기 때문이다. 그럼에도 불구하고 대부분의 경우, 개인은 특정한 경관을 형성하면서, 그리고 그렇게 형성(의미화)된 경관을 경험하면서 기존의 경관의 이미지를 해석하거나 재해석하게 되고 이를 통해 자신의 정체성을 형성하게 된다. 즉 자신의 정체성을 형성하는데 필요한 이야기 거리를 경관의 일상적 경험과 그것에 대한 이미지를 통해서 얻게 된다.

경관은 또한 그것을 경험하는 개인들에게 시간성(Temporality)을 느끼게 함으로써 과거와 현재, 그리고 미래로 자신을 투사하게 한다. 경관이 갖고 있는 시간성은 그 경관 자체가 스스로의 존재성을 드러내는 것처럼 그것이 갖고 있는 과거와 현재, 그리고 미래에 예상되는 모습을 통해 나타나기도 하지만 이와 동시에 개인이 그 경관을 직접적으로 경험할 때 느끼는 일종의 순서로서 느껴지기도 한다. 개인이 하나의 특정한 경관을 인식하는 경우 대체적으로 정해진 순서에 따른 신체의 움직임과 그에 따라 변화하는 경관을 경험하게 되는데, 이 때 순서로서의 경관의 시간성을 경험하게 된다. 바로 이렇게 과거와 현재, 그리고 미래로 확장되는 경관과 순서 지워지는 경관은 그것을 경험하는 개인에게 시간성을 통해 존재성과 함께 정체성과 주체성을 느끼게 한다.

집단의 정체성의 경우, 그 집단 구성원들이 자신들의 경관에 대해 같거나 혹은 비슷한 해석과 이미지를 공유하는 과정에서 집단 고유의 정체성이 형성되기도 한다. 특히 어느 한 집단이 공동체 의식을 갖게 되는 것은 특정한 경관의 해석과 이미지를 집단적으로 공유하는 것을 통해 가능하게 된다.

3. 앞으로의 과제

이상에서 경관고고학의 중요한 특징에 대해서 살펴보았다. 이러한 경관고고학의 여러 특징들을 염두에 두면서 지금까지 한국고고학에서 주로 진행해왔던 개별 고고학적 문화들의 편년과 공간적 분포의 확인, 그리고 비교적 최근에 이루어지고 있는 고고학 자료에 대한 다양한 이론적 틀의 적용과 함께 신석기화나 권력의 등장과 성장, 그리고 고대국가의 성장에 대한 연구를 진행할 필요가 있다고 생각한다. 이를 통해 특히 초기 농경의 도입과 확산, 그리고 본격적인 농경의 시작을 포함하는 신석기화 과정, 개인의 성장과 권력체의 등장, 그리고 고대국가의 성장과정들을 좀더 체계적으로, 그리고 다양한 방식으로 이해할 수 있을 것으로 생각한다. 이는 앞에서 언급한 바와 같이 경관연구를 통해 정치적, 경제적, 그리고 상징적 차원을 포함하는 다양한 경관의 형성과정에 대한 이해와 함께 이러한 경관의 형성과 해석에서 추정할 수 있는 사람들의 경관에 대한 인식의 변화, 그리고 그러한 사람들과 경관 간의 관계의 변화를 보다 세밀하면서도 역동적으로, 그리고 종합적으로 이해할 수 있기 때문이다.

參考文獻

참고문헌

김종일, 2006, 「경관고고학의 이론적 특징과 적용가능성」, 『한국고고학보』 58.

김종일, 2009, 「삶과 죽음의 토포필리아」, 『선사농경연구의 새로운 동향』, 안승모·이준정 편, 사회평론.

김종일, 2010, 「경관고고학의 이해」, 『제 38회 고고학연구 공개강좌』, 영남문화재연구원.

Kim, Jongil, 2008, Life and death in 'Life world' : the construction of symbolic landscape in the Korean Bronze Age. 6th World archaeological Congress. University of Dublin.

Ashmore, W. and A. B. Knapp. (eds.). 1999a, Archaeologies of Landscape. Oxford: Blackwell.

Ashmore, W. and A. B. Knapp. 1999b, Archaeological Landscapes: Constructed, Conceptualized, Ideational. In Ashmore, W. and A. B. Knapp. (eds.). Archaeologies of Landscape: 1-30. Oxford : Blackwell.

Bachelard, G. 1969, The poetics of Space. Boston: Beacon.

Barrett, J. C. 1994, Fragments from antiquity. Oxford: Blackwell.

Bell, M. and J. Boardman. (eds.). 1992, Late Quaternary Environmental Change. Harlow: Longman Scientific & Technical.

Bender, B. (ed.). 1993, Landscape. Oxford: Berg.

Bender, B. 1998, Stone Henge: Making Space. Oxford: Berg.

Bender, B. and M. Winer, 2001, Contested Landscape. Oxford: Berg.

Bourdieu, P. 1977, Outline of a Theory of Practice. Cambridge: Cambridge University Press.

Bourdieu, P. 1990, The Logic of Practice. Cambridge: Polity Press.

Brück, J. and M. Goodman, 1999, Making Places in the Prehistoric World. London: UCL press.

Butzer, K. W. 1971, Environment and Archaeology. Chicago: Aldine Publishing Company.

Butzer, K. W. 1982, Archaeology as human ecology. Cambridge: Cambridge University Press.

Cameron, R. 1978, Interpreting buried land snail assemblages from archaeological sites. In D. Brothwell, K. D. Thomas and J. Clutton-Brock, (eds.). Research Problems in Zooarchaeology: 19-24.

London: UCL.

Canuto, M. A., and J. Yaeger (eds.)., 2000, The Archaeology of Communities. London: Routledge.

Cashdan, E. 1983, Territoriality among human foragers: Ecological models and an application to four Bushman groups. Current Anthropology 24: 47-66.

Chadwick, A. M. (ed.). 2004a, Stories from the Landscape(BAR International Series 1238). Oxford: Archaeopress.

Chadwick, A. M. 2004b, 'Geographies of sentience' - an Introduction to space, place and time. In Chadwick, A. M. (ed.). Stories from the Landscape(BAR International Series 1238): 1-31. Oxford: Archaeopress.

Chang, K. C. 1968, Settlement Archaeology. Palo Alto: National Press Book.

Chapman, R. 1990, Emerging Complexity. Cambridge: Cambridge University Press.

Chester-Kadwell, M. (ed.). 2005, Active Landscapes(Archaeological Review from Cambridge Vol. 20.1). Cambridge: Cambridge University Press.

Chorley, R. J. and P. Haggett (eds.). 1967, Models in Geography. London: Metheun.

Clark, J. G. D. 1952, Prehistoric Europe: the Economic Basis. London: Methuen.

Clarke, D. (ed.). 1977, Spatial Archaeology. London: Academic Press.

Cohen, A., 1985, The Symbolic Construction of Community. London: Routledge.

Conkey, M. W. 1980, The identification of prehistoric hunter-gatherer aggregation sites: The case of Altamira. Current Anthropology 21(5): 609-30.

Cosgrove, D. and S. Daniels (eds.). The Iconography of Landscape. Cambridge: Cambridge University Press.

Croxford, B. 2005, Real and Unreal Landscapes. In M. Chester-Kadwell (ed.). Active Landscapes (Archaeological Review from Cambridge Vol. 20.1): 7-17. Cambridge: Cambridge University Press.

Cunliffe, B. (ed.). 1994, The Oxford Illustrated Prehistory of Europe. Oxford: Oxford University Press.

Cunliffe, B. 1997, The Ancient Celts. London: Penguin Books.

Dimbleby, G. 1985, The palynology of archaeological sites. London: Academic Press.

Duncan, J. and L. David (ed.). 1993, place/culture/representation. London: Routledge.

Edmonds, M. 1999, Ancestral Geographies of the Neolithic. London: Routledge.

Flannery, K. (ed.). 1976, The Early Mesoamerican Village. Orlando: Academic Press.

Fish, S. K. and S. A. Kowalewski, 1990, The Archaeology of Regions. Washington D. C.: Smithsonian Institute Press.

Foucault, M. 1977, Discpline and punish. London: Allen Lane.

Fowler, P. and M. Sharp, 1990, Images of Prehistory. Cambridge University Press.

Gamble, C. S, 1986, The Palaeolithic Settlement in Europe. Cambridge: Cambridge University Press.

Gerrad, J. 1992, Soil Geomorphology. London: Chapman & Hall.

Giddens, A. 1984, The Constitution of Society: outline of the theory of Structuration. London: Polity Press.

Gordon, C. (ed.). 1980, Power/Knowledge: Selected interviews and other writings 1972-1977 by Michel Foucault. Brighton: The Harvester Press.

Grant, E. (ed.). 1986, Central Places, Archaeology and History. Sheffield: University of Sheffield.

Hagerstrand, T. (ed.). 1981, Space and Time in Geography. Lund Studies in Geography 48.

Haggett, P. 1965, Locational Analysis in Human Geography. London: Edward Arnold.

Heidegger, M. 1962, Being and Time. Oxford: Blackwell.

Heidegger, M. 1978, Basic Writings. London: Routledge.

Higgs, E. S. (ed.). 1972, Papers in Economic Prehistory. Cambridge: Cambridge University Press.

Higgs, E. S. (ed.). 1975, Palaeoeconomy. Cambridge: Cambridge University Press.

Hillier, B. and J. Hanson, 1984, The Social Logic of Space. Cambridge: Cambridge University Press.

Hirsh, E. and M. O' Hanlon (ed.), 1995, The Anthropology of Landscape. Oxford: Clarendon Press.

Hodder, I. and C. Orton, 1976, Spatial Analysis in Archaeology. Cambridge: Cambridge University Press.

Hodder, I. (ed.) 1978, The Spatial Organisation of Culture. London: Duckworth.

Hodder, I. 1991, Reading the Past. 2nd ed. Cambridge: Cambridge University Press.

Hodder, I. 1992, Theory and Practice in Archaeology. London: Routledge.

Husserl, 1999, Essential Husserl: Basic Writings in Transcendental Phenomenology. Indiana.

Ingold, T. 2000, The Perception of the Environment. London: Routledge.

Kenward, H. 1978, The value of insect remains as evidence of ecological conditions on archaeological sites. In D. Brothwell, K. D. Thomas and J. Clutton-Brock, (eds.). Research Problems in Zooarchaeology: 25-38. London: UCL.

Kim, Jong-Il, 2002, Material Categorisation and Human Subjectification. Ph.D. thesis. Dept. of Archaeology. Cambridge University.

Lacan, J. 1977, Écrits. London: Routledge.

Lefebvre, H. 1991, The Production of Space. Oxford: Blackwell.

Lévi-Strauss, C. 1968, Structural Anthropology I. London: Penguin Books.

Lillesand, T. M. and R. W. Kiefer, 1979, Remote Sensing and Image Interpretation. New York: John Willey & Sons.

Lukes, S. (ed.). 1986, Power. Oxford: Blackwell.

Matless, D. 1998, Landscape and Englishness. London: Reaktion Books.

Miller, D., and C. Tilley (eds.). 1984, Ideology, Power and Prehistory. Cambridge: Cambridge University Press.

Muir, R. 1999, Approaches to Landscape. Palgrave Macmillan.

Parker Pearson, M. 1993, Bronze Age Britain. London: Batsford.

Parker Pearson, M. and C. Richard, 1994, Architecture & Order. London: Routledge.

Renfrew, A. C. 1984, Approaches to Social Archaeology. Cambridge: Harvard University Press.

Renfrew, A. C. and J. F. Cherry, (eds.). 1986, Peer Polity Interaction and Socio-political Change. Cambridge: Cambridge University Press.

Rowlands, M., M. Larsen and K. Kristiansen (eds.). 1987, Centre and Periphery in the ancient world. Cambridge: Cambridge University Press.

Schama, S. 1995, Landscape and Memory. New York: HarperCollins.

Schortman, E. M. and P. A. Urban (eds.). 1992, Resources, Power, and Interregional Interaction. New York: Plenum Press.

Shanks, M. 1992, Experiencing the Past. London: Routledge.

Smith, C. A. 1976, Regional Analysis I and II. New York: Academic Press.

Thomas, J. 1991, Rethinking the Neolithic. Cambridge: Cambridge University.

Thomas, J. 1993, The Politics of Vision and the Archaeologies of Landscape. In Bender, B. (ed.). Landscape: 19-48. Oxford: Berg.

Thomas, J. 1996, Time, Culture & Identity. London and New York: Routledge.

Tilley, C. 1994, A Phenomenology of Landscape. Oxford: Berg.

Tuan, Yi-Fu, 1977, Space and Place. Minneapolis: University of Minnesota Press.

Ucko, P., R. Tringham and G. W. Dimbleby (eds.). 1972, Man, settlement and urbanism. Duckworth.

Wagstaff, M. (ed.). 1987, Landscape and Culture. Oxford: Basil Blackwell.

Wobst, H. M. 1977, Stylistic behaviour and information exchange. In Cleland, C. E. (ed.). For director: Research essays in honour of James B. Griffin. Museum of Anthropology, Anthropological Papers 61: 317-42. Ann Arbor: University of Michigan.